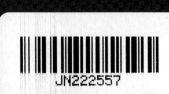

未完の独立宣言

2・8朝鮮独立宣言から100年

在日本韓国YMCA編

新教出版社

2・8独立宣言
署名者

白寛洙（ペク・クァンス）

宋継白（ソン・ゲベク）

金尚徳（キム・サンドク）

徐椿（ソ・チュン）

李光洙（イ・グァンス）

李琮根（イ・ジョングン）

崔謹愚（チェ・グヌ）

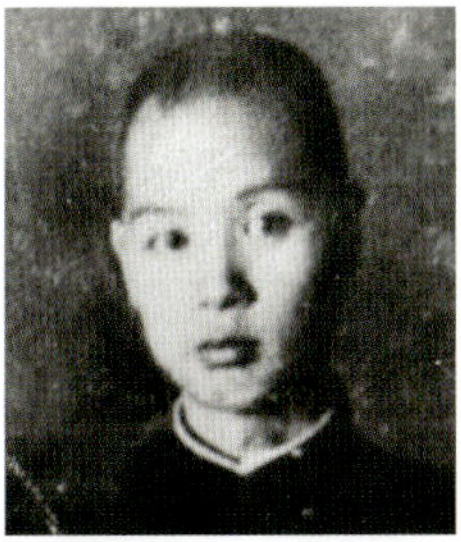
金度演（キム・ドヨン）

崔八鏞（チェ・パリョン）

尹昌錫（ユン・チャンソク）

金喆寿（キム・チョルス）

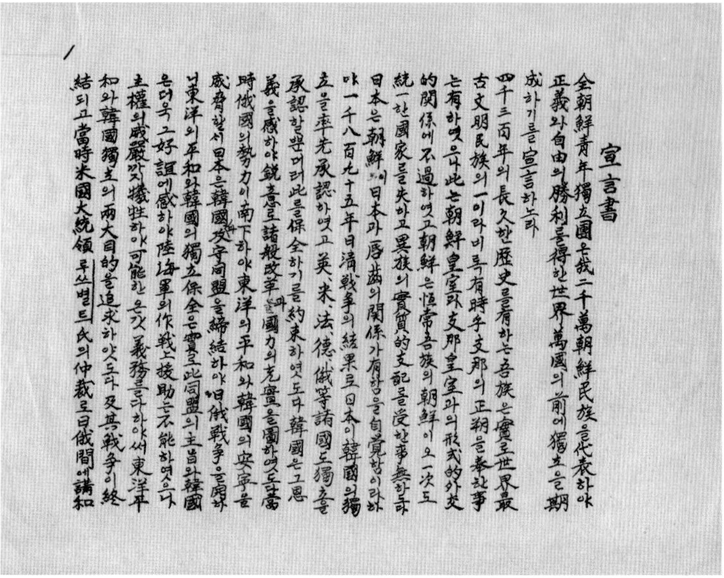

宣言書

1

全朝鮮青年獨立團은我二千萬朝鮮民族을代表하야
正義와自由의勝利를得한世界萬國의前에獨立을期
成하기를宣言하노라
四千三百年의長久한歷史를有하는吾族은實로世界最
古文明民族의一이라비록有時乎支那의正朔을奉한事
는有하엿으나此는朝鮮皇室과支那皇室과의形式的外交
的關係에不過하엿고朝鮮은恒常吾族의朝鮮이오一次도
統一한國家를失하고異族의實質的支配를受한事無하도다
日本은朝鮮이日本과脣齒의關係가有함을自覺함이라하야
一千八百九十五年日淸戰爭의結果로日本이韓國의獨
立을率先承認하엿고英、米、法、德、俄等諸國도獨立을
承認할뿐더러此를保全하기를約束하엿도다韓國은그恩
義를感하야銳意로諸般改革과國力의充實을圖하엿도다當
時俄國의勢力이南下하야東洋의平和와韓國의安寧을
威脅할새日本은韓國과攻守同盟을締結하야日俄戰爭을開하
니東洋의平和와韓國의獨立保全은實로此同盟의主旨와韓國
은더욱그好誼에感하야陸海軍의作戰上援助는不能하엿으나
主權의威嚴까지犧牲하야可能한온갖義務를다하야써東洋平
和와韓國獨立의兩大目的을追求하얏도다及其戰爭이終
結되고當時米國大統領루쓰벨트氏의仲裁로日俄間에講和

宣言文⊃1

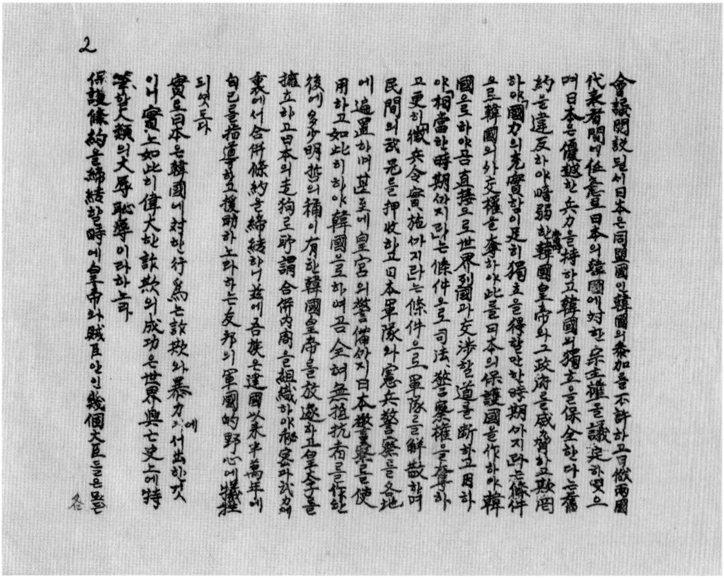

會議開設될시日本은同盟國인韓國의參加를不許하고日俄兩國
代表者間에任意로日本의韓國에對한宗主權을議定하엿으
며日本은優越한兵力을持하고韓國의獨立을保全한다는舊
約을違反하야暗弱한韓國皇帝와그政府를威脅하고欺罔
하야「國力의充實함이足히獨立을得할만한時期까지라」는條件
으로韓國의外交權을奪하야此를日本의保護國을作하야韓
國으로하야금直接으로世界列國과交涉할道를斷하고因하
야「相當한時期까지라」는條件으로司法、警察權을奪하
고更히「徵兵令實施까지라」는條件으로軍隊를解散하며
民間의武器를押收하고日本軍隊와憲兵警察을各地
에遍置하며甚至에皇宮의警備까지日本警察을使
用하고如此히하야韓國으로하여금全혀無抵抗者를作한
後에多少明哲의稱이有한韓國皇帝를放逐하고皇太子를
擁立하고日本의走狗로所謂合倂內閣을組織하야秘密과武力에
裏에서合倂條約을締結하니玆에吾族은建國以來半萬年에
自己를指導하고援助하노라하는友邦의軍國的野心에犧牲
되엿도다
實로日本은韓國에對한行爲는詐欺와暴力에서出한것
이니實로如此히偉大한詐欺의成功은世界興亡史上에特
筆할人類의大辱恥辱이라하노라
保護條約을締結할時에皇帝와賊臣안인幾個大臣들은모든

2

宣言文⊃2

反抗手段을다하얏고發表後에도全國民은赤手로可能한온갓反抗을다하얏으며司法、警察權의被奪과軍隊解散時에도然하얏고合併時를當하야는手中에寸鐵이無함을不拘하고可能한온갓反抗運動을다하다가精銳한日本武器에犧牲이된者ㅣ不知其數며以來十年間獨立을恢復하랴는運動으로犧牲되者ㅣ數十萬이며慘酷한憲兵政治下에手足과口舌의拑制를受하면서도曾히獨立運動이絶한적이업나니此로觀하여도日韓合併이朝鮮民族의意思가아님을可知할지라如此히吾族은日本軍國主義的野心의詐欺暴力下에吾族의意思에反하는運命을當하얏으니正義로世界를改造하는此時에當然히匡正을世界에求할權利가有하며또世界改造에主人되는米와英은保護와合併을率先承認한理由로此時에過去의舊惡을贖할義務가有하다하노라

또合併以來日本의朝鮮統治政策을보건대合併時의宣言에反하야吾族의幸福과利益을無視하고征服者가被征服者의게對하는古代의非人道的政策을應用하야吾族의게는參政權、集會結社의自由、言論出版의自由를不許하며甚至에信敎의自由、企業의自由까지도不少히拘束하며行政、司法、警察等諸機關이朝鮮民族의人權을侵害하며公私에吾族과日本人間에優劣의差別을設하며日本人에比하야劣等한敎育을施하야써吾族으로하야곰永遠히日本人의被使役者를成하게하며歷史

를改造하야吾族의神聖한歷史的、民族的傳統과威嚴을破壞하고凌侮하며小數의官吏를除한外에政府의諸機關과交通、通信、兵備諸機關에全部或은大部分日本人만使用하야吾族으로하야곰永遠히國家生活의智能과經驗을得할機會를不得케하니吾族은決코如此한武斷專制不正不平等한政治下에서生存과發展을享受키不能한지라그뿐더러元來人口過剩한朝鮮에無制限으로移民을奬勵하고補助하야土着한吾族은海外에流離함을不免하며國家의諸機關은勿論이오私設의諸機關에까지日本人을使用하야一邊朝鮮人은職業을失케하며一邊朝鮮人의富를日本으로流出케하고商工業에日本人의게는特殊한便益을與하야朝鮮人으로하야곰産業的發興의機會를失케하도다如此히何方面으로觀하야도吾族과日本人과의利害를互相背馳하며背馳하면그害를受하는者는吾族이어

吾族은生存의權利를爲하야獨立을主張하노라

最後에東洋平和의見地로보건대그威脅者이던俄國은이의軍國主義的野心을抛棄하고正義와自由와博愛를基礎로한新國家를建設하랴고하는中이며中華民國도亦然하며兼하야此次國際聯盟이實現되면다시軍國主義的侵略을敢行할强國이無할것이라그러할진대韓國을合併한最大理由가이의消滅되얏을뿐더러從此로朝鮮民族이無數한革命亂을起한다하면日本의合併된韓國은反하야

東洋平和를攪亂할禍源이될지라吾族은正當한方法으로吾族의自由를追求할지나萬一此로써成功치못하면吾族은生存의權利를爲하야온갓自由行動을取하야最後의一人까지自由를爲하는熱血을濺할지니엇지東洋平和의禍源이아니리오吾族은一兵이無호라吾族은兵力으로써日本을抵抗할實力이無호라然하나日本이萬一吾族의正當한要求에不應할진대吾族은日本에對하야永遠의血戰을宣하리라

吾族은久遠히高等한文化를有하얏고半萬年間國家生活의經驗을有한者ㅣ라비록多年專制政治의害毒과境遇의不幸이吾族의今日을致하얏다하더라도正義와自由를基礎로한民主々義의上에先進國의範을隨하야新國家를建設한後에는建國以來文化와正義와平和를愛護하는吾族은반다시世界의平和와人類의文化에貢獻함이有할지라

玆에吾族은日本이나或은世界各國이吾族의게民族自決의機會를與하기를要求하며萬一不然하면吾族은生存을爲하야自由行動을取하야써吾族의獨立을期成하기를宣言하노라

朝鮮靑年獨立團

右代表者

崔八鏞 金度演 李光洙 金喆壽 白寬洙 尹昌錫

李琮根 宋繼白 崔謹愚 金尙德 徐椿

宣言文 ⊃ 5

決議文

一、本團은日韓合併이吾族의自由意思에出하지아니하고吾族의生存과發展을威脅하고또東洋의平和를攪亂하는原因이된다는理由로獨立을主張함

二、本團은日本議會及政府에朝鮮民族大會를招集하야該會의決議로吾族의運命을決할機會를與하기를要求함

三、本團은萬國講和會議에民族自決主義를吾族의게도適用하게하기를請求함右目的을達하기爲하야日本에駐在한各國大公使의게本團의主義를各其政府에傳達하기를依賴하고同時에委員二人을萬國講和會議에派遣함右委員은旣히派遣한吾族의委員과一致行動을取함

四、前項의要求가失敗될時는吾族은日本에對하야永遠의血戰을宣함此로써生하는慘禍는吾族이그責에任치아니함

宣言文 ⊃ 6

2・8独立宣言が発表された在日本東京朝鮮基督教青年会の旧会館

汎例

引用文への補足は〔　〕で付記した。

参考文献のうち韓国語で執筆されたものについては〔原文韓国語〕と付記した。

ただし、植民地解放前に執筆されたものについては〔原文朝鮮語〕とした。

未完の独立宣言　2・8朝鮮独立宣言から100年

目次

第3部
2・8独立宣言から100年
――日韓市民社会の共同課題

未完の独立宣言

2・8朝鮮独立宣言から100年

序

李省展

いまから100年前の1919年2月8日、東京は雪が深々と降る寒い日であった。外気の寒さとは対照的に、在日本東京朝鮮基督教青年会ホールは当時の青年会幹事・白南薫《ペク・ナムフン》の回想によると300余名ともいわれる朝鮮人留学生たちの熱気で満ち溢れていた。式典はキリスト教式により進行され、祈祷が終わると、満を持して白寛洙《ペク・クァンス》が高らかに独立宣言書を読み、その後、金度演《キム・ドヨン》が決議文を朗読した。たちまちホールは学生たちの大韓独立万歳の叫び声で割れんばかりの様相を呈したが、即座に監視にきていた警察による検束がはじまり、場内は怒号と椅子が飛び交い乱闘があちこちで生じた。20余名の学生が拘束され、雪の降る凍てつく夜道を靴も履かせてもらえずに裸足で西神田署へと連行されていった。

数日後、上海にいた李光洙《イ・グァンス》、崔謹愚《チェ・グヌ》を除く署名者11名のうち9名が市ヶ谷監獄へ移送され、残りの学生たちは釈放された。これが帝国日本の権力の中枢であった東京での独立運動のはじまりであった。

ネットワークのなかの「導火線」と「民族自決」

日本での研究では、2・8独立宣言を3・1独立運動への「導火線」と位置づけている。事実、宋継白《ソン・ゲベク》が本国に戻り、宋鎮禹《ソン・ジヌ》と玄相允《ヒョン・サンユン》に接触し、東京での動向を報告、同時期での独立運動が可能かどうか尋ねている。さらに、3・1独立宣言起草者の崔南善《チェ・ナムソン》とも接触した。また東京のキリスト教・長老派女学校であった女子学院の留学生・金瑪利亞《キム・マリア》と友人の東京医学専門学校生の黄愛施徳《ファン・エスター》は2月中旬に着物の帯に独立宣言書を密かに隠しもち朝鮮へ渡り、金瑪利亞の母校の貞信《チョンシン》学校など朝鮮各地を駆け巡り、独立を鼓吹し3・1独立運動に参加している。このような一連の流れを裏づけるかのように、尹致昊《ユン・チホ》は、3・1独立運動は東京ではじまったとも彼の日記で記している。

しかしながら、これらの東京の留学生たちもまた、アメリカでの独立運動を報道した前年の12月15日付の日本で刊行されていた『The Japan Advertiser』の英文記事に触発され、独立宣言書の作成を計画したといわれていることからも、第一次世界大戦中の1917年のロシア10月革命と平和に関する布告、1918年1月8日の民族自決(Self Determination)を最重要視したウィルソン米大統領の14ヵ条宣言などの世界史の流れのなかで位置づけられなければならず、とくにウィルソンが当初は世界の植民地の独立をも意図していたことの影響は大きい。

しかし、当時一大植民地帝国であったイギリスとフランスがこれに反対し、植民地からの独立はヨーロッパに限定されてしまった。2019年3月にフィンランド共和国は独立100周年を祝ったが、人口としてはフィンランドをはるかにしのぐ朝鮮は独立を果たせなかったのである。

本書の小野容照の研究は、当時の国際都市・東京では東アジアからの留学生の広範な交流があったことを明らかにしている。上海の独立運動家、辛亥革命を経験した中国人亡命者、植民地台湾からの留学生、朝鮮人留学生との出会いがあった。さらに日本の大正デモクラシー勢力、アジア主義者、アメリカ人宣教師などとの多様な出会いがあったことが、さまざまな研究により明らかにされている。こう考えていくと、2・8独立運動は3・1

独立運動の一本の太い「導火線」であることには違いないが、帝国の中枢・東京における多様なグローバルなネットワークがその背景にあったことも、あわせて記憶されねばならない。

また、当時のディアスポラ・コリアンによって、中国の上海、間島《カンド》、アメリカのフィラデルフィア、パークヴィル、カリフォルニア、ハワイ、ロシア沿海州などでの運動も存在したのである。したがって世界史の広がりと流れのなかで2・8独立宣言、3・1独立運動は位置づけられねばならないと考える。

留学、「大正デモクラシー」、キリスト教

では、当時の留学生と東京の状況はどのようなものであったのだろうか。

筆者は在日コリアン・本国のコリアンの植民地における教育経験に関するインタビューを重ねているが、平安《ピョンアン》北道出身の池明観《チ・ミョングァン》氏は、1930年代の朝鮮青年にとって東京は、過酷な朝鮮の状況に比べて自由を感じさせ、あこがれの対象であったと答えた。時代状況は異なるが、2・8独立運動時も圧倒的な軍事力を背景とした過酷な「武断統治」期であったことから、アメリカや日本への朝鮮からの留学は実力養成論を背景としながらも、教育機会が制限されるなかでの選択であるとともに、相対的な自由を享受するものであったともいえよう。

1919年当時の日本は「大正デモクラシー」の最盛期といってもよく、前年の1918年に原敬が藩閥政治を打破し政党政治を確立したばかりであった。デモクラシーの立役者とも評される、東京帝国大学教授で東大YMCAの理事長であった吉野作造は、民本主義というキリスト教社会主義の影響を背景にもつ市民社会を日本に根づかせるべく福田徳三、今井嘉幸、麻生久らとともに、同年に黎明会を創設している。吉野作造のもとに

は朝鮮、中国からの留学生が集結し、2・8独立宣言前夜は「大正デモクラシー」の息吹に満ちた状況にあったといえる。

神田にあった朝鮮基督教青年会館(YMCA)は朝鮮人留学生にとって東京における活動のほぼ唯一の拠点であった。留学生の機関誌『学之光』の消息欄にはYMCAで開かれる講演会などが詳報されている。朝鮮から東京を訪れた牧師、宣教師の歓迎会のニュースなども多く、そこから当時の留学生とキリスト教との親密な関係を読み取ることができる。その中には宣《ソン》川信聖《チョンシンソン》学校の校長であるマッキューン宣教師の歓迎会開催の消息も記されているが、マッキューンはアメリカから東京経由で朝鮮に戻る際に、起草者の李光洙から宣言書の英訳を頼まれている。彼は李光洙に明治学院のランディス宣教師を紹介した。

YMCA幹事の白南薫は、2・8独立宣言を背後から支えたキーパーソンの一人であった。彼の自伝には、YMCAでの吉野作造の講演のほか、新島襄により受洗しハートフォード神学校に学んだキリスト教社会主義者の安部磯雄の講演会が記録されている。また内村鑑三を聖書研究会に招いている。内村は日清戦争時には義戦論を唱えたが、その後朝鮮の独立がかえって危うくなったという見解と自己反省も踏まえながら日露戦争のさなかに絶対非戦論を唱えた人物でもある。

このような時代思潮のもと、キリスト教との密接な雰囲気のなかで朝鮮人留学生が暮らしていたのであり、直近の韓国での研究は、宣言書署名者11名中、白寛洙、金度演、尹昌錫《ユン・チャンソク》など6名がキリスト者であったことを明らかにしている。

2・8独立宣言の特徴とその独自性

では、東京での2・8独立宣言と朝鮮の3・1独立運動ならびに他の地域での独立運動との違いはどこにあるのだろうか。それは留学生という若きエリートによって担われた独立宣言であったということと、朝鮮を植民地とした帝国日本の権力の中枢である東京でなされた宣言であったということにその特徴があるといえる。事実、宗主国の首都で大胆になされた独立宣言は世界史的にみても稀有な例といってよい。

当時の日本への留学生は、独立を合言葉にして帝国日本へと渡ってきたという。彼らの伝記を読むと、苦学しながらも必死に学問に取り組む姿が浮かび上がってくる。このような日本という土壌で育まれた知性が、見事に花開いたのが2・8独立宣言書であったといえる。

3・1独立宣言は天道教・キリスト教・仏教の宗教者が宣言に携わったことから格調も高く、非暴力を前面に押し出した宣言文であり、道義的な性格が強くにじむ宣言書である。日本への反省を促してはいるものの排他的な精神に逸走してはならないとし、直接的な日本への批判を回避しているところにその特徴がみられる。また3・1独立運動は第一次世界大戦後の新秩序への機運をおさえているものの、世界情勢に関する分析は十分にはみられない。

他方、2・8独立宣言では世界情勢と日本の動向分析、植民地政策の問題点に関する言及が詳細になされている。2・8独立宣言は、保護条約締結から「併合」に至る政治過程を暴力と詐欺からなるものであると批判するとともに、その後も抵抗と独立運動の継続的な存在を示し、「併合」が朝鮮民族の意志ではないことを明らかにする。そして中国、ロシアの軍事的野心の放棄、国際連盟が実現された際の世界情勢の変化を予測し、軍国的侵略の根拠は喪失するとみなし、「韓国併合」の根拠がすでに消滅していると訴えるものである。さらに若者らしく、独立が実現しないばあいという条件付きで、日本に対する永遠の血戦を唱えている。この若い知性の溢れた宣言文は李光洙が起草したものとされているが、世界情勢分析は白寛洙のものであるともいわれており、一定の合議のもとに出された宣言といっていいだろう。この世界情勢に関する分析は、アメリカで李承晩《イ・スンマン》らが記した『思慮深い日本人へ』というパンフレットにおいて日本をプロシア型の専制とみなし、ヨーロッパでプロシアがたどったのと同様の運命をたどるとして、当時の日本の民主主義の後進性を指摘した分析と比肩しうるものであると筆者は考える。

松尾尊兊《たかよし》はこの時代を「内には立憲主義、外には帝国主義」と評しているが、実に的を射た表現である。在日コリアンが現代もなお日本社会の理不尽さを鋭敏に感じるように、当時の留学生も日本にいたからこそ、植民地の厳しい現実と、「内地」との落差を鋭敏に感じとり、鋭くその矛盾を突いたといえる。エドワード・サイードはその著書『文化と帝国主義』のなかで「帝国主義の果実で帝国主義を批判する」と述べているが、帝国の首都東京でなされたこの宣言は、まさにサイードが指摘するような営みであったといえなくもない。

日本の法曹界と2・8独立宣言、3・1独立運動

YMCA幹事・白南薫は収監された学生たちの面倒を最後までみた人物であった。また彼を中心に弁護陣が構成されている。どちらかといえば社会主義者の布施辰治がクローズアップされる傾向があり、彼の役割は重要であるものの、その他の法曹界の人物に関しても紹介しておこう。

その内のひとりが花井卓蔵である。花井は衆議院副議長、貴族院議員として政治家の顔をもつ人物であるが、自由民権運動にも関わった経歴のある人権派弁護士でもあった。彼は、キリスト者の田中正造が関わった足尾鉱毒事件、さらに社会主義者を処刑した大逆事件では幸徳秋水などの弁護に当たっている。その彼が朝鮮との関わりでは「併合」後最初のキリスト

教弾圧事件であった105人事件でも弁護団に加わっている。

鵜澤總明《うざわふさあき》も同じく政治家の顔をもつ弁護士であるが、大逆事件の弁護にもあたった法曹界の重鎮であった。また今井嘉幸は衆議院議員であり、弁護士でもあったが、吉野作造の盟友として黎明会の創設には中心的な役割を果たしている。筆者は、宣言直後の2月9日に朝鮮人学生が吉野作造宅を訪れたことから、今井は吉野作造の勧めもあり弁護陣に加わったものと推察している。このような日本の当時のデモクラシー勢力が学生たちの弁護に当たり、内乱罪、騒擾罪よりも軽い、出版法違反の判決となったのである。

これとともに3・1独立運動時、朝鮮高等法院長であった渡辺暢《とおる》のことも併せて記憶したい。富士見町教会の会員であった渡辺は、日本の研究では、3・1独立運動を内乱罪という重罪ではなくより軽い騒擾罪、保安法違反、制令第七号違反、出版法違反などとしたことに一定の評価が与えられている。

2・8独立宣言、3・1独立運動と現代

2019年、ソウルでの3・1独立運動100周年記念事業は未来志向で世界に開かれた祝祭であったが、これに対して日本政府は国民に反日デモの発生を警告した。反日・親日という二項対立に束縛される現代日本の状況は実に不自由であり、韓国と日本がこの抑圧された民衆の抵抗運動という歴史的意味を共有できない現実は真に不幸なことである。

筆者は、在日本韓国YMCA主催の2・8独立宣言100周年記念国際シンポジウムで日本の聴衆に、広く民衆に享受される宣言文が果たして日本にあるかと問いかけた。永らくの沈黙が支配した。このような宣言文の不在は、日本の近現代がもつ問題ともいえなくない。近代市民革命の系譜から

考えると、アメリカ革命には独立宣言が、フランス革命には人権宣言が存在した。現在韓国では、3・1独立運動から上海臨時政府が創設されたことから、「3・1独立革命」と言い換えようという動きが歴史学界にあるという。

2・8独立宣言書には「民主主義的先進諸国の範に従い」と記されているが、現在では民主主義そのものの基盤が、世界的な専制と排他的・全体主義的傾向によって切り崩されようとしている。命を賭して自由と独立そして民主主義を訴えた先達の声を、現在に生きる私たちは心に深く刻む必要がある。

また、2018年の沖縄の県知事選では「イデオロギーよりアイデンティティ」という標語が叫ばれた。今後の研究課題としては、南北統一への輪郭がようやく鮮明になりはじめたいま、イデオロギー対立が深刻化する以前の多様な社会主義の系譜に着目することも必要であろう。それは、社会主義と資本主義は近代というコインの裏表であり、コインの素材そのものは愛からなるものであるからである。まさにフランス革命の標語が「自由・平等・博愛」であったように。

いずれにせよ2・8独立宣言には、現在に生きる私たちにとって、いまなお通奏低音として力強く心に響くものがある。帝都東京で叫びをあげた若者たちの声に現代の私たちも応答しなければならない。その意味で私たちは本書を『未完の独立宣言』としたのである。

本書の第1部は近現代史のなかでの2・8独立宣言、3・1独立運動に焦点を当て、その歴史的意義を明らかにするものである。東アジア史の文脈からの独立運動をめぐる相互作用とネットワーク、近代史、人物論、ジェンダー史、在日朝鮮人運動史、知識人論、朝鮮統治体制の転換など多岐にわたる歴史的検証がなされ、新たな論議を多様な観点から積極果敢に展開している。第2部は主としてキリスト教的文脈からのアプローチがなされ、日韓のキリスト教史、韓国のキリスト教史、ミッション、YMCAなどとの関連で2・8独立宣言、3・1独立運動を論議するものである。第3部は2・8宣言から100年の現在における日韓市民社会の共同課題はどこにあるのか、また何であるかを明らかにするものである。歴史認識、歴史教育、植民地支配責任、記憶の継承と未来への展望などの諸課題をめぐる論議が展開されている。原稿を寄せてくれた諸氏に深く感謝したい。なお巻末には参考資料として2・8独立宣言書の原文と日本語訳、3・1独立宣言の原文と日本語訳を添えた。

1919年から100年をへた現在、朝鮮戦争の終結という世界史的課題をめぐり東アジアの冷戦構造が大きな変化を遂げようとする、カイロスともいえるこの時代に本書が出版されることに大きな意義と感慨を覚える。本書が読者諸氏の、この人類史的テーマに関する思考ならびに実践の一助となれば幸いである。

（イ・ソンジョン／在日本韓国YMCA2・8研究会座長）

第Ⅰ部

2・8独立宣言の再照明

1

東アジア史のなかの2・8独立宣言

小野容照

はじめに

1919年の3月1日に勃発した3・1独立運動は、植民地期朝鮮の最大の独立運動であり、その背景には、1910年以来の日本の植民地支配に対する朝鮮人の不満と、民族自決を提唱する国際社会への期待があった。その3・1独立運動が勃発する契機のひとつとして知られているのが、2月8日に東京の在日本朝鮮基督教青年会（以下、在日朝鮮YMCA）で朝鮮人留学生たちが発表した2・8独立宣言である。

2・8独立宣言をきっかけにして3・1独立運動が勃発したという認識は当時からもたれていた。たとえば、朝鮮を代表する知識人であり、どちらの運動とも無関係だった尹致昊《ユン・チホ》は、はやくも1919年3月5日付の日記に「この運動はソウルではなく、東京ではじまった」と記している[1]。一方、独立運動を弾圧する側の朝鮮憲兵隊も、同年6月の会議で「東京留学生」の運動が「騒擾〔3・1独立運動〕の導火線となるに至れり」と認識していた[2]。

この認識は現在まで引き継がれ、3・1独立運動に関する研究や朝鮮近代

1　尹致昊『尹致昊日記』第7巻、探究堂、1971年、264頁。

2　朝鮮憲兵隊司令部編『朝鮮騒擾事件状況（大正八年）』厳南堂書店、1969年、1頁。

史の通史では、2・8独立宣言を3・1独立運動の「導火線」、あるいは前史として描いてきた。この認識は、朝鮮近代史の枠組みでみれば決して間違いではない。しかし、2・8独立宣言が日本で展開されたという点を踏まえれば、東アジアの視点で2・8独立宣言を考えることも重要であろう。

日本に着目することがなぜ東アジアの視点につながるのかといえば、1895年に日清戦争が終結して以降、東京には東アジアから数多くの学生や知識人が留学・亡命するようになっていたからである。植民地時代には朝鮮人も数多く日本に留学した。その背景には、少なくとも1924年までは朝鮮総督府の政策によって朝鮮に大学がなく、留学しなければ高等教育を受けられなかったという現実的な理由がある。しかし、日本留学のメリットは勉学だけではなく、朝鮮半島にとどまっていては出会うことのない日本人、中国人、そして朝鮮と同様に日本の支配下にあった台湾人とも親交を深めることができる点にもあった。

2・8独立宣言を主導した朝鮮人留学生たちは、こうした東アジアの学生や知識人との交流のなかで成長した人々であった。そこで本稿では、2・8独立宣言を前後する時期の朝鮮人留学生の独立運動を概観しながら、東アジアの視点から2・8独立宣言を描いていく。

1｜朝鮮人留学生の独立運動と東アジア

朝鮮人留学生の啓蒙活動

朝鮮人の日本留学は1881年からはじまった。当初は朝鮮政府の官費留学生が中心だったが、1905年ごろから私費の留学生が登場したことで、日本に留学する朝鮮人が徐々に増加していく[3]。

3　以下、本章の叙述は、とくに注記しない限り、拙著『朝鮮独立運動と東アジア　1910－1925』(思文閣出版、2013年、第1章～第3章)による。

1905年といえば、朝鮮（当時の国号は大韓帝国）が日本の保護国になった年である。次第に日本の支配が強まっていく国家的危機のなかで、在日朝鮮人留学生は日本で高等教育を受けるだけでなく、留学生団体を組織した。その目的は、東京に留学する朝鮮人学生の親睦を深めることに加え、朝鮮社会を啓蒙することにあった。朝鮮では保護国化以降、愛国啓蒙運動が展開していた。愛国啓蒙運動は、朝鮮の民衆に近代的な思想や文化を普及させることで、日本の支配に抵抗するための実力を養成するというものである。この運動の影響を受け、朝鮮人留学生もまた、留学生団体による講演会や朝鮮語機関誌の刊行を通して、日本で習得した知識を朝鮮に広めようと活動していたのである。

1910年の韓国併合によって朝鮮が日本の植民地になって以降も、朝鮮人留学生は大学などに通う一方、留学生団体を組織したり、朝鮮語の機関誌を刊行したりしながら、啓蒙活動をつづけていく。ただし、基本的な活動は韓国併合以前も以後も変わらないが、その重要性は大きく異なる。

韓国併合後、朝鮮では朝鮮総督府の「武断政治」によって朝鮮人の言論、結社、集会の自由が著しく制限された。宗教関係者などごく一部の例外はあるが、朝鮮人は朝鮮語で新聞や雑誌を刊行することも団体を組織することも、基本的にはできなくなったのである。そのため、韓国併合後の独立運動は1919年に3・1独立運動が勃発するまでは海外を中心としていた。東京の朝鮮人留学生は、アメリカや中国に亡命した知識人と並ぶ民族運動の数少ない担い手となった。

もちろん、日本で民族運動を展開するばあいも制約はあった。1900年に制定された治安警察法により、政府に無断で政治結社を組織したばあい、それは秘密結社として扱われ、弾圧の対象となった。また、出版物を刊行する場合も内務省による厳しい検閲が待っていた。しかし、学生団体の組織や機関誌の刊行は朝鮮ではほぼ不可能であり、それだけに朝鮮社会の啓蒙に対して朝鮮人留学生が果たした役割は大きかった。

朝鮮人留学生は日本でさまざまな団体を組織したが、そのなかで最も代表的なものが1912年に東京で結成された在東京朝鮮留学生学友会である(以下、学友会)。学友会は東京の留学生を糾合する団体であり、1931年まで存続した。主な活動は留学生同士の親睦や交流と、1914年に創刊された機関誌『学之光』[写真1]を通じた啓蒙活動であった。

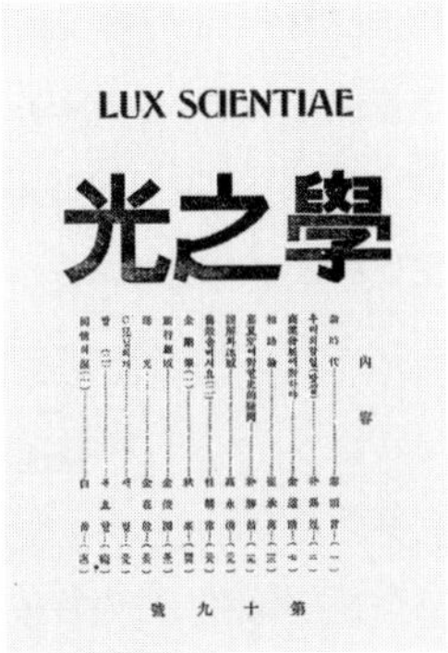

写真1
『学之光』

1914年4月に刊行された『学之光』第2号の巻頭辞には、発行趣旨に関して「現代の諸思潮を融合させて、半島の民智を増発させることは、我ら留学生の重責である(中略)本誌は、理想と融和し、文明を紹介するための一機関としての便宜を提供」すると書かれている[4]。朝鮮人留学生は、自分たちこそが言論の自由のない朝鮮の知識人に代わって朝鮮社会を啓蒙していく必要があることを自覚していたのである。そして、こうした発行趣旨にもとづいて、彼らは当時世界で流行していた思想や理論などを『学之光』で紹介する一方、同誌を朝鮮にも流入させて読者を獲得していった[5]。

以上の朝鮮人留学生の啓蒙活動は、実力養成論にもとづくものである。これは日本からの将来的な独立をめざしつつも、それに先立って朝鮮人自身の実力を養成することに注力するという考え方であり、「先実力養成・

4　編輯人「二號之光が出現」『学之光』第2号、1914年4月、1頁〔原文朝鮮語〕。なお、『学之光』第1号は現存していない。

5　たとえば、1918年3月発行の第15号は日本で1600部が印刷され、そのうち184部が朝鮮に送付されている(警保局保安課「朝鮮人概況 第二(大正七年五月)」朴慶植編『在日朝鮮人関係資料集成』第1巻、三一書房、1975年、68頁)。

後独立論」とも呼ばれる[6]。したがって、朝鮮人留学生の啓蒙活動は独立を直接的な目標とするものではなく、合法的かつ穏健的なものであった。一方、朝鮮の独立を目的とする団体を組織することは、治安警察法によって実質的に不可能である。そうしたなかで、朝鮮人留学生は中国人留学生との出会いをきっかけに、非合法の独立運動を展開していくことになる。

新亜同盟党の結成――啓蒙活動から独立運動へ

合法の範囲内での啓蒙活動に従事していた朝鮮人留学生が、本格的に非合法の反日独立運動を開始したのは1915年のことであり、その背景には中国の反日運動の高揚があった。

1914年8月に勃発した第一次世界大戦に参戦した日本は、中国の青島でドイツ軍を破り、山東半島の大部分の利権を手に入れた。そして1915年1月18日、日本政府は袁世凱《えん・せいがい》政権に21ヵ条要求を突きつけた。対華21ヵ条要求は、列強との協調のもとに対華政策を展開するというこれまでの日本の外交政策から逸脱したものであり、中国ナショナリズムに日本という「単独敵」を設定させるという結果を招いた[7]。以降、中国でも日本でも反日運動が本格化していくことになる。

実は、上海における朝鮮独立運動のリーダーで歴史家でもある朴殷植《パク・ウンシク》が1915年6月に上海で刊行した中国語の歴史書『韓国痛史』も、中国の反日運動と関連がある。同書は、朝鮮が植民地化するまでの歴史を民族主義史観によって描いた朝鮮最初の歴史書であり、朴殷植は国が滅びても民族の「霊魂」は滅びないことを伝える目的で執筆した。一方、『韓国痛史』の刊

6　実力養成論については、朴賛勝『韓国近代政治思想史研究――民族主義右派の実力養成運動論』(歴史批評社、1992年、第2章)〔原文韓国語〕を参照。

7　川島真「関係緊密化と対立の原型――日清戦争後から二十一カ条要求まで」劉傑・三谷博・楊大慶編『国境を越える歴史認識――日中対話の試み』東京大学出版会、2006年、46頁。

行を支援した中国人の康有為《こう・ゆうい》は、同書に寄せた序文で「韓国痛史を読んでみると、ここには亡国した国が必ず経る過程がある（中略）我が国民はこの本を読み我が国の将来を恐れ憂慮すべきだ（中略）中国にはまだ希望があるとはいえ、第二の朝鮮になる日も遠くはない」と述べている[8]。つまり、康有為にとって『韓国痛史』は朝鮮がどのようにして日本に滅ぼされたのか分析するための書物だったといえる。換言すれば、21ヵ条要求によって中国が「第二の朝鮮」となる危機感が高まるなかで、中国より先に日本によって滅亡させられた朝鮮に学ぼうという傾向が表れるようになったのである。

こうした中国における朝鮮認識の変化が、日本に留学する中国人と朝鮮人の連帯を促していく。日本では早稲田大学に留学していた李大釗《り・たいしょう》をはじめとして、日本に在留する中国人留学生が21ヵ条要求に対する抗議活動を積極的に展開しており、1915年2月11日には大規模な集会を開いた。この抗議集会を契機として留日学生総会が結成されるなど、21ヵ条要求以降、中国人留学生の反日運動が活発化した。

こうした日本での中国人留学生の反日運動を背景として、1915年7月、新亜同盟党という秘密結社が東京で組織された。新亜同盟党は日本の植民地・半植民地支配から朝鮮、台湾、中国を解放してアジアの平和を実現するために、朝鮮、台湾、中国の同志が互いに協力することを目的とした組織であった。つまり、朝鮮人留学生は日本の東アジア支配からの解放を目的とする新亜同盟党に参加することで、はじめて非合法の独立運動を経験することになったのである。

新亜同盟党のきっかけを作ったのは、東京の外国語学校中国語科に通う河相衍《ハ・サンヨン》という留学生であった。中国に大きな関心をもつ河相衍は日本大学に留学していた中国人の姚薦楠《よう・せんなん》と親交があり、姚薦楠が21ヵ条要求によ

8　更生撰「韓国痛史　序」太白狂奴原輯『韓国痛史』大同編譯局、1915年、6頁。

り、日本に対する危機感と反日思想をもっていたことを知っていた。そこで河相衍は姚薦楠に朝鮮独立の援助を求め、日本に憤慨していた姚薦楠から同意を得た。河相衍と姚薦楠はそれぞれ同志を集め、1915年7月に中華留日基督教青年会館で会合を開いた。この会合には中国、朝鮮、そして台湾人の同志が約30人参加した。その数日後の7月8日、東京の中華料理屋の中華第一楼で、明治大学に留学する中国人の黄介民《こう・かいみん》を団長として、日本のアジア侵略からの解放を目的とする新亜同盟党が結成された。

このように、21ヵ条要求により中国人留学生の反日運動が活発化して、朝鮮人と中国人のあいだに反日という共通項が生まれたことにより、はじめて朝鮮人留学生は中国人留学生の協力を得ることとなった。なお、団長の黄介民の回想によれば、河相衍は『韓国痛史』を上海から密輸していた。しかし、日本の警察に押収される可能性があったため、中華留日基督教青年会館の黄介民の寝室に移して保管したという[9]。中国人留学生が朝鮮人と共同で反日運動を起こすことを決めた背景には、単純に反日という利害の一致のみならず、上海でみられたように、亡国した朝鮮から学ぶという意識もあった。

新亜同盟党のメンバーは留学生で構成されていた。朝鮮人側は、学友会の会長を務めたことのある申翼熙《シン・イキ》やのちに会長となる白南奎《ペク・ナムギュ》、金明植《キム・ミョンシク》が参加している。それ以外にも、『学之光』編集委員の張徳秀《チャン・ドクス》、2・8独立宣言を主導することになる崔八鏞《チェ・パリョン》、金度演《キム・ドヨン》、田栄澤《チョン・ヨンテク》が参加するなど、当時の主要な朝鮮人留学生を網羅したものとなっている。朝鮮人留学生側が新亜同盟党の活動にどれだけ意欲的であったかが窺い知れる。

なお、新亜同盟党結成のきっかけを作った河相衍は、朝鮮の民族運動全体を通してみても、新亜同盟党を除いて活躍した形跡のみられない無名の

9　黄志良「三十七年游戯梦――黄介民回憶録」『近代史資料』122号、2010年、152頁。

人物である。こうした留学生界のリーダーとは到底いえない人物が新亜同盟党に加わっていたのは、外国語学校に通う河相衍が中国語に堪能だったからである。新亜同盟党では、河相衍が通訳として中国人参加者と朝鮮人参加者の調整役を担っていた。つまり、複数民族で構成される新亜同盟党は、主に中国語を共通言語として使っていたといえる。加えて、中国人の黄介民が新亜同盟党の団長をしていたこと、中華留日基督教青年会館や中華料理屋で会合が開かれていたことが示すように、新亜同盟党は中国人が率いる組織だった。

その理由は、中国人参加者が留学生としてのみならず、革命家としての顔ももつ面々で構成されていたからである。たとえば、新亜同盟党の結成を準備した姚薦楠は、孫文《そん・ぶん》らが1905年に結成した中国同盟会に加入して辛亥革命に参加、1913年の二次革命の失敗後に日本にきて以降、日本大学に籍を置いていた。団長の黄介民も同様に、中国同盟会に加入して一次革命に参加、1913年3月に宋教仁《そう・きょんじん》が暗殺されたことにより身の危険を感じ、同年、明治大学に留学した[10]。そのほか、辛亥革命に参加したことのある人物が数名参加した。このように、新亜同盟党の中国人参加者は、留学生団体を組織したり、雑誌を作ったりする程度の活動しか経験したことのなかった朝鮮人参加者と比べると、活動家としての「経験」が大きく異なっていたのである。

なお、新亜同盟党の主な活動場所となった中華留日基督教青年会は1906年に王正廷《おう・せいてい》らの働きかけによって設立された。1912年には在日朝鮮YMCAからも近い東京の北神保町に会館が完成し、以降、中国人留学生の民族運動の拠点となった[11]。そのため、新亜同盟党にはのちに中華留日基

10 同上、147頁。

11 渡辺祐子「もうひとつの中国人留学生史——中国人日本留学史における中華留日基督教青年会の位置」『明治学院大学教養教育センター紀要』5-1、2011

督教青年会の主要メンバーとなる王希天《おう・きてん》や、1920年に会館内に設置される中国人と日本人社会主義者のサロンである中国書籍の取次所・東方書報社を運営する羅豁《ら・かつ》も参加していた[12]。

最後に台湾人では明治大学に通う彭華英《ほう・かえい》が参加しているが、これについては後述する。

主な活動と解散

こうして結成された新亜同盟党の活動としては、まず党員募集があげられる。新亜同盟党が結成されてから間もなくして、河相衍と黄介民は朝鮮を訪れ、安在鴻《アン・ジェホン》と面会した。さらに、安在鴻の紹介で趙素昻《チョ・ソアン》とも面会した。そして、朝鮮内の独立運動家と交流した後、北京に渡り1916年5月に日本から帰国した李大釗らと面会するなど[13]、日本のみならず東アジア規模で党員を募集し、ネットワークの拡大を試みた。

もうひとつ注目すべき活動が、『韓国痛史』の配布である。内務省によれば、1917年7月ごろ、朝鮮人留学生は上海から『韓国痛史』を200部取り寄せ、東京の留学生に配布していた。この配布活動には中国人の姚薦楠も参加した[14]。黄介民が『韓国痛史』を自室で保管したことをあわせて考えれば、中国人留学生が同書をいかに重要視していたかがわかるだろう。『韓国痛史』は著者の朴殷植の意図を越えて、広範な地域で、中国が「第二の朝鮮」になることを危惧する中国人に読まれたといえる。

とはいえ、新亜同盟党の活動自体は、党員募集と『韓国痛史』の配布以

年、19-20頁。

12　東方書報社については、小野信爾『五四運動在日本』(汲古書院、2003年、237-317頁)による。

13　前掲黄志良「三十七年游戯梦」、154-155頁。

14　前掲警保局保安課「朝鮮人概況 第二(大正七年五月三十一日調)」、71頁。

外は不振に終わった。そして、官憲による弾圧の可能性を考慮して、1917年9月に自主的に解散した。しかし、新亜同盟党の真価は、次の二点で解散後に発揮されたといえる。

ひとつは「経験」である。先述したように、朝鮮人留学生の活動は啓蒙運動が中心であり、東アジア規模の民族解放運動の一環として、辛亥革命に参加した経験のある革命家でもある中国人留学生に導かれながら、はじめて独立運動を経験することになったのである。新亜同盟党に参加した朝鮮人留学生の多くが、解散後に上海で独立運動に従事したり、2・8独立宣言を主導したりする背景には、新亜同盟党で蓄積した独立運動家としての経験があったと思われる。この点は台湾人留学生も同様であり、彭華英も1910年代の終盤から本格化する台湾人留学生の民族運動の旗手となる。

もうひとつは「ネットワーク」である。新亜同盟党が解散したとはいえ、党員募集によって築いた東アジア規模のネットワークが消失したわけではなかった。とりわけ団長の黄介民は、上海に舞台を移して朝鮮人との協力関係の維持に努めていくが、このことは2・8独立宣言とも間接的にかかわることになる。

2｜2・8独立宣言――朝鮮人留学生の国際性

新韓青年党

新亜同盟党が解散した1917年9月以降、国際情勢は大きく変動した。11月（グレゴリオ暦）にロシア10月革命が勃発すると、政権を掌握したボリシェヴィキは「平和に関する布告」を発表し、植民地支配を受けている民族に民族自決を適用することを主張した。これに対抗してアメリカ大統領ウィルソン（Tohmas Woodrow Wilson）が1918年1月に発表したのが「14ヵ条」であり、その第5条項で民族自決を提唱したとされる[15]。

写真2
ウィルソン

先述したように、3・1独立運動は民族自決を提唱する国際社会、具体的には第一次世界大戦の戦後処理として開催され、民族自決が議題となったパリ講和会議への期待を背景として勃発した。しかし、3・1独立宣言書(己未独立宣言書)と2・8独立宣言書の内容を比べると、3・1独立宣言書にはパリ講和会議や民族自決に対する言及はない[16]。一方、2・8独立宣言書は決議文で「万国講和会議〔パリ講和会議〕において民族自決主義をわが民族にも適用させることを請求」している。つまり、2・8独立宣言書は明確にパリ講和会議や国際社会に広く発信する目的で書かれたのであり、朝鮮語、日本語、英語の三言語で作成された。

15　ただし、厳密にいえば、ウィルソンは「14ヵ条」で民族自決という言葉は使っていない。ウィルソンが民族自決という言葉をはじめて使ったのは、1918年2月11日の演説である。この演説でウィルソンは、民族自決に言及しつつ、「すべての明確な民族的願望(all well-defined national aspirations)は(中略)最大限満たされるべきである」と述べた。朝鮮独立運動に対する影響という意味では、「14ヵ条」よりも2月の演説のほうが、影響が大きかったと考えられる。実際、在米独立運動家の李承晩は、1918年12月にウィルソンに送った独立請願書で「すべての明確な民族的願望は最大限満たされるべきである」というウィルソンの理想を実現するためには、「朝鮮人の明確な民族的願望」(the well-defined national aspirations of the Korean people)を除外してはならないと述べる一方、「14ヵ条」には言及していない。朝鮮人の民族自決に対する反応については、拙稿「第一次世界大戦の終結と朝鮮独立運動――民族「自決」と民族「改造」」(『人文学報』110、2017年)を参照されたい。

16　「民族自存」という言葉が使われている。

そして朝鮮人留学生がパリ講和会議での独立を目指して活動する過程で、少なくない影響を与えたのが、上海の独立運動家であった。新亜同盟党の解散後、張徳秀は1918年5月に日本から上海に移動し[17]、同地で呂運亨《ヨ・ウニョン》、鮮于赫《ソヌ・ヒョク》、趙東祜《チョ・ドンホ》、韓鎮教《ハン・ジンギョ》らと国際情勢をどのように独立運動に活用するか議論しはじめた。第一次世界大戦の終戦後の11月26日、ウィルソンの使者としてクレイン（Charles R. Crane）がパリ講和会議への中国の参加を促すために上海に到着すると、呂運亨はクレインに接触し、朝鮮からもパリに代表を派遣したいと伝えた。クレインから援助したいとの回答を得た呂運亨は、同28日に張徳秀らと対応を協議し、新韓青年党を結成して同党から金奎植《キム・ギュシク》を代表としてパリに派遣することを決めた[18]。

パリ講和会議への代表の派遣はアメリカでも李承晩《イ・スンマン》が試みていたが、日本政府の妨害によって失敗した。それゆえ、上海の新韓青年党だけがパリへの代表派遣に成功したことになるが、その背景には中国人の協力があった。

新亜同盟党の団長を務めていた中国人の黄介民は1917年に中国に帰国し、翌年から上海で『救国日報』を編集していた[19]。『救国日報』は1918年に締結された日中共同防敵軍事協定に対する反対運動の際、中国人留学生によって組織された留日学生救国団の機関紙として、同年7月に上海で創刊された[20]。黄介民は『救国日報』の記者として新韓青年党の趙東祜を雇用す

17　高第11037号、「上海在住不逞鮮人逮捕方ニ関スル件（大正八年四月十一日）」、外務省外交記録4-3-2-2-1-7。

18　「本党記略」『新韓青年』1、1920年3月、77頁。金俊燁・金昌順編『韓国共産主義運動史——資料篇１』高麗大学校出版部、1979年、243-244頁〔原文朝鮮語〕。崔善雄『張徳秀の社会的自由主義思想と政治活動』高麗大学校博士論文、2013年、63頁〔原文韓国語〕。

19　黄紀陶「黄介民同志伝略」『清江文史資料』第1輯、1986年、56頁。

20　前掲小野信爾『五四運動在日本』、76頁。なお、新亜同盟党に参加していた王希天は、1918年の日中共同防敵軍事協定の反対運動の中心人物であった。

るだけでなく、救国日報社に上海の朝鮮人活動家を招き、交流を続けていた[21]。また、呂運亨にクレインを紹介したのも、中国の外交官であり、パリ講和会議に参加してヴェルサイユ条約への調印を拒否することになる王正廷だった[22]。王正廷は新亜同盟党のメンバーではなかったが、同団体の活動拠点であった中華留日基督教青年会の設立を準備し、黄介民と同様に中国同盟会に加入していた人物である。

このように、新亜同盟党で築かれた朝鮮人と中国人のネットワークは上海でも引き継がれていた。そして、新韓青年党は中国人(おもに革命派)の協力を得て、パリ講和会議への代表を派遣することに成功したのである。

2・8独立宣言

上海で新韓青年党がパリ講和会議への代表の派遣を模索していたころ、東京の朝鮮人留学生たちも国際情勢について議論しはじめた。

1918年11月22日の学友会の雄弁会では、2・8独立宣言を主導することになる徐椿《ソ・チュン》が、フィリピンが植民地である現状を例にあげて、アメリカは正義と人道の精神で植民地問題を解決するといっているが、「国トシテ実力ナクンバ何等ノ利益ヲ享クルモノニアラズ。先ヅ実力ノ養成ニ努力シテ後正義人道ヲ高唱スベキナリト信ズ」と主張している[23]。

この徐椿の発言で注目すべきは、民族自決を主張するアメリカにそれほど期待していないという点である。たしかにウィルソンは民族自決を提唱したが、彼はすべての民族を独立させることは考えていなかった。ウィル

しかし、この反対運動をきっかけに日本の官憲に危険視されるようになり、1923年の関東大震災の際に憲兵に殺害される。

21　金弘壱『大陸の憤怒——老兵の回想記』文潮社、1972年、51頁〔原文韓国語〕。

22　呂運弘『夢陽 呂運亨』青厦閣、1967年、20頁〔原文韓国語〕。

23　姜徳相編『現代史資料(26)』みすず書房、1967年、16頁。

ソンが自決権を与える民族の基準として想定していたのは、仮に独立した場合、民主主義にもとづく国家を運営することができるか否かという点にあった。徐椿が例にあげたフィリピンのばあい、ウィルソンは「単なる自治」と「民主的自治」を区別し、フィリピンが後者を達成しうるようアメリカが教え導く必要があるという理由で、フィリピンに民族自決を与えるのを先延ばしにしていた[24]。

徐椿がこうしたウィルソンの考えやフィリピンの事情をどこまで知っていたのかはわからない。しかし、少なくとも民族自決が適用されるためには、それに相応しい「実力」が求められることを徐椿が理解していたのは確かである。もちろんパリ講和会議での朝鮮の独立に期待する朝鮮人留学生もいたはずだが、徐椿のように民族自決が朝鮮に適用される可能性は低いと考える留学生も一定数いたのである。

ウィルソンの民族自決をめぐって議論していた朝鮮人留学生が大規模な独立運動の展開に向けて本格的に動きだしたのは1918年末になってからであった。きっかけは、日本でアメリカ人が発行していた英字新聞『The Japan Advertiser』(以下、『ジャパン アドバタイザー』)の1918年12月15日付に掲載された“Koreans Agitate for Independence”という小さな記事であった。これについて新亜同盟党参加者の田栄澤は、『ジャパン アドバタイザー』に李承晩が朝鮮代表としてパリ講和会議に参加する旨を伝える記事が掲載されているのを、自身も通う青山学院の留学生が西洋人教授の家で発見したこと、このニュースは衝撃的であり、すぐにほかの留学生にも広まったことなどを解放後の1946年に回想している[25]。実際は『ジャパン ア

24 Ambrosius, *Wilsonianism: Woodrow Wilson and His Legacy in American Foreign Relations*, New York: Palgrave Macmillan, 2002, pp. 126-129。中野耕太郎「「アメリカの世紀」の始動」小関隆ほか編『現代の起点　第一次世界大戦』第4巻、岩波書店、2014年、230頁。

25 田栄澤「東京留学生の独立運動」『新天地』1-2、1946年2月、97頁〔原文韓

ドバタイザー』には、「在米朝鮮人」(Koreans in the United States)が朝鮮独立運動におけるアメリカの援助を求める請願書をアメリカ政府に提出したことしか書かれておらず、田栄澤の回想には後年の記憶が混ざっているのだが、この記事が留学生たちに衝撃を与えたことは、その後の彼らの動きからわかる。

学友会は1918年12月29日と翌年の1月6日に参加者200名を超える会合を開いた。この会合では、海外の同胞が独立運動に着手している以上、留学生も具体的に運動を開始すべきであるということが議論され、その実行委員として、崔八鏞、金度演、白寛洙《ペク・クァンス》、李琮根《イ・ジョングン》、宋継白《ソン・ゲベク》、崔謹愚《チェ・グヌ》、徐椿、田栄澤、尹昌錫《ユン・チャンソク》、金尚徳《キム・サンドク》の10名が選ばれた[26]。さらに同じころ、1917年末まで早稲田大学に留学していた李光洙《イ・グァンス》が北京から東京に戻り、留学生たちは上海の朝鮮人がすでに独立に向けて動きだしていることを知った[27]。そして、病気のため離脱した田栄澤を除く実行委員9名に、金喆寿《キム・チョルス》と李光洙を加えた11名が代表となって、独立運動を推進するための団体である朝鮮青年独立団が秘密裏に結成された[28]。

朝鮮青年独立団は独立宣言書の作成に着手し、李光洙を中心に、金度演と白寛洙が補佐するかたちで起草し、先述のように朝鮮語版に加え、英語版と日本語版も作成した。また、東京における独立運動の状況を朝鮮内外に伝えるために、朝鮮内に宋継白、上海に李光洙を派遣した。そして、1919年2月8日をむかえた。朝鮮青年独立団は、まず午後1時に独立宣言書を第41回帝国議会(前年12月27日から開会していた)、朝鮮総督府、各国大使館、各新聞雑誌社に送付した。そして午後7時、在日朝鮮YMCAで

国語〕。

26　前掲姜徳相編『現代史資料(26)』、20頁。

27　前掲田栄澤「東京留学生の独立運動」、98頁。

28　前掲姜徳相編『現代史資料(26)』、21頁。

学友会の予算総会と称する会合を開き、約200名の朝鮮人留学生の前で、崔八鏞が独立宣言書を朗読した[29]。

2・8独立宣言書の主な内容は、まず冒頭で朝鮮の「独立」を宣言したあと、朝鮮が日本の植民地になった経緯を説明し、日本の植民地支配の過酷さを批判する。そのうえで、「民主主義の上に、先進国の範に従って新国家を建設した後には（中略）必ずや世界の平和と人類の文化に対し貢献する」と主張し、最後に決議文で「万国講和会議において、民族自決主義をわが民族にも適用させることを請求」している。そして、もしそれが実現しないばあい、「日本に対し永遠の血戦を宣言する」と述べて、宣言書は終わる。

独立後に「民主主義」の「新国家」を建設すると主張していることも、2・8独立宣言書がパリ講和会議に向けて書かれていたことを示すものである。先述したように、ウィルソンは民主主義による国家を運営できる民族に自決権を与えるという立場をとっており、そもそもアメリカが第一次世界大戦に参加したのも、民主主義を世界に広めるためだったからである。朝鮮人留学生はアメリカや国際情勢をある程度正確に分析していたといえる。

従来、2・8独立宣言は決議文の「日本に対し永遠の血戦を宣言する」と書かれていることから、朝鮮人留学生の若さや闘争性が表現されていると評価されてきた。それと同時に、アメリカや国際情勢の正確な分析が反映されている点も、これまでみてきた国際性豊かな朝鮮人留学生の特徴を示しているといえるだろう。

29　同上、21頁。前掲田栄澤「東京留学生の独立運動」、99頁。

3　2・8独立宣言と台湾・日本

同化から自治へ――台湾民族運動への影響

2月8日の数日前に宋継白は2・8独立宣言書を朝鮮に持ち帰り、朝鮮の民族主義者に日本や上海の独立運動の状況を伝えた。これに触発され、朝鮮の民族主義者も独立運動を準備しはじめ、3・1独立運動が勃発した。

こうした経緯から、2・8独立宣言は3・1独立運動の「導火線」と評価されてきた。しかし、朝鮮人留学生の独立運動は、朝鮮半島の民族主義者に対してだけではなく、広く東アジアの知識人に影響をおよぼした。まずは台湾人に対する影響からみていこう。

台湾人留学生による民族運動が本格化するのは、1918年の夏からであった。台湾の資産家であり、台湾人留学生の学費の援助をしていた林献堂《りん・けんどう》は、1918年ごろから頻繁に台湾人留学生に接触した。林献堂は同年の夏に留学生と台湾の今後について話し合い、六三法の撤廃をめざす運動を展開することが決まった。1919年末には台湾人留学生を糾合する団体である新民会（結成当初の名称は啓発会）が組織され、翌年には機関誌として『台湾青年』が創刊されるなど、1918年夏の林献堂と留学生との会合を契機として、台湾人留学生の民族運動は本格化した[30]。こうした台湾人留学生の民族運動の中心人物のひとりが、新亜同盟党で朝鮮人とも活動した彭華英であった。

台湾人留学生が撤廃をめざした六三法とは、台湾総督に法律と同等の効力をもつ命令を発布する特権を与える法律、すなわち台湾特別立法統治の法的根拠であり、台湾人にとって日本の圧政の象徴となっていた。台湾人留学生は、「同化主義」と特別立法統治のどちらが台湾の利益になるのかを考え、「同化主義」が実現すれば、台湾人は日本人と同様に、憲法の保

30　許世楷『日本統治下の台湾――抵抗と弾圧』東京大学出版会、1972年、182頁。

障する権利を享受できると判断し、台湾総督による特別立法に反対して六三法撤廃運動を展開した[31]。

しかし、1920年代に入ると台湾人留学生は、「同化主義」は政治的同化にとどまらず、文化的同化の側面もあると認識するようになった。そのため、留学生は六三法撤廃運動を放棄し、台湾人による自治の獲得へと方向転換する。その結果、台湾人による最大の民族運動である台湾議会設置請願運動が展開されることになる。留学生団体の新民会や機関誌『台湾青年』も、こうした台湾の自治の獲得をめざして設立、創刊された。

こうした同化から自治への方向転換のきっかけをつくったのが、3・1独立運動であった。台湾総督府によれば、台湾人留学生は3・1独立運動に刺激を受けて、「台湾は台湾人の台湾」だと主張するようになった[32]。独立を目指した朝鮮人留学生とは異なり、台湾人留学生の場合は(日本の植民地支配自体は否定しない)自治の獲得をめざしたが、朝鮮人留学生の独立運動は台湾人留学生の民族意識の高揚に大きな影響を与えていたのである。

また、日本や上海では朝鮮人と台湾人の交流も増えていく。たとえば、鄭泰信《チョン・テシン》が1922年に東京で刊行した『青年朝鮮』創刊号(日本語)には、台湾議会設置請願運動に関する台湾人の文章が載っている。また、1924年には上海で台湾人の彭華英、中国人の羅轄、朝鮮人の呂運亨らによって平社という政治結社が組織されている[33]。

31　周婉窈「台湾議会設置請願運動についての再検討」『岩波講座東アジア近現代通史・第五巻 新秩序の模索――1930年代』岩波書店、2011年、220-221頁。

32　台湾総督府警務局『台湾総督府警察沿革誌 第二編 領台以降の治安状況』中巻、1939年、24頁。

33　詳しくは、拙著『朝鮮独立運動と東アジア』、第五章を参照。呂運亨のばあい、1928年4月15日に上海で開かれた台湾共産党結党大会にも参加している。ただし、朝鮮人と台湾人が交流している事例はそれほど多くない。台湾民族運動の目的は基本的に自治の獲得にあり、独立志向の強い朝鮮民族運動とは根本的な性質が異なるからである。加えて、満洲やロシアと陸続きの朝鮮と

日本人との関係の変化

これまで朝鮮人留学生と日本人との関係について触れてこなかった。その理由は、新亜同盟党に（植民地支配に否定的な）日本人が参加していなかったことが示すように、1910年代は両者の交流が活発ではなかったからである。もちろん、個人的な付き合いなど例外はあるが[34]、朝鮮人留学生の反日感情は大きく、たとえ植民地支配に批判的な日本人だとしても、日本人全体を敵視する傾向があった。

しかし、第一次世界大戦の終結を境に両者の関係は変化していく。一部ではあるが、日本の知識人や学生は、第一次世界大戦後の世界が平和と民主主義の進歩に向かっていること、そうした「世界の大勢」に日本が順応していく必要性を痛感し、日本社会の「改造」を主張しはじめた。そして1918年末に、東京帝国大学の学生によって「現代日本の合理的改造」を目的として新人会が結成された。「世界の大勢」には帝国主義の払拭や民族自決も含まれるため、新人会は植民地の問題に関心を寄せ、朝鮮人留学生との連帯の意を表明した[35]。新人会の機関誌『デモクラシイ』には慶應義塾大学部の留学生である廉尚燮《ヨム・サンソブ》が寄稿し、朝鮮独立運動と日本の労働運動は連携することが可能だと述べた[36]。つまり、第一次世界大戦の終結により、一部の日本人が日本社会を改造するための課題として帝国主義の払拭を掲げるようになり、これに朝鮮人留学生も応えはじめたのである。

また、新人会の結成とほぼ同じころ、新人会を支援していた吉野作造を

異なり台湾は島であるため、官憲の弾圧の際に逃げ場がないという地理的な違いもあった。

34　1910年代は日本人と朝鮮人のキリスト者の交流がほとんどである。詳しくは、拙著『朝鮮独立運動と東アジア』、第二章を参照。

35　新人会に関しては、H・スミス著、松尾尊兊・森史子訳『新人会の研究——日本学生運動の源流』（東京大学出版会、1978年）を参照。

36　廉尚燮「朝野の諸公に訴ふ」『デモクラシイ』2、1919年4月、2頁。

中心として、大山郁夫、福田徳三など当時の名だたる進歩的知識人を網羅して、黎明会が結成された。黎明会もまた「世界の大勢に逆行する危険なる頑冥思想を撲滅すること」を綱領に掲げ、講演会の開催などを通して民衆に対して啓蒙をおこなった[37]。

黎明会も帝国主義を「世界の大勢に逆行する危険なる頑冥思想」のひとつとして認識し、植民地問題に関心を寄せていた。そうしたなかで起こったのが、2・8独立宣言とそれに続く3・1独立運動であり、黎明会は1919年3月19日の例会に朝鮮人留学生を招いた。

例会に参加したのは、卞熙瑢《ピョン・ヒヨン》、崔承萬《チェ・スンマン》、張仁煥《チャン・インファン》、姜宗燮《カン・ジョンソブ》、白南薫《ペク・ナムフン》、金雨英《キム・ウヨン》、金俊淵《キム・ジュニョン》、徐相国《ソ・サングク》の8人である。卞熙瑢、崔承萬、張仁煥、姜宗燮の4人は、2・8独立宣言後も朝鮮青年独立団による活動を続けており、2月24日には日比谷で「朝鮮青年独立団民族大会召集促進部趣旨書」の配布を主導した人物である[38]。

黎明会の例会で留学生たちは、朝鮮人が独立を望んでおり、朝鮮人の同化は不可能だという意見を述べた。吉野作造にとって留学生たちから直接意見を聞いたことの意義は大きく、3日後の3月22日には黎明会の講演会で3・1独立運動を起こした朝鮮民族の心情を日本人は理解する必要があると主張した。黎明会はさらに「朝鮮問題の研究」を主題とする講演会を6月に開催し、吉野作造ら日本の知識人たちが朝鮮総督府の統治政策を批判した。この講演会には朝鮮人留学生も多数参加しており、彼らは拍手で応えた[39]。

このように、2・8独立宣言後の朝鮮人留学生の活動によって、一部ではあるが、日本の知識人や学生が朝鮮支配の問題に向き合いはじめ、朝鮮

37 「黎明会記録」『黎明講演集』4、1919年6月、363-364頁。
38 松尾尊兊『民本主義と帝国主義』みすず書房、1998年、178-179頁。
39 同上、178-180頁。

のナショナリズムに理解を示すようになった。一方、朝鮮人留学生も日本人全体を敵視することをやめ、朝鮮独立運動に理解を示す日本人と交流するようになったのである[40]。

おわりに

朝鮮史の視点でみれば、2・8独立宣言は3・1独立運動の勃発を促したという点に大きな意義がある。一方、本稿でみてきたように2・8独立宣言は、日本史においては第一次世界大戦終結後の日本社会の「改造」を促す役割を果たしており、台湾史においては、台湾人が「台湾は台湾人の台湾」であることを自覚し、自治の獲得を目的とする民族運動を展開していくきっかけになっていた。それでは、中国史との関係はどうだろうか。

2・8独立宣言を起草した李光洙は、1919年1月末に上海に渡り、呂運亨らの新韓青年党に加わった。その後、新韓青年党は同年4月に上海のフランス租界で樹立された大韓民国臨時政府の運営に関与していく。この過程でも中国人の協力が確認され、たとえば、新亜同盟党の団長だった黄介民は趙素昻と親交を深め、大韓民国臨時政府の樹立を支援していたと回顧している[41]。そして同年5月4日、5・4運動が勃発する。

5・4運動は、パリ講和会議で日本がドイツから引き継いだ山東半島の利権を回収できなかったことに対する中国人の不満が主な要因となり勃発した。ただ、3・1独立運動は中国でも大々的に報道され、中国人のナショ

40　しかし、こうした交流を過大評価するのは危険である。1920年代に入り、日本の知識人と朝鮮人留学生の交流は社会主義を中心としたものになっていく。たしかに日本の社会主義者は朝鮮の独立運動を支援したが、それは朝鮮独立運動の進展が日本で社会主義革命を起こす際に必要だと認識したからである。それゆえ、日本の社会主義者には朝鮮人が独立を求めて社会主義運動に従事していることに対する理解が欠けており、両者で対立することもあった。

41　前掲黄志良「三十七年游戯梦」、174頁。

ナリズムを高揚させる役割を果たしていた[42]。したがって、5・4運動に対する3・1独立運動の影響を強調するのは妥当ではないが、背景のひとつにはなったといえるだろう。

他方、3・1独立運動の勃発に対しても、朝鮮人留学生と中国人留学生の交流や、5・4運動の展開のなかでヴェルサイユ条約への調印を拒否した王正廷の協力など、革命派の中国人が間接的に影響を与えていた。その意味では、3・1独立運動に次いで5・4運動が起こったことは、朝鮮と中国の民族運動史が、両者の相互作用によって展開していたことを象徴するものだろう。

以上のように、2・8独立宣言は朝鮮史のみならず、中国史、台湾史、日本史とも結びついていた。朝鮮史にせよ日本史にせよ、一国の歴史ではなく東アジアの人々で共有できるような東アジア史として描いていく際、2・8独立宣言や朝鮮人留学生の活動は多くの示唆を与えてくれるのではないだろうか。

（おの・やすてる／九州大学准教授）

42　中国における3・1独立運動の報道については、小野信爾「三一運動と五四運動」姜在彦・飯沼二郎編『植民地期朝鮮の社会と抵抗』（未来社、1982年）を参照。

2

韓国近代史における「2・8独立宣言」の意義

尹慶老

はじめに

2019年(己亥年)、あらためて注目に値する三大歴史的事件の100周年を迎える年である。2月8日「2・8独立宣言」と、3月1日「己未独立宣言」、そして4月11日の大韓民国臨時政府樹立の100周年という記念碑的な日を迎える。このような意義深い日を前にして、さまざまな団体が歴史的なこの日を記念するために行事を準備している。とくに3・1独立万歳運動と大韓民国臨時政府樹立100周年を前にして、民・官がともに「大統領直属3・1運動及び大韓民国臨時政府樹立100周年準備委員会」を結成し、多様な行事を準備している。しかし、これに先立っておこなわれた「2・8独立宣言」100周年に対して注目はされど、目立った行事はないように思える。本稿はこの点に留意し、100年前に敵の首都であった東京で在日留学生を中心に宣布された2・8独立宣言と「独立宣言書」が、韓国の近代史に占める歴史性とその意義を振り返ることとしたい。

1　韓国近代史の他律的な進行と日帝の「碁布星散」統治

韓国近代史の出発点に関する韓国歴史学界の見解は多様である。しかしおおむね、1876年2月、韓日間で結ばれた朝日修好条規(丙子修好条約、江華島条約)締結以降であるとされている。また、この条約の性格は「最初の近代条約」であるとともに「不平等条約」と規定する。古くから韓国は中国などの周辺国家と外交関係を結んできたが、国家間に文書で作成された近代的方式の外交通商に関する条約締結は朝日修好条約がはじめてであった。

本稿では、この条約がもつ不平等性に注目することとする。この条約文は前文と、第1款「朝鮮国は自主の国であり、日本と同等の権利を有する国家である」からはじまり12款の条項から成り立っている。そのほかに主要な内容は「釜山をはじめとする海岸都市を開港し、そこで自由に商行為をおこなう」とし、両国間の貿易および商業行為を自由におこなうことが主な内容である。いうなれば、その後の韓日両国間の「通商」のための「朝鮮の門戸開放」を文書上で成文化した条約である。国家間に結ばれた通商条約で最も主要な部分は、関税条項であることは常識である。しかしこの条約文にはこの部分は抜けている。本来、日本の代表部の条約文草案には関税条項があり、可能な限り「従価5割」を越えない線で妥結しようとしていた。しかし当時の朝鮮側の理解不足と無知によって関税条項自体が条約文の条項から落ちたのである。

条約締結以降、無関税の余波が押し寄せてきてはじめて朝鮮側がこれを問題として取り上げたが、日本側が簡単に受け入れるわけがなかった。したがって、その後の韓日関係をみると韓国近代史が他律的に歪曲されて進行したことは論ずるまでもない。その後、韓国社会はこのように進行していった開港の他律性を克服するために、さまざまな政治、社会的運動を展開した。壬午軍乱(1982年)、甲申政変(1884年)、東学農民革命(1894年)、独立協会(1896年)などであり、とくに1905年、日本による外交権奪取を「法制化」した乙巳条約を画策した前後の時期に、全国的規模の抗日義兵闘争と各種の救国啓蒙運動を推進したのは、このような背景と要因からである。

国権を隣国の日本に強占された第一の要因は、このように最初の出発時から、事前準備と情報が不十分なまま他律的に開放したという問題があげられる。はじまりの失敗、言い換えるならばはじめのボタンを掛け違えたことが禍根となり、取り返しのつかない帝国日本の植民地の道を歩まねばならなくなった。日本の朝鮮半島に対する帝国主義的な侵略が可視化されたのは、1894年の清日戦争からであった。日本は清日戦争の勝利によって遼東半島の占有権を確保し、朝鮮に対しても優位な立場となるかにみえた。しかし、その後ロシアを中心とした三国干渉(露・仏・独)によって、占有した遼東半島を返還し、朝鮮半島での影響力も弱化していった。その後、日本は10年間「臥薪嘗胆」し、1904年2月に露日戦争を引き起こした。当時、世界の世論はロシアという大国を相手に小さな島国日本が戦争を挑んだのは無謀であると指摘し、勝つことは難しいとみていた。しかし予想とは違い、露日戦争では日本が勝利した。1905年9月、露日戦争を終えるポーツマス講和条約が調印されたのも米国の仲裁によるものであった。もし戦争が長引いたなら、決して日本の勝利を保障することはできなかった。露日戦争が、別名で米国の「代理戦争」と呼ばれるのもこのような理由からである。

露日戦争は私たちの国の運命に甚大な影響を及ぼした。清日戦争の勝利によって朝鮮を自身の勢力圏に完全におさめたと信じていた日本は、三国干渉によってその意を遂げられなくなると、米国の積極的な財政上の後押しのもと、10年間の準備期間をへて露日戦争を引き起こしたのである。露日戦争勝利以降、帝国主義的侵略の野望を露呈した日本は、大韓帝国の併呑を急速に進行させた。つまり、露日戦争直後の1904年2月23日「韓日議定書」協定を強制し、戦争中に韓半島内の基地使用権を確保し、続いて韓日協定書(第1次韓日協約、1904年8月22日)を締結以降、日本人官吏たちが大韓帝国の外交、軍事、財政権を管掌するいわゆる「顧問政治」を画策した。これは事実上、大韓帝国の主権と国権を接収したということにほかならなかった。国家権力の一切が日本側に移行すると、宋秉畯《ソン・ビョンジュン》（維新会）、李容九《イ・ヨング》（進歩会）など親日派の人物はすぐさま一進会を組織し、韓日併合を主張する嘆願書を提出するといった反民族的な行動に出た。親日派形成の兆しは開港以来存在したが、露骨な親日派形成はこのときからのことである。

一方で、帝国日本は対外的な作業にも積極的に乗り出した。代表的な措置が1905年7月、米日間で結ばれたいわゆる桂－タフト密約である。その密約は「米国がフィリピンの支配権をもつことと、日本が韓国の支配権をもつことを相互に黙認する」ことが主な内容である。簡単にいうと、それ以降米国のフィリピン支配を日本が認め、米国もまた韓国に対する日本の支配を認めるということを、両国の政府間で秘密裏に工作したのである。後述する「2・8独立宣言書」の内容のなかで「米国と英国の誤り」を指摘する箇所はまさにこのような観点から書かれたものであるといえる。

米国から韓国の支配を認められた日本は、米国をはじめとする韓国の各種利権をもっている西欧列強たちの鉱山採掘権、宣教活動権、鉄道敷設権などを保障する措置をおこなった。一種の「口封じ」措置をおこなったのである。後述する乙巳条約が強制されたあと、米国はもちろん西欧列強のどの国も日本の韓国主権侵奪に異議を提起しなかったのも、このような「緻密な」日本の事前の「口封じ」措置と無関係ではない。乙巳条約によって外交権が日本に移ると、韓国から領事館撤収を最初におこなったのもほかでもない米国であった。1905年11月17日乙巳条約の強制締結は、以上のような緻密な事前措置によって決行された。

このような一方的な強制措置に反発する高宗《コジョン》皇帝は1907年7月に日本の「強盗行為」を国際社会に訴える目的で、オランダのハーグにて開催された万国平和会議に李相卨《イ・サンソル》、李瑋鍾《イ・ウィジョン》、李儁《イ・ジュン》の3名を密使として派遣した。しかしハーグ密使事件は成功には終わらず、それどころかこの事件がもたらした悪影響は少なくなかった。韓国統監の伊藤博文はこの事件を口実に高宗皇帝の退位と軍隊の解散、および司法と行政権などの一切の国家権力を掌握する「丁未条約」を強制した。これによって事実上、日本の植民統治に突入したのである。1910年8月22日(29日公布)、「朝鮮の国権一切を永遠に完全に日本に譲渡する」という要旨の「韓国併合」強制は、以上のように帝国日本が事前に仕組んだ脚本に沿った移行措置に過ぎなかった。

このように大韓帝国の国権を永遠に完全に強占した帝国日本は、我が国を日本の一地方に転落させ「植民地朝鮮」と称し、朝鮮総督府を設置して総督に立法、司法、軍事および治安、行政権などの統治の全権を掌握させた。さらに統治方法は武断統治であった。歴代総督として赴任した人物は例外なく軍人出身であったという点もこれを象徴的に示唆している。1910年8月以降、全権を掌握した帝国日本の武断統治は憲兵警察制によく表れている。

武断統治とはすなわち憲兵警察統治によって治安を担当する警察と、戦争に備えた軍人を区分なく統治の手段と道具として使用したものである。初代総督の寺内正毅のもとで警察司令官と憲兵司令官を兼任した明石元二郎は、のちに朝鮮での武断統治を「碁布星散」の方法で統治したと自慢していた[1]。言い換えるならば「碁盤に碁石が散らばっているように、秋の空に無数に散りばめられている星たちのように」朝鮮半島全国各地に日本の軍隊と警察および憲兵を配置する武断的方法で植民地を統治したのである。

実際、「碁布星散」の武断統治によって国内ではこれ以上救国運動や独立運動を展開することはできなかった。この時期を前後して反日愛国志士

1　小森德治『明石元二郎』(上)、臺北、臺湾日日新報社、1928年、452頁。

の大部分が海外に亡命したのもこのような背景からであった。3・1独立運動のときの民族代表33名が例外なく宗教人であったという点もこれと無関係ではない。国内に残った民族陣営と反日人士に対しては、「105人事件」からもわかるように「総督を暗殺しようとした」というでっちあげ・捏造した事件によって、事前に検挙する方法で徹底的に統制した。ここでとくに注目すべきは、前述したように対外的には法律に依拠した合法的な統治を装っているため、捏造された「105人事件」でもやはり裁判という「近代的道具」を利用し、統治の正当性を宣伝鼓舞したことである[2]。

しかし、公判の過程で反人倫的な拷問が恣意的におこなわれた点とそれに沿った虚偽の陳述が「唯一の証拠」であったという事実などが詳らかになると、「東洋の唯一の文明国」を宣伝自慢していた日本の武断兵営統治(Garrison State)の反文明性と反人倫的な実像が天下に明らかとなった。このような無慈悲な日本の武断統治は1919年の3・1運動が起きるまで継続され、その後よく知られているように「文化政治」へと統治制度は転換したが、実際の内容は前述の武断統治と特に変わりはしなかった。むしろさらに狡猾な植民統治を画策した。

以上のように「植民地朝鮮」に対する日本の統治は非常に暴圧的で狡猾であった。これに抵抗する多様な形態の抗日闘争、言い換えるならば「細流」とさまざまな形態の各種運動が積もり積もって、日本の2・8独立宣言や国内の3・1革命のような全民族全階層が蜂起した大河のような大きなうねりが起きたのである。

しかしここで注目すべきは、日本側は我が国の国権強占過程で近代的「合法装置」を利用したことである。言い換えるならば、日本側は各種協約と議定書および条約締結といった法律的「道具」を動員して、国際社会

2　尹慶老『105人事件と新民會研究』(改訂増補版)漢城大學校出版部、2012年〔原文韓国語〕。

での正当性を担保するという緻密さをみせている。それは後日、韓国併合が外圧と強圧による強制行為であったという主張に対して、法的手順に沿い「合法的」である、つまり「正当である」と主張することを可能にする。昨今の韓日両国間で先鋭化し対立する過去の歴史問題について、日本側が「法律的に欠陥がない」という点を繰り返し強調しているのもここに原因がある。

2 「2・8独立宣言書」――宣言の背景と経緯

「2・8独立宣言書」は日本の東京で1919年2月8日、朝鮮人留学生たちによって結成された「朝鮮青年独立団」の名前で宣言、頒布されたさまざまな「朝鮮独立宣言書」のうちのひとつである。このころ、さまざまな形態の独立宣言書が発表されたが、そのなかで最もはじめに発表された宣言文が「2・8独立宣言書」[3]である。このような意味でこの宣言文がもつ歴史性には格別の意味がある。

敵の首都のまんなかで朝鮮独立を宣言する宣言文が、どうして最初に出されたのか。ここには相応の背景と要因がある。第一に当時東京を中心に朝鮮人留学生社会が着実に形成されていたという点である。資料ごとに偏差はあるが、朝鮮人留学生は着実に増加し1910年代末には在日同胞1万4500余名のうち留学生が600余名に達した。彼ら留学生たちが多様な集まりを結成し、留学生活の寂しさを慰めあうなかでさまざまな情報を共有した。

留学生組織は1895年4月、東京留学生を中心に「大朝鮮人日本留学生親

3　2・8独立宣言書に先立って「戊午独立宣言書」が先に発表されたとして知られているが、「戊午独立宣言書」も戊午年(1918年)ではなく己未年(1919年)2月のものであることが明らかになっている。

睦会」を結成したのちにさまざまな団体が生まれた。西北学生を中心とした太極学会、慶尚道《キョンサン》学生を中心とした洛東親睦会、全羅道《チョルラ》学生たちの湖南学会など、出身地別の団体を形成した。このような親睦会と学会は、1912年10月東京朝鮮留学生学友会（略称は学友会）に統合された。この学友会の出発は1906年11月、東京朝鮮基督教青年会初代総務に金貞植《キム・ジョンシク》が選任され、曺晩植《チョ・マンシク》、張惠淳《チャン・ヘスン》たちとともに青年会を率いたのがはじまりである。金貞植は独立協会で活動して、1902年、李商在《イ・サンジェ》、李源兢《イ・ウォングン》、兪星濬《ユ・ソンジュン》、李承晩《イ・スンマン》たちとともに獄中でキリスト教に入信した。その後1904年、李商在、李源兢とともにソウル蓮洞教会に入会する一方で、皇城基督教青年会（YMCA）韓国人幹事として任命され活動し、渡日後は東京朝鮮基督教青年会初代総務として在日留学生社会を率いていった。

1906年創立初期、東京朝鮮基督教青年会は日本基督教青年会の事務室の一間を借りて使用していた。そして1914年9月、留学生たちの義援金、スコットランド基督教青年会からの寄付金、ニューヨークにある世界基督教青年会の寄付などによって新しい会館を建てた。留学生たちは東京に到着してまずはじめにこの会館を訪問し、ここで日本語を学んだ。学友会は在日留学生組織のなかで最も大きく、留学生たちが半ば義務的に加入するほどであった。学友会は定期総会、臨時総会をはじめ雄弁大会、卒業生祝賀会、入学歓迎会、運動会など多様なプログラムを運営し親睦を深める一方で、民族意識を高揚させ共有した。1914年からは機関誌『学之光』を1年に2、3回発刊し、在日朝鮮人留学生社会をひとつにまとめ牽引する先導的役割を担った。要するに1919年「2・8宣言」が胎動したのは、以上のような在日朝鮮人留学生会の強固な人的土台と組織があったからである。

第二に「2・8独立宣言書」胎動の最も大きな背景と要因は、やはり第一次世界大戦の終結とその前後の急変する時代の影響である。そのなかでも決定的契機は1918年1月、米国のウィルソン大統領が提唱した「14ヵ条の平和原則」すなわち「民族自決主義」の影響である。ウィルソンの「14ヵ条の原則」は自由主義（Liberalism）と民族主義（Nationalism）を土台に「あらゆる民族が自身の政治的運命を自ら決定する権利をもつ」という内容である。この知らせに接した在日留学生たちは、まさに「福音」すなわち「新しい空と新しい地」に出会ったように歓喜し熱狂した。ついに「独立のときが到来した」と判断したのである。「2・8独立宣言」11人のうちのひとりである金度演《キム・ドヨン》は、のちに回顧録にて「民族自決主義の宣言に触れ、暗黒から光明を見たような喜びと希望でいっぱいになった」と回顧しているが、それは彼だけが感じたものではなかった[4]。

ウィルソンの「民族自決主義」提唱に鼓舞されたのは在日留学生だけではなかった。上海で呂運亨《ヨ・ウニョン》を中心に新韓青年党が結成され、急ぎパリ講和会議に金奎植《キム・ギュシク》を派遣したのも同じような文脈からであった。1918年11月に第一次世界大戦の幕が下り、戦後処理のためにパリ講和会議が開かれ、これに対する我が国をはじめとした植民地弱小国家の期待と希望は相当大きかった。

しかし、この会議は結果的に第一次世界大戦の戦勝国による「祝祭」であった。この会議は1919年1月から6月までパリのベルサイユ宮殿にておこなわれた。会議参加国は敗戦国ドイツと戦勝国イギリス、フランス、アメリカ、そして日本であり440条項におよぶ膨大な「ベルサイユ条約」を締結した。しかしこの膨大な条約内容のうち韓国問題にはたったのひとことの言及もなかった。ウィルソンが主張した民族自決主義原則も敗戦国ドイツとオーストリア、ハンガリー帝国、オスマントルコ帝国の植民地にのみ適用された。つまりドイツなどの敗戦国の支配を受けていたポーランド、チェコスロバキア、ハンガリー、ユーゴスラビア、フィンランドなどは独

4　金度演『私の人生白書——常山回顧録』三星文化社、1965年、67頁〔原文韓国語〕。

立国となったが、戦勝国日本の植民地である朝鮮の独立問題は「国内問題」という理由でひと言の言及もなかった。かつて梶村秀樹が「ベルサイユ条約」は「ベルサイユ背反」であると指摘したのもこのような理由からである[5]。

しかし、「2・8独立宣言書」が準備された当時は、このような「ベルサイユ背反」がなされる以前の状況だったため、この条約は「暗黒から光明」のように期待され、「祖国光復の絶好の機会」として考えられたのである。「己未独立宣言書」における「欣快《きんかい》と復活の時代が到来した」との確信も、このような文脈によるものである。

第三に、当時の日本国内の政治・社会的変化の要因も看過することはできない。第一次世界大戦期（1914～1918年）は帝国主義の時代であった。しかしこの時期日本国内の政治状況はまったく異なっていた。1912年大正デモクラシー以降、日本社会は民本社会を志向し、1919年には大正デモクラシーすなわち民主、民本政治が飛躍的に発展をみせていた。まさにこのような日本国内の政治状況の変化と発展がまたひとつの要因でもあった。

もうひとつ要因を加えるならば、在日朝鮮人留学生知識人が朝鮮内とは違い、世界情勢の変化に関する情報と消息に迅速かつ容易に接することができた点である。ウィルソンが提唱した民族自決主義の「14ヵ条の原則」に関するニュースに接したのもアメリカの朝鮮人社会の次に早かった。このような「グッドニュース」に接した在日朝鮮人社会、とくに若い留学生は迅速な反応をみせた。1918年12月15日付の『The Japan Advertiser』に、在米韓国人の動向に関して「韓国人たちが独立を主張」（Koreans Agitate for Independence）と報道され、18日付の『The Japan Advertiser』に「弱小民族

5　梶村秀樹「朴慶植著『朝鮮三一運動』によせて」『朝鮮史の枠組と思想』研文出版、1982年、133-134頁。

が発言権認定を要求」(Small Nations Ask To Be Recognized)という記事が載ったことはこのことをよく示唆する。前者は在米朝鮮人たちが独立運動のための米国の援助要請の請願書を米政府に提出したと報じ、後者はニューヨークで開かれた世界弱小民族同盟会議第二次年次総会に参加した朝鮮をはじめとする弱小民族代表が、パリ講和会議で民族自決の原則に沿って弱小民族が独立しなければならないということを決意し宣布したという記事であった[6]。

このような新聞報道に接した在日留学生社会は大きく鼓舞され、その興奮は瞬時に留学生社会に広まり独立運動を刺激した。これにより、最も積極的に独立運動と連携した留学生組織が、先に述べた東京朝鮮留学生学友会であった。

朝鮮留学生学友会を中心とした「2・8独立宣言書」が公になるまでの過程を要約する。在日朝鮮人留学生たちは1918年12月29日と30日に「忘年会」と東西連合雄弁会を開き、独立問題を議題に論議した。1919年1月6日にも東京朝鮮基督教青年会館に集まり「独立運動に対する具体的な行動を開始しなければならない」として、これを実行するための臨時実行委員10名を選任した。崔八鏞《チェ・パリョン》、白寛洙《ペク・クァンス》、金度演、李琮根《イ・ジョングン》、宋継白《ソン・ゲベク》、崔謹愚《チェ・グヌ》、徐椿《ソ・チュン》、尹昌錫《ユン・チャンソク》、金尚徳《キム・サンドク》、田栄澤《チョン・ヨンテク》の10名であった。しかし、そのうちの田栄澤が病で辞退すると、李光洙《イ・グァンス》と金喆壽《キム・チョルス》を補任して最終的に11名の実行委員が結成された[7]。彼ら11名はすぐに独立運動の方案を協議し、はじめに団体名を「朝鮮青年独立団」に変更した。続いて朝鮮青年独立団の名称で「民族大会招集請願書」・「宣言書」・「決議文」などを作成する作業に入った。「民族大会招集請願書」は1919年2月6日に崔八鏞が印刷所で1000部

6　愼鏞廈「三・一獨立運動 蜂起の經緯」『韓國民族獨立運動史研究』乙酉文化社、1985年、223-224頁〔原文韓国語〕。

7　姜徳相編『現代史資料』26、みすず書房、21頁。

印刷し、「宣言書」と「決議文」は謄写版を使い約600余部謄写した[8]。一方でこれに先立ち1月中旬、宋継白を韓国国内に、李光洙、崔謹愚を上海に派遣した。

1919年2月8日午前、朝鮮青年独立団の名称で作成された「民族大会招集請願書」・「宣言書」・「決議文」は各国公使館と日本大臣および貴族両院議員そして各新聞、通信社などに郵送された。そして午後、朝鮮留学生学友会役員選挙の名目で学生大会が開催された。学生大会開催宣言がなされてすぐ、事前の計画通りまず白寛洙が登壇し「独立宣言文」を朗読して、続いて金度演が決議文を読んだ[9]。

歴史的な「2・8独立宣言書」宣布直後、現場にいた朝鮮青年独立団員9名全員が逮捕された。本国に行っていた宋継白はすでに戻ってきており現場にいたが、上海に渡っていた李光洙と崔謹愚はその場にはおらず、「2・8独立宣言書」宣言会場にいたのは朝鮮青年独立団員9名であった。現場で逮捕された9名はそのまま西神田警察署に収監された。その後警視庁に移送され、東京裁判所にて崔八鏞、徐椿、白寛洙、金度演、金喆壽、尹昌錫は「出版法違反」という罪名で9ヵ月、宋継白、金尚徳、李琮根には7ヵ月の禁固刑が言い渡された[10]。

ここで11名の略歴を次の表（次ページ）に整理しておく。

この表からわかるように、「2・8独立宣言書」に署名した代表11名の大

8　金正明編『朝鮮獨立運動』（Ⅰ）、原書房、1967年、300頁。

9　白寛洙「朝鮮青年獨立團2・8宣言略史」（下）、『東亜日報』1958年2月9日。

10　彼ら9名が「内乱罪」の重刑を避け「出版法違反」で「禁錮刑」という比較的軽い刑になったのは、当時事件の弁護を任された日本人弁護士の花井卓蔵、鵜澤總明と、とくに布施辰治の積極的な弁論が負うところが大きかった（白南薫『私の一生』、1968年）〔原文韓国語〕。布施弁護士は義烈団「朴烈大逆事件」の弁護を自発的に担当し、韓国人としては「忘れることのできない日本人弁護士」という評価を受けている。大韓民国政府は2004年に大韓民国建国勲章を追叙した。

表▪「2・8独立宣言書」(朝鮮青年独立団宣言書)署名者11名の略歴

名前	年齢(生年)	出身地	学歴	服役
崔八鏞	29(1891)	咸南・洪原	早稲田	禁錮9ヵ月
宋継白	24(1896)	平南・平原	早稲田	禁錮7ヵ月
白寛洙	31(1889)	全北・高敞	正則英語	禁錮9ヵ月
李光洙	28(1892)	平北・定州	早稲田	
崔勤愚	23(1897)	京畿・開城	東京商科	
李琮根	25(1895)	京畿・開豊	東洋	禁錮7ヵ月
尹昌錫	26(1894)	忠南・天安	青山	禁錮9ヵ月
徐椿	26(1894)	平北・定州	東京高等師範	禁錮9ヵ月
金尚徳	28(1892)	慶南・高霊		禁錮7ヵ月
金喆壽	24(1896)	慶南・梁山	慶應	禁錮9ヵ月
金度演	26(1894)	京畿・金浦	慶應	禁錮9ヵ月

部分は事件当時、日本有数の大学に在学生または出身者というその時代を代表する「エリート」であった。彼らの出生地は京畿、忠南、慶南、全北、平北などであり、道別に選出した印象を与える。11名のなかには事件後すぐに死亡したり、のちに変節したりした李光洙、徐椿などもいたが、金度演、金尚徳などは監獄から出たあとに上海やアメリカなどに亡命し、臨時政府要員として、または教育者として活動し、解放後も政治の第一線で活動した。

事件後の主要な業績
『学之光』主筆(1918)。出獄後帰国したが1922年32歳で死亡。建国勲章独立章追叙。
宣言前に国内に潜入、玄相允などに会い独立宣言草案を知らせ3・1運動につなげた。 建国勲章独立章追叙。
2・8独立宣言書を朗読、その後明治大学卒業、帰国後は朝鮮日報常務理事、弘文社創設、 新幹会常務執行委員、東亜日報社長、解放後は米軍政立法委員、制憲議員、 6・25事変〔朝鮮戦争〕のときに拉致。
宣言式直前に亡命、宣言書作成。上海に亡命。独立新聞刊行。帰国(1921)、親日に変節。
宣言式直前に上海に亡命、臨時政府議政院議員として活躍、 解放後呂運亨と共に建国準備活動、その後、越北。
解放後、大韓独立促成国民会で活動。
渡米留学、帰国後は元山樓氏女学校、大邱信明女学校、開城松都中の教師、 公州永明学校校長、米軍政庁通訳官、高麗大、成均館大講師など歴任。
1927年帰国、東亜日報経済部長、YMCA、YWCA講師、1932年朝鮮日報編集局長。 主筆、総督府機関紙・毎日申報在職。
上海に亡命、朝鮮民族革命党中央執行委員、臨時政府文化部長、 解放後、制憲議会委員、反民特委委員長歴任。建国勲章独立章追叙。
朝鮮物産奨励会活動。
監理教、米国留学経済学博士、延禧専門教授、朝鮮語学会事件で投獄、 解放後、初代財務部長官歴任。

3 | 「2・8独立宣言書」の内容分析と歴史的意義

「2・8独立宣言書」の内容分析

「2・8独立宣言書」は「全朝鮮青年独立団はわが二千万の民族を代表し、正義と自由の勝利を得た世界万国の前にわが独立を期成せんことを宣言する」とはじめられる。3月1日に発表された「己未独立宣言」は「我らはここに我が朝鮮国が独立国であることと、朝鮮人が自主の民であることを宣言する」と内容上文脈が同じである。そればかりではなく、その後の宣言文の構成と内容および独立宣言の主張の論理も類似している[11]。続けて、我が

11 「己未独立宣言書」の基礎を作った崔南善は、宋継白が伝えた「2・8独立宣言

民族のほかとは違う歴史性、すなわち4300余年の長い歴史をもち世界で最も古い民族のひとつであり、「朝鮮は常にわが民族の朝鮮であり、かつて一度として統一国家であることが失われたり異民族の実質的支配を受けたりしたことはなかった」と、深遠な歴史をもつ自主的な独立した国家であったことを宣言した。

しかし、清日・露日戦争に勝利した日本が「東洋の平和と韓国の独立保全」という最初の約束を破り、「韓国皇帝とその政府を脅迫し」、「韓国の外交権を奪い、これを日本の保護国とし」、「日本の走狗によっていわゆる合併内閣を組織し、ついに秘密と武力のうちに合併条約を締結した」、「わが民族は建国以来半万年にして、自己を指導し援助すると言った友好国の軍事的野心の犠牲となった」。このように日本の強制併合の過程を一目瞭然に要約したのである。その後「宣言書」はこのような一連の「行為は、詐欺と暴力から出たものであり、実にこのような偉大な詐欺の成功は、世界興亡史上に特筆すべき人類の大恥辱であると言える」と綴った。続いて強制併合後、「わが民族の幸福と利益を無視し、征服者が被征服者に対する古代の非人道的な政策を手本にし」て強圧的な植民政策、すなわち「参政権、集会結社の自由、言論出版の自由を許さず、甚だしくは信教の自由、企業の自由に至るまでも拘束している。行政、司法、警察等の諸機関が朝鮮民族の人権を侵害」していると指摘し具体的事例をあげた。日本の反人倫的で野蛮な植民政策をひとことで叱咤しているのである。

そのほかにも「宣言書」は、我が民族と日本人のあいだの民族差別とそれによる「少数の官吏を除くほか、政府の諸機関と交通、通信、兵備などの諸機関の全部あるいは大部分に日本人のみを用い、わが民族には永遠に国家生活の智能と経験を得る機会を与えないようにしている」といった不平等、そして我が民族の歴史性と文化伝統を破壊したという点を強く批判

書」の草案をみたことで知られる。

している。ひとことで言い換えると、その間日帝が韓国で施行した植民統治は「民族差別、教育差別、雇用差別」であるという点を、具体的事例をあげて提示した。

「2・8独立宣言書」は民族差別政策を指摘するだけにとどまっていない。日帝の不当な民族差別への抵抗と闘争を繰り広げた数十万の犠牲者の存在をおぼえ、途切れることなく抗日独立運動を展開してきたことの歴史的妥当性と独立への意志を表している。さらにこれまで言及してきた宣言と要求が受け入れられなかったときには「最後の一人に至るまで自由のために熱血をそそぐ」と宣言した。同時に日本の過ちと暴力を黙認、同調した世界列強に向かっても「正義によって世界を改革するこの時に、その匡正《きょうせい》を世界に求めることは当然の権利」といい、とくに日本の植民統治を暗黙裡に支持したアメリカとイギリスに向かって、「世界改造の主人公であるアメリカとイギリスは、保護と合併を率先して承認したという理由によって、今こそ過去の旧悪を贖う義務がある」という点を強調した。この箇所は100年が経った今日の歴史性と現在性からみても示唆するところが少なくない。

最後の部分では「日本に合併された韓国はむしろ東洋平和を乱す禍根となるであろう」という箇所も注目される。「2・8独立宣言」の10年前の1909年、安重根《アン・ジュングン》が提唱した「東洋平和論」を想起したとき、それが示唆するところは大きい。終わりに、以上のような「わが民族の正当な要求に応じなければ、わが民族は日本に対し永遠の血戦を宣言するであろう」と繰り返し表明することで締めくくった。

「2・8独立宣言書」の歴史的意義

「2・8独立宣言書」本文に登場する用語のなかで最も多く出てくる単語は「民族」が45回で一番多い。次に「日本」36回、「韓国」16回、「朝鮮」

15回、韓国・朝鮮合わせて31回で、1919年の時点での国の名前として「韓国」と「朝鮮」をほとんど同じ頻度で使用していたことも目立つ。そのほかに10回以上使用された用語は「独立」(14)、「自由」(13)、「平和」(11)、「合併」(10)などである。このように「2・8独立宣言」に最も多く使われた用語が「民族」である。これは「宣言書」が「民族」の価値を最高徳目として意識していたことを意味する。「民族の自主独立」は、2・8独立宣言と3・1万歳運動はもちろん、日帝強占期に熾烈に展開された抗日独立運動の目標であり理念的価値であった。韓国の民族運動と独立運動の様態が「民族主義」の性向を強めざるをえなかったのもこのような要因からである。

しかし、韓国の民族主義は日本のそれとは性格が異なる。日本の天皇制やドイツのナチズムは、自民族の価値と優越感を他の民族に強要する抑圧的な「攻勢的」(offensive)民族主義に該当する。一方には、そのような強圧に対抗して民族の生存と正体性(identity)を護るための「防御的」(defensive)民族主義がある。長い歴史のなかで途切れることなく外勢の侵略と支配を受けた韓国の民族主義がまさにこれに該当するのである。しかしながら強圧的で攻勢的な民族主義の暴力性と野蛮性に対峙して、防御と抵抗のため、結果として排他的で閉鎖的な国粋主義の性向をみせることがあるのも、またひとつの事実である。

しかし、「2・8独立宣言書」はこのような限界、つまり国粋主義的な民族主義を克服するための代案として「東洋平和」と「世界同盟」を提示した。日本が我が国を侵略、支配しながら打ち出した「東洋平和」は暴力と強圧によって強制されたもので、真正な意味での東洋平和ではないことを在日留学生知識人たちは認知していた。つまり国家主義的「正義」を超えて、お互い違う民族と国家が共有することができる、人類の普遍的「公義」に土台を置いた東洋平和と世界平和をめざす「普遍的知性」を明言したのである。この点が宣言書の白眉といえる。このような意味で「2・8独立宣言書」は、「民族主義」を語りながらもそれを超えるアジアと世界人類がともに幸福を追求する人類の共栄と平和のビジョンを提示した点で高く評価されなければならないだろう。この箇所は「己未独立宣言書」の主要内容のひとつである人類の共栄と平和精神、つまり朝鮮の独立は朝鮮のみならず日本が誤った道から抜け出し、中国もまた蒙昧な不安と恐怖から抜け出し東洋平和は「世界平和、人類の幸福に必要な段階」とした箇所と意を同じくする。言い換えれば、日本が侵略の過まった道から抜け出し、その後、韓中日3国が東洋の平和を成し遂げるとき、世界平和と人類の幸福、すなわち人類共栄の平和の時代が到来するという点を強調したのである。

昨今、さまざまな過去の歴史問題と独島および尖閣列島(釣魚島)、南シナ海問題、最近では航空「レーダー」照射問題などにおいて、韓中日は先鋭な対立をみせている。過去の歴史問題によってもつれ合う3国間の問題解決は簡単ではない。「結者解之」という言葉が示唆するように結んだ側に解く努力と意志が先になければいけないのではないか。

終わりに「2・8独立宣言書」の歴史的意義をもうひとつ付け加えるならば、この宣言書はたしかにさまざまな独立宣言文のなかで最初に発表されたが、それと同時に、先に出された宣言文の影響を受けた「歴史の産物」であるともみなされなければならない。「2・8独立宣言書」と「己未独立宣言書」など、10編にわたる独立宣言書が発表されるはるか前の1905年11月、乙巳勒約(保護条約)締結以降、独立宣言書形式のさまざまな宣言書が登場した。なかでも1910年8月に日帝の国権強占直後、ウラジオストクと沿海州一体で活動していた義兵長である柳麟錫《ユ・インソク》、救国運動家の李相卨《イ・サンソル》など愛国志士8624名の名前で発表された「聲明会宣言書」、1917年に申圭植《シン・ギュシク》、朴殷植《パク・ウンシク》、申采浩《シン・チェホ》、趙素昂《チョ・ソアン》など17名の名前で宣布された「大同団結宣言」などが代表的である。「大同団結宣言」がとくに注目される点はその「宣言の論理」である。すなわち1910年8月の日帝の国権強占に対して、まさに封建王朝の主権を一般百姓(民衆)に譲与したのだという「国民主権説」を主唱したのである。このような点で「2・8独立宣言書」はやはり歴史的文脈から登場した「歴史的産物」だといえる。

また、この宣言文を主導した主体の名称が「全朝鮮青年独立団」だという点に注目するならば、「2・8独立宣言書」の正確な名称は「全朝鮮青年独立団宣言書」とするのが正しいのではなかろうか。

おわりに

いまからちょうど100年前、在日朝鮮基督教青年会館(YMCA)で「朝鮮青年独立団」の名で発表された「2・8独立宣言書」は、ほかとは異なる歴史性を帯びている。当時日本に留学していた20～30代の若い青年学生たちは「日帝植民統治下」という民族の不幸を打破しようとした。その実践的意志と行動はその後展開されたさまざまな形態の独立運動、とくに1919年3月には国内の「己未独立宣言書」作成と万歳示威運動などに相当な影響を与えた。しかしこのように念願した民族の独立は、1945年8・15の解放を迎えるまで耐えなければならず、さらに同族が相争った悲惨な6・25戦争(朝鮮戦争)によって、我が民族と国は南北に分断されたまま、今日に至っている。

しかし文在寅《ムン・ジェイン》新政府の登場以降、まさに「新天地が眼前に展開されている。今まさに新文明の曙光を人類の歴史に投射し始めた」のであり、今後は「男女老少の別なく陰鬱な古巣から活発に起ちあがり、万民群衆と共に欣快に復活を成し遂げるのだ」と宣言した「己未独立宣言書」の希望に満ちたメッセージがとうとう現実になりつつある。「新しい空と新しい地」が開かれた驚天動地の「開闢」の2018年であった。

とくに2018年9月19日に文在寅大統領が平壌《ピョンヤン》の綾羅島《ルンラド》の5・1体育館に

写真1
ソウル・中央高校の三一紀念館

集まった15万人の平壌市民の前で、南北は過去の70年間別々に生きたが、我が民族は5000余年ものあいだ、ともに生きてきたひとつの民族であることを宣言し、これを聞いたすべての人々に大きな感動を与えた。古い言葉に「萬折必東」という言葉がある。中国黄河の水流が、数万回屈折するが最後には東の黄海に行きつくという意味である。分断された南北間には70余年という「百折」、「千折」、「萬折」の紆余曲折があった。今後も起こりうるだろう。しかし最後には分断の屈折と痛みを越え、民族がひとつになるという夢を実現する日が必ずや来るだろうと強く信じたい。故事の一節がまた思いつく。「通郎不痛、不通郎痛」つまり「通じれば苦痛が消え、不通ならば苦痛が継続する」という意味である。この間、固く塞がれた南北の壁を壊し、お互いに疎通して往来すれば、過去の歳月に積み上げてきた全民族史的苦痛と痛みが、5、6月には雪が解けるように和らいでいくだろう。韓国近代史のなかで「3大事件」と目される「2・8独立宣言」、「3・1独立宣言」そして「大韓民国臨時政府樹立」100周年を迎える歴史的で記念碑的な2019年己亥年、「黄金の亥年」に、本当に韓半島の平和と統一に向けた画期的な措置と変化があることを期待し、希望する。そうなれば、100年前に声高く叫ばれた「2・8独立宣言」の自主独立精神がようやく実現できたといえるであろう。

（ユン・キョンノ／韓国・漢城大学元総長）

訳＝高彰希

3

李光洙の2・8独立宣言書

波田野節子

1 「宣言書」の4つの版と「請願書」

1919年1月、東京の下宿に籠もって「朝鮮独立青年団独立宣言書」(以下「宣言書」と略記) を書く李光洙《イ・グァンス》の胸にはどんな思いが去来していたのだろうか。「宣言書」の作成はもちろん仲間たちとの共同作業によるものであったが、ひとりで原稿用紙を埋めていくとき、小説家でもあった彼の筆を動かしたのは彼の記憶ではなかっただろうか。実際のところ「宣言書」には李光洙の過去の経験が多く反映されており、それが読む者の心を動かす原動力になっている。世界に向けて朝鮮民族独立の正当性を訴えた宣言書の土台には李光洙の人生があったのである。

前年10月に恋人の許英肅《ホ・ヨンスク》と北京に駆け落ちした李光洙は、そこで第一次世界大戦の終結とパリ講和会議の開催を知って東京にもどり、仲間たちと朝鮮独立青年団を結成して「宣言書」を起草し、同時に帝国議会に朝鮮民族大会招集を請願する「民族大会招集請願書」(以下、「請願書」と略記) を書いた[1]。「宣言書」は日本語と英語に訳され[2]、英語版は中学時代の恩師のネイティブチェックを受けた[3]。3つの版のうち朝鮮語版は、早稲田大学学生の宋継白《ソン・ゲベク》により本国の玄相允《ヒョン・サンユン》のもとに届けられ[4]、日本語版は「請願書」とともに両議院議員と新聞社に送付され、英語版は各国駐日大使館に送られた。現在、日本語版は外務省公文書館[5]、朝鮮語版は独立記念館に所蔵されているが、英語版はみつかっていない。「宣言書」は中国語にも訳された。1920年3月1日に新韓青年党が発行した中国語版『新韓青年』創刊号には「宣言書」の中国語訳が載っている。李光洙は朴殷植《パク・ウンシク》とともにこの雑誌の主筆であったから当然これに目を通したはずだ[6]。したがって李光洙が直接関わった「宣言書」は、朝鮮語版、日本語版、中国語版、そして現在みつかって

1 「私は自分が起草した独立宣言書、日本議会に送る文章、それと印刷する印刷費三百円を崔八鏞に渡した」。『私の告白』春秋社、1948年／『李光洙全集13』三中堂、1962年、228頁〔原文韓国語〕。この金は金錫璜という人物から出たものだという。「日本議会に送る文章」が「請願書」を指す。日本議会に送る文章なので朝鮮語版は作らなかったはずである。

2 李光洙は二言語創作者であったから最初から日本語で書いた可能性もある。

3 『私の告白』／『李光洙全集13』三中堂、1962年、229頁〔原文韓国語〕。恩師はH.M.ランディス博士(1857～1921年)。ところで李光洙は当然ジェファーソンが起草した「アメリカ独立宣言」を原文で読んだであろうが、そのほかに福沢諭吉の日本語訳も読んでいたと思われる。1916年に『毎日申報』に連載した『東京雑信』で彼は福沢諭吉の墓所を参拝したことを述べて彼に尊敬の念を表しているが、アメリカ独立宣言は福沢の著書『西洋事情』に全訳されている。

4 同上。宣言書を絹地に書き写して制服の背中にひそませた宋継白に、李光洙はソウルでは中央学校の玄相允を訪ねるよういったという。

5 外務省外交記録「不逞団関係雑件朝鮮人ノ部 在内地」。ここには手書きの「宣言書」、印刷された「請願書」、手書きの添え状の3点が入っている。／崔珠瀚・波田野節子編『李光洙初期文章集Ⅱ(1916～1919)』ソナム、2015年、900-908頁。

6 尹炳奭「解題」『海外の獨立運動資料Ⅶ』中國篇③、國家報勳處、1991年〔原文韓国語〕。

いない英語版の4つがあったことになる。

本稿では日本語版「宣言書」を精読し、関連資料とつきあわせてこれを書いたときの李光洙の心にあったものを探る。そのために朝鮮語版と中国語版も参照し、とくに「宣言書」と同時に書かれた「請願書」は「宣言書」と比較対照して詳細に検討する。なお、本稿で参照する宣言書は外務省公文書館所蔵のテキストである(註5参照)。

2 「宣言書」

「宣言書」は全97行、8段落でなり、末尾に4つの決議文がついている。[表1]に「宣言書」の8つの段落と4つの決議文の行数を示し、それぞれの内容を簡単にまとめた。

内容からみて「宣言書」は、序論にあたる①②、本論にあたる③④⑤、結論にあたる⑥⑦⑧の3つの部分に分けることができる(太線表示)。序論と結論は、朝鮮が独立すべき理由も資格も十分に備えていることを世界に向けてアピールしており[7]、当然のことながら、こうした公式見解は仲間たちとの協議の結果だったはずである。一方、本論は朝鮮と日本との個別的な関係を述べており、ここに李光洙の体験が多く反映されている。それぞれの段落についてもう少し詳しくみてみよう。

冒頭の①は文章全体の趣旨と目的を述べたいわば前文である。②は、朝鮮が4300年のあいだ他民族の支配を受けたことがない文明民族であると

7　小野容照は2・8独立宣言書が「ウィルソンの「ネイション」観のポイントを押さえた内容になっている」として、新韓青年党代表の呂運亨がウィルソンの使者クレインに渡した朝鮮独立の請願書を李光洙がみて「宣言書」起草の参考にした可能性を指摘している。直接参考にしたかどうかはともかく、同じ世代の彼らが時代の精神を共有していたことは間違いない。小野容照「第一次世界大戦の終結と朝鮮独立運動」『人文学報』京都大学人文科学研究所、2017年7月、11頁。

表1

段落	行数	「宣言書」内容
①	3行	世界の前に独立を宣言(前文)
②	5行	朝鮮は四千三百年の歴史を有す
③	30行	日清戦争から日韓併合までの経緯
④	14行	朝鮮民族の抵抗
⑤	22行	併合後の悪政の具体例
⑥	14行	東洋平和のための朝鮮独立
⑦	6行	朝鮮の民主主義国家としての資格
⑧	3行	民族自決宣言
		決議文
1	3行	朝鮮民族の生存発展と東洋平和のために独立を主張
2	3行	日本議会と政府に対し朝鮮民族大会招集を要求
3	5行	万国平和会議で民族自決主義を朝鮮に適用するよう駐日各国大使に要請
4	2行	要求拒絶の場合は日本に対し永遠の戦を宣す

述べて独立の資格をもつことを主張している。序文の役割をもつこの二つの段落は、中国語版ではひとつの段落にまとめられている。

次の③④⑤の三つの段落は合わせて66行で全体の3分の2を占めており、「宣言書」の本論というべき部分である。まず③では、日清戦争のあと朝鮮が日本の「帝国主義的野心」の犠牲となって併合されるまでの経緯が述べられる。韓国の独立を率先して承認してくれた日本に恩義を感じて韓国は日露戦争では日本に協力したが、勝利した日本は約束に反して韓国の外交権と司法警察権を奪い、さらに軍隊を解散し、皇帝を退位させ、ついに合併条約を結ばせるに至る。段落の最後の一文、「実に日本の韓国に対する行為は、詐欺と暴力より出でたるものにして、かくの如く偉大なる詐欺の成功は、人類上特筆すべき大恥辱たりと信ず」は、朝鮮語版ではひとつの段落になって強調されている。

1892年に生まれた李光洙は日清戦争を直接に経験していない。だが1902年に孤児になって放浪するようになり、日露戦争のただなかで少年時代を過ごした。東学の縁を得た彼は日本兵であふれる鎮南浦《チンナンポ》から汽船に乗って漢城（ソウル）に向かい、東学の留学制度により日露講和のころ日本に渡る。保護条約締結を知ったときは公使館に駆けつけて皆で泣き、明治学院中学在学中は軍隊解散や義兵の消息に胸を焦がし、卒業した年の夏に韓国併合を迎えて激しい衝撃を受けた。「宣言書」に書かれた出来事はすべて彼がリアルタイムで経験したことである。この部分を書きながら李光洙は過去の自分の姿を思い浮かべたことだろう。

次に④で、保護条約締結から併合後に至るまで朝鮮の人々が日本への抵抗を続けたこと、それゆえ併合が民族の意思でないことは明らかであると述べる。注目されるのは、このあと唐突に英米の責任が言及されていることである。「世界改造の主人」でありながら保護条約も併合も「率先承認」した米英には旧悪をあがなう義務があるというのである。本論のなかでここだけが世界に向けてのアピールになっている。

⑤では、韓国併合のあと日本がおこなった朝鮮民族への差別と悪政が述べられている。「宣言書」のなかでもっとも具体的で力が籠もっている部分であるが、これについてはこのあと「請願書」と対照しながら精察することにする。

最後の⑥⑦⑧は結論部である。まず⑥は、現在の世界情勢からみれば併合の理由は消滅し、むしろ韓国を併合しておくことは「東洋平和を攪乱する禍源」となると述べる。なぜなら朝鮮民族の自由を日本が認めなければ、朝鮮は「最後の一人までも自由の為に熱血を濃ぐを辞」さないからだ。⑦では、朝鮮は「多年専制政治の害毒」のために「今日を致した」が、民主主義に基づいた新国家を立てれば必ずや人類の文化に貢献できると主張する。「多年専制政治の害毒」とは李光洙がこのころ論説で攻撃していた、朝鮮民族を疲弊させ活力を奪った李朝の悪政のことである。そして最後に⑧で、日本が民族自決の機会を与えなければ朝鮮は独立のために自由行動をとると宣言して終わる。

3 「請願書」

先述したように、李光洙は「宣言書」と同時に帝国議会に朝鮮民族大会招集を要求する「請願書」を書いた。「請願書」の長さは「宣言書」の半分くらいで、8段落全48行でなり、構成と内容がよく似ていて同じ文言も頻出する[8]。「宣言書」と「請願書」を左右にならべ、文言や内容が共通する段落を同じ行に置いたのが次ページの［表2］である。見てのとおり類似は一目瞭然である。おそらく、まず「宣言書」が書かれ、それをまとめる要領で「請願書」が書かれたものと思われる。

すぐに目につく違いが二つある。「宣言書」の3分の1を占めている第3段落の「日清戦争から日韓併合までの経緯」が「請願書」にはないこと、そして「宣言書」の第5段落に述べられている「併合後の悪政の具体例」が「請願書」では第3段落から第5段落の三つにまたがって全体の半分近くを占めていることである。これは帝国議会への「請願書」は過去の経緯よりも現在の問題に焦点を当てるべきだという判断によると思われる。

それでは「宣言書」と「嘆願書」の「併合後の悪政の具体例」を詳しくみてみよう。「宣言書」では、行政・司法・警察の諸機関が朝鮮人を差別して人権を蹂躙していると述べたあと、具体例として①日本人に比して劣った教育をすることで朝鮮民族を永遠に日本人の被使役者にしようとする「劣等

8　註5に書いたように「宣言書」は手書きで「請願書」はタイプ印刷だが、一行の字数は「宣言書」が25字から30字くらい、「請願書」が29字で大きく変わらない。

表2

	「宣言書」		「請願書」
3行	世界の前に独立を宣言（前文）		（添え状に該当）
5行	朝鮮は四千三百年の歴史を有す	11行	朝鮮は四千三百年の歴史を有す
30行	日清戦争から日韓併合までの経緯		
14行	朝鮮民族の抵抗	4行	朝鮮民族の抵抗
22行	併合後の悪政の具体例	13行	併合後の悪政の具体例
	①劣等教育		②職業からの締め出し
	②職業からの締め出し		①劣等教育
	民族の生存と発展が不可能	2行	民族の生存と発展が不可能
	③移民政策	5行	③移民政策
	④利害背馳のさいの差別		④利害背馳のさいの差別
14行	東洋平和のための朝鮮独立	5行	東洋平和のための朝鮮独立

教育」、②職場に日本人ばかりを採用して朝鮮人から国家生活を営む経験を積む機会を奪う「職業からの締め出し」をあげる。そして「吾族は決してかかる武断、専制、不正不平等なる政治の下において、生存と発展を享受すること能わず」と断言したあと、③人口過剰の朝鮮に無制限に日本人の移民を奨励して朝鮮人を海外に流離させる「移民政策」と、④朝鮮人と日本人との利害は背馳するが被害を受けるのは一方的に朝鮮人ばかりだという「利害背馳のさいの差別」をあげている。

一方「請願書」では、同じく朝鮮人の人権蹂躙について述べてから「宣言書」とは逆の順序で②「職業からの締め出し」と①「劣等教育」をあげ、段落を替えて「朝鮮民族は到底かかる政治の下にその民族的生存と発展とを遂ぐること能わず」と非難の声をあげたあと、③「移民政策」と④「利害背馳のさいの差別」をあげている。このように4つの具体的差別は少し順番が変わるだけで中身はまったく同じであり、あいだに置かれた非難の言葉も同じである。どちらかといえば「請願書」の方があとで書かれただけあって簡潔で明瞭な文章になっている。

4つの具体例を書く李光洙の脳裏には、自分がおこなったさまざまな活動が思い浮かんだに違いない。

1915年9月に早稲田大学予科に編入した李光洙は、学資の不足に悩みながら『学之光』の編集と学友会の活動に没頭した。留学生たちは当局から監視されており、李光洙は要監視度が高い「甲号」の指定を受けていた。官憲資料によれば、1916年1月22日、基督教青年会館でおこなわれた演説会で李光洙は「我ハ生ルヘシ」という題目で演説し、日本の「移民政策」を痛烈に批判している。東京に来る前年に大陸を放浪した彼は、日本人移民に追われて大陸に渡り放浪する多くの朝鮮人の姿を目にしただけに熱が入ったのだろう。「〔朝鮮人たちが〕涙を呑んで住み馴れし故郷をあとに遠く山海をへだてし異郷に彷徨せるの状態は惨の惨たるものにあらずや」と熱弁をふるったことが記録されている[9]。ところで、この日の演説のもとになったと思われる論説が3月に『学之光』第8号（発行人：李光洙）に「生きよ」と題して掲載されたが、内容はずっと学究的で穏健である。このころ『学之光』は発行のたびに押収され、編集部は「激烈な言葉は一切避ける」ようにと呼びかけていた。口には出せても文字にできなかったのである。そのうえ、そんな努力にもかかわらずこの号もやはり押収された。李光洙たちの活動はこのような状況のなかでおこなわれていたのである。

同じ3月、植民地に反対する小日本主義者で民本主義者の茅原華山の雑誌『洪水以後』に、「朝鮮人教育に対する要望」という李光洙の投稿が載った。李光洙は朝鮮人の教育制度が日本人に比べて劣悪なことを具体的に指摘し、「一体なにゆえに国家は朝鮮人に教育を解放しないのだろう。朝鮮人は日本人と同様の教育を受ける能力がないというのか、又は朝鮮人は永久に日本人と平等の標準に達してはならぬというのか」[10]と痛烈な問いを

9 「朝鮮人概況第一」第八章内地鮮人ノ情況 第四言動、『特高警察関係資料集成第32巻』、不二出版、2004年、59頁。

10 孤舟「朝鮮人教育に対する要望」『洪水以後』1916年3月号。不二出版『社会

投げかけ､良心的な日本人に向けて議会に働きかけてくれるよう要請した。そして教育差別が引き起こす「職業からの締め出し」と「利害背馳のさいの差別」に言及し、官庁の露骨な差別のために「日鮮人間の訴訟は大抵朝鮮人の敗となり、［略］事業の経営も――例えば鉱山の認可等も日鮮人の競争のある場合には、必ず日本人の勝となるのである」[11]と非難している。

だが彼はこの投稿を採用させるために、日本におもねる書き方をしなくてはならなかった。「日本の新付民としての朝鮮人の幸福は完全なる日本臣民となるにあり、完全なる日本臣民となるにはまず日本臣民と平等なる教育を受けねばならぬ」とか、「「朝鮮人の同化」を認むるならば同じ天皇の赤子に同じ教育を施すべき」[12]というように、「朝鮮人の同化」を前提として教育の平等を要求したのである。当時これは朝鮮人の主張を日本人の目に触れさせるために必要なレトリックであった[13]。だがやはり腹が立ったのだろう。翌月彼は同じ雑誌に「朝鮮人の眼に映りたる日本人の欠点」という文章を今度は匿名で投稿する。「日本人は我々朝鮮人にとりてはあたかも寄生虫の如し」[14]というような罵詈雑言で埋まった投稿は、当然ボツになったが、官憲資料は投稿者を李光洙だと特定し記録している。留学

文学雑誌叢書(11)／崔珠瀚・波田野節子編『李光洙初期文章集Ⅱ(1916～1919)』ソナム、2015年、792頁。

11　同上、789頁。

12　同上、793頁。

13　李光洙は解放後に次のように書いている。「たとえば、「われわれ朝鮮人の教育機関を作ってくれ」と言いたい場合は、言論人や公職者は「同じ天皇の赤子ではないか、なぜ教育に差別があるのだ」と言わなければ、当時は通じなかった。官公職の朝鮮への制限や差別打破をさけぶための公式は、「みんな同じ天皇の赤子ではないか、内鮮一体ではないか、明治大帝の御心ではないか、なぜ内鮮差別をするのだ！」というものだった」(『私の告白』春秋社、1948年／『李光洙全集13』、281頁)〔原文韓国語〕。

14　同上、788頁。

生たちへの監視はこれほどまでに徹底していたのである。

東京に来て1年たった1916年の秋、転機が訪れた。予科を修了し大学進学を決めて帰省した李光洙は、東京にもどる途中、京城(ソウル)に立ち寄った。このとき『毎日申報』で記者をしていた友人が彼の学資を心配して社長の阿部充家《みついえ》に紹介したことから、李光洙は原稿料をもらって論説を書くことになる。総督府の機関紙『毎日申報』は当時朝鮮で唯一の朝鮮語メディアだった。翌年、李光洙はこの新聞に『無情』を連載し、「朝鮮近代文学の父」になる道を歩きはじめる。

『毎日申報』にはじめて書いた論説「大邱にて」[15]で李光洙は、そのころ大邱で起きた知識人青年による強盗事件を取り上げ、朝鮮の知識人青年に職を与えよと提言した。李光洙は日本資本のメディアを朝鮮人の地位向上に利用しようと考えたわけである。だが総督府の新聞に書くためには、やはり『洪水以後』と同じレトリックを用いなくてはならなかった。現時点において日本人は朝鮮人より優れていることを前提とし、可能な範囲で朝鮮人知識青年を受け入れてほしいという卑屈ともいえる書き方がそれである[16]。この屈辱に堪えても実をとるべきだと彼は考えたのだろう。しかし、そのあと彼が『毎日申報』に書く論説は、朝鮮の儒教と結婚制度への批判、文学論、社会進化論礼賛のように編集局と摩擦を起こさないようなものばかりだった。ただひとつの例外は『毎日申報』と『京城日報』の両紙に連載

15 『毎日申報』1916年9月22日・23日。

16 たとえば「事務が高尚で複雑なので朝鮮人を使用することはできず、当局でも当分は内地人だけを主に使っていますが、銀行、会社、商店の事務員と工場の技術師と普通教育の教員にも多数の教育ある青年を収容すべきであります」という部分の後半を金允植は、「そうでない〔事務が高尚でない〕多少下級の技術職、たとえば銀行・会社・商店の事務員と工場技術者と普通学校の教員には朝鮮青年を収容せよということだ」として、これを総督府にたいする朝鮮青年の危険性を除去するための方策の提言とみなしている。金允植『改訂・増補　李光洙とその時代』ソル、1999年、544頁〔原文韓国語〕。

した二言語紀行文「五道踏破旅行」の日本語版である。『京城日報』に掲載した裡里からの通信で、彼は「利害背馳のさいの差別」に言及し、日本人商人が結束しておこなう朝鮮人への「差別的障壁」を「日鮮人平行の発達」のために取り除くよう提言した[17]。だが、この提言は『毎日申報』には見当たらない。朝鮮語版の許容限度に抵触することを知っていたからだと思われる[18]。

1919年1月、東京の下宿で「宣言書」を書いている李光洙の脳裏には、こうした出来事が次々に浮かんだことだろう。この間、個人的にも多くのことが起きた。授業料すら払えないほど貧しかった彼は『無情』を書いているころ肺結核を発病したが、当時にあってそれは死の宣告であった。絶望に陥った彼を救ったのは東京女子医大生の許英粛である。その後2人は愛しあい、彼女の母親に反対されて北京に駆け落ちをする[19]。しかし北京で第一次世界大戦の終結と世界情勢の急変を知った李光洙は、こんなことをしているばあいではないという激しい後悔の衝動にとらわれた。彼は東京にもどり「宣言書」を書きはじめる。

1919年1月に下宿で「宣言書」を起草している李光洙の脳裡にはこの2年間の出来事――民族のための活動、創作、死に至る病、恋愛、そして後退――が次々に浮かんだことだろう。そして民族のための活動をおろそかにしていたという思いは、彼の筆をいやがうえにも過激な方向へと押し

17　『京城日報』1917年7月25日／『李光洙初期文章集Ⅱ(1916～1919)』、823頁。

18　たとえば1918年4月12日『京城日報』の「車中雑感」という紀行文で、李光洙は京釜線の二等車で繰り広げられる「内地人」の「鮮人」に対する差別の光景を痛烈な言葉で批判し、「ヨボさん」と呼ばれると「腸の沸返る思いす」と書いている。同じ記事は『毎日申報』に載っておらず、同紙の論調からしてこのような記事が載ることも考えにくい。『京城日報』がこうした日本人批判に寛容であったのは、在朝日本人の横暴に批判的だった阿部充家の後ろ盾があったせいかもしれない。原文は『李光洙初期文章集Ⅱ』895頁にも収録した。

19　『韓国近代作家たちの日本留学』101-111頁。

やったのではないだろうか。

おわりに

筆者が李光洙研究をはじめた1980年代は資料が充分ではなかった。1963年刊行の三中堂『李光洙全集』に収録された著作をつなぎ合わせると空白の期間があちこちにあり、歪んだ李光洙像になってしまう。彼が植民地末期におこなった対日協力が念頭にあるせいか、1916年の「大邱にて」の卑屈な文章や「東京雑誌」の日本礼賛は、李光洙がこのころから日本に取り込まれていた証拠のように思われた。しかし、それでは「日本に対し永遠の血戦を宣すべし」という「宣言書」の文言との整合がとれない。「宣言書」がその直前の著作と同一の精神活動の所産とみなしがたいことに悩んだ筆者は、1990年に発表した論文に、「宣言書」は民族教育に献身していた五山《オサン》学校時代の精神の突発的な噴出だったと書いた[20]。

2000年代に入るとさまざまな資料が発掘され、李光洙像が少しずつ補完されていった。大陸放浪時代のロシアと亡命先の上海で書いたもの、すなわち検閲を気にする必要がない海外で書かれた資料をみれば、中学時代から李光洙の抗日の論調は一貫している[21]。むしろ監視と検閲を極度に意

20 波田野節子「李光洙の民族主義思想と進化論」『朝鮮学報』第136輯、1990年／『李光洙・『無情』の研究——韓国啓蒙文学の光と影』白帝社、2008年、49頁。

21 崔起栄の「1914年李光洙のロシア滞在と文筆活動」『植民地時期民族知性と文化運動』(図書出版ハヌル)〔原文韓国語〕がでたのは2003年である。上海で李光洙が社長をしていた『独立新聞』の復刻本が韓国学資料院からでたのは2004年。現在『独立新聞』は大韓民国歴史博物館のサイトで簡単にみることができる。李光洙の上海時代については波田野節子「李光洙のハングル創作と3・1運動」『歴史評論』2019年3月参照。なお『勧業新聞』と『大韓人正教報』掲載の記事は、崔珠瀚・波田野編『李光洙初期文章集Ⅰ(1908～1915)』に収録されている。

識しなくてはならなかった東京時代に書いたものが特殊であることを官憲資料により確認することができた[22]。2010年に発表した論文で、筆者は20年前の論文の見解を修正した[23]。

李光洙は自分が起草した「宣言書」について語る時間をほとんどもてなかった。植民地時代には独立運動を回想することはできず、解放後に書いた『私の告白』のなかで少し触れたが、その2年後に朝鮮戦争の渦中で行方不明になった。彼が自分で「宣言書」を起草したときの心境や背景を語る道は絶たれてしまったのである。残された私たちにできることは、資料を発掘して想像力を働かすことだけだ。本稿はその試みのひとつである。1919年1月、東京の下宿で祖国独立の希望に燃えて原稿用紙に向かった李光洙の胸に去来した思いは、これからも多くの人の想像力を刺激することだろう。小説家であった李光洙には、それがふさわしいように思われる。

（はたの・せつこ／新潟県立大学名誉教授）

22　内務省警保局は1916年にはじめて「朝鮮人概況」を作成し、17年に訂正増補版「朝鮮人概況第一」、18年に「朝鮮人概況第二」、20年に「朝鮮人概況第三」を出した。朴慶植編『在日朝鮮人関係資料集成第一巻』（三一書房、1975年）は「諸般の事情で」「朝鮮人概況第一」を割愛したが、李光洙が『洪水以後』に「朝鮮人教育に対する要求」と「朝鮮人の眼に映りたる日本人の欠点」を投稿した記録はここに入っていたため、「朝鮮人概況第一」の入った『特高警察関係資料集成第32巻』が2004年に不二出版からでるまで筆者はみることができなかった。演説「我は生きるべし」についての記録は「朝鮮人概況」にも入っているが、演説のもとになった論文「生きよ」が収録された『学之光』第8号が完全な形でみられるようになったのは、2009年のことである。「『学之光』第八号原文」〔原文朝鮮語〕解題クォン・ボドゥレ『民族文化史研究』39号、2009年。

23　波田野節子「李光洙の第二次留学時代——『無情』の再読（上）」『朝鮮学報』第217輯、2010年／『韓国近代作家たちの日本留学』白帝社、2013年、57-58頁。

4
2・8独立宣言に関わった女子留学生

宋 連 玉

1 | 女子留学生、2・8独立宣言に関わる社会的背景

黄愛施徳の爆弾発言

「民族の大事を男性だけでおこなうというのですか？　車は片方の車輪だけで走れません！」[1]

民族独立について議論する男子留学生を前にして、こういってのけた女子留学生がいた。

朝鮮の開化期以降、朝鮮から日本にやってくる留学生の圧倒的多数は男性で、しかも時代のエリートであった。女子留学生の数が少ないということもあるが、男子留学生の多くは女性の存在を軽視し、民族的な課題を女性とともに取り組むなど期待もしなかった。

そんな彼らの性差別的な意識を真っ向から批判し、歴史的な2・8独立宣言に参加したのが黄愛施徳《ファン・エスター》（以下、黄エスター）であり、彼女の横にはつねに同志の金瑪利亜《キム・マリア》（以下、金マリア）たちがいた。

いまだ男女平等という考え方が広く共有されない時代にあって、黄エス

1　「黄愛施徳」『韓国女性独立運動史――3・1運動60周年記念』3・1女性同志会、1980年。崔恩喜「神が育てた一粒の麦――黄愛施徳」『韓国開化女性列伝』正音社、1985年。朴容玉『キム・マリア――私は大韓の独立と結婚した』ホンソン社、2003年。〔いずれも原文韓国語〕

ターがこのような発言をし、宣言に女子留学生が参加したことの意義はきわめて大きい。その大きさを知るためにも、それまでの朝鮮内の女性運動、および留学を含めた女子教育事情についてまず知るべきだろう。

韓末から1910年代の朝鮮社会事情

帝国日本は植民地支配において、朝鮮女性の社会的地位が古来から一貫して低かったという言説を活用してきた。1935年12月に京城（現、ソウル）府民館で朝鮮総督の宇垣一成がおこなった講演「朝鮮婦人の覚醒を促す」[2]も、それを裏づける。すなわち、「婦人の人格は今日迄極めて低い程度にしか認められておらないような有様にて、殆ど社会と隔離し陰鬱なる内房裡に蟄居して、人生の栄枯浮沈の一切を挙げて男子に任じ、夫れの附随者として酔生夢死に甘んぜざるをえない境遇に置かれておる（中略）何れも朝鮮婦人が無識であり、固陋であり、無自覚であり、所謂時代の動きに対して目覚める程度の著しく低い」として、非主体的に生きる朝鮮女性像を強調する。

1935年といえば、疲弊する農村の危機に対処して農家経済更生計画が拡大され、天皇制イデオロギーの注入とともに、女性の労働力を活用する必要性に迫られていた時期である[3]。果たして宇垣の講演で描かれた女性像は、実態を正確に映し出しているだろうか。

韓国における最近の女性史研究では、18世紀半ばから19世紀にかけての女性による知的業績が明らかにされている。性差別的な社会規範を批判し、あるべき夫婦関係の理想を説いた金浩然《キム・ホヨン》の『自警篇』、家政学全書といえる李憑虚閣《イ・ビンホガク》の『閨閤叢書』、生理学を女性の視点で新たに解釈した任《イム・》允摯堂《ユンジダン》の『允摯堂遺稿』、男性も胎教に加わるべきだと主張した李師朱堂《イ・サジュダン》

2　朝鮮教育会『文教の朝鮮』1936年1月号。

3　李憲昶『韓国経済通史』法政大学出版局、2004年、376頁。

の『胎教新記』、金錦園《キム・グムォン》による女性の旅行記『湖東洛西記』[4]など、宇垣の女性像を裏切る朝鮮王朝時代の女性の知性が厳然と存在した。

しかしながら日本の支配下にあって、ハングルで培ってきた女性文化が否定され、日本語と日本的価値観が強要されるなかで、女性の自立はどれほど実現しただろうか。むしろ宇垣の発言は、女性への愚民化政策を糊塗しようとする植民地権力の政治的意図をあらわにする。

朝鮮女性にとって1895年の閔妃《ミンビ》殺害は、女性に加えられた国家暴力そのものである。民衆の抵抗の手段ともいえる流言飛語は、王妃への性的な辱めも言外に臭わせながら、巷の女性たちの怒りを増幅させていった。

同時期の1890年代に、朝鮮は食糧供給基地に編成され、朝鮮米の日本への輸出が急増するに伴い米価が高騰し、それにより農民、都市住民の生活が圧迫された。女性たちは、生活の現場から帝国日本の侵略を感じつつあった。閔妃殺害の際に起こった義兵闘争が1907年前後から一般民衆も含めて本格化するが、義兵を「暴徒」とみなす日本軍は、義兵を出した村落の女・子どもにまで容赦なく武力を行使した。

同時代に全国的な広がりをみせたのが対日本の国債報償運動であるが、多くの女性が代々大切にしてきた貴金属を差し出すことでその運動に加わった。1907年春に結成された國債報償脫環會や三和港(現、鎮南浦《チンナンポ》)佩物《ペムル》(装飾品)廢止婦人會などは、その代表的な組織である。

やがてこれらの運動は、男女平等を求めるまでに思想的にも深化していった。同時に近代教育を受けた「新女性」のなかから、持続的に独立運動を闘うための理論と実践の模索がはじまる。

4　奎章閣韓国学研究院『朝鮮時代の女性の歴史——家父長的規範と女性の一生』明石書店、2015年。

女性政策の理念は体制に従順な「良妻賢母」

私学の女子教育は1886年の梨花学堂設立からはじまるが、公式的な制度教育は1908年から発足する。同年4月に大韓帝国政府（1897～1910年）は高等女学校令を発布し、官立漢城女学校を設立する。つづいて朝鮮総督府は朝鮮教育令（1911年）を公布し、中等教育機関としての女子高等普通学校（以下、女高普）を設立する。

朝鮮人の教育年限は朝鮮在住の日本人対象の学制に比べ、初等課程では2年、中等課程で1年少ない差別的な学制だった。そのうえ女子の中等課程（女子高等普通学校）の在学期間は3年で、男子の高等普通学校より1年短かった。それ以上の高等教育に入学するには、高等普通学校卒業者、または同等以上の学力をもつ者でなければならず、制度そのものが女性の高等教育進学を阻むものであった。

教育内容も家政、裁縫、手芸などに多くの時間を割き、女性が従来家庭で母親から学んできた伝統的な知識を教科目にしただけの「良妻賢母」養成教育であり[5]、女性の社会進出や経済的自立に役立つものではなかった。

1912年に施行された朝鮮民事令も「明治民法」（1898年施行）を依用し、妻は法的行為者としては無能力とされた。女性は男性戸主の強い権限のもとにおかれ、従属的な地位が法制化された。親族・相続は慣習によるとされたが、1908年からの実地調査は「上流社会」男性の認識をもとにし、地域・階層による多様な「慣習」は考慮されなかった。済州島《チェジュ》や咸鏡道《ハムギョン》のような中央から隔たった地域では女性をめぐる慣習は必ずしも性差別的とはいえなかったが、権力に都合のよい慣習解釈で、妻は夫に絶対的に服従するという規範が再編されていく[6]。

5　朴貞愛「初期‘新女性’の社会進出と女性教育」『女性と社会』11号、創作と批評社、2000年、48-52頁〔原文韓国語〕。

6　野木香里「朝鮮における婚姻の「慣習」と植民地支配——1908年から1923年

2 東京における女子留学生の活動

留学への狭き門

女性差別的な中等教育に満足できない女性たちは、自らのエンパワーメントのためにそれ以上の教育機関で資格を得なければならない。そのためには海外への留学の道しかなかった［表1、2］。

その留学先として日本は、欧米より渡航費、生活費、学費が安く、文化的にもギャップの少ない地域だった。朝鮮女性の日本留学は1890年後半からはじまったが[7]、女子留学生の団体が組織されるほど留学生が増えるのは「韓国併合」後のことである。折しも1913年には日本・朝鮮・満洲相互間の連絡輸送が確立し、これに連動して輸送力増強のために関釜連絡船にも大型新造船が投入された。1914年からの第一次世界大戦による空前の好景気がこれに拍車をかけ、日本の都市社会にも変貌をもたらした。

女子留学生は1909年に9人だったが、1910年代になっても40人を大

までを中心に」『ジェンダー史学』7号、2011年。

7 1896年に朴妙玉が父親の朴泳孝の日本亡命に同行して長崎の活水女学校に留学している。後に神戸の親和女学校で6年間学び、1907年に帰国している。1898年に尹孝貞の娘の尹貞媛が明治女学校に留学している（白玉卿「近代韓国女性の日本留学と女性現実意識」『梨花史学研究』39、2009年）〔原文韓国語〕。尹貞媛（1883～？年）は日本での留学後、ベルギー、イギリス、フランス、ドイツ各地を巡って音楽と語学の研修を受け、政府の要請で漢城高等女学校教員に就任するが、「韓国併合」後に退職し、1911年に北京に亡命し、消息不明となる（洪良姫「尹貞媛」『イートゥディ』2017年7月24日。http://www.etoday.co.kr/news/view/1518609。2019年1月6日アクセス）。世紀転換期にはじめてアメリカで学士を得た河蘭史（1868～1919年）は留学後、梨花学堂の教壇に立ちながら女子教育の必要性を説いた。1919年のパリ平和会議に女性代表として参加を企図するも日本警察に阻まれ北京亡命後に客死する。このように初期の女子留学生は政府高官の家族であるばあいが多いが、帰国後に険しい人生が待ち受けていたところが津田梅子など日本の女子留学生との違いである。

表1▪朝鮮女子留学生数

年度	1909	1910	1914*	1918**	1920
東京	不明	不明	不明	26	不明
その他	不明	不明	不明	18	不明
総計	9	34	40	44	42***

ペク・オッキョン2009「近代韓国女性の日本留学と女性現実認識」『梨花史学研究』39号、p.5〔原文韓国語〕をもとに作成。ただし、ペク論文では1914年の留学生数を30人としている。
*『毎日新報』1914年4月9日。
**『毎日新報』1918年9月15日。
***朴宣美2005『朝鮮女性の知の回遊』山川出版社、28頁では145人となっている。

表2▪朝鮮男子留学生数

年度	1909	1910*	1911	1912	1913	1915	1917	1920**
学生数	221	386	542	560	537	441	589	1085

1909年の数値はペク・オッキョン前掲論文より重引。
1915年、1917年の数値は朴慶植編『在日朝鮮人関係資料集成』第1巻より重引。
*、**は朴宣美前掲論文から重引。

きく越えなかったのは、女性が留学すること自体がさまざまな困難を伴ったからである。

朝鮮の女子留学生政策は、日本や中国にはるかに後れをとっている。それは第一に1905年の乙巳保護条約以降、日本に主権を奪われたこととも関わる。第二に限られた国家財政から官費で留学に送るのは男子が優先されたためである。1900年から1910年代まで30～40人の官費留学を送るが、官費留学は私費留学を志望する男子の促進剤となった。しかし女子のばあいは、官費留学はみられず、全員が私費留学である。

武断統治下にあった1910年代は、日本への留学に対して抑制政策がとられていた。1911年に「朝鮮総督府留学生規定」が制定されるが、その内容としては私費のばあい、事前に履修学科、入学及び出発時期を明記し、履歴書添付のうえ、地方長官をへて朝鮮総督府に提出する義務が課されていた。

地方長官は留学当事者の人柄、保護者の職業、財産状況まで調査し、報告していた。さらに学費納入の保証人2人の連名保証書まで必要としたために、裕福な家庭の家族か、欧米宣教師などの特別な援助がなければ留学そのものが不可能だった。

また、女子留学生の多くがキリスト教信者の家庭からでているが[8]、それは西洋文明に接するのが裕福で知的な階層でのみ可能だった時代状況と関わる。

1910年代に日本へ留学した女性の出身校をみると、大部分が京城女高普（漢城《ハンソン》女学校の後身）、進明《チンミョン》女高普、貞信《チョンシン》女高普、梨花《イファ》女高普であり、さらに淑明《スンミョン》女高普、平壌《ピョンヤン》の崇義《スンイ》女高普が後続する[9]。私学の多くは欧米の宣教師によって開設された学校であるが、要するにソウルや平壌のような主要都市の学校に在籍しなければ留学の情報すら入手できなかったのである。

ともあれ、いくつものハードルを克服して留学しようとするだけあって、保護者の経済力以上に、当事者の民族的使命感も並々ならぬものがあった。

東京女子留学生親睦會

初期の女子留学生の多くがソウル出身であったが、彼女たちのめざす先も首都の東京だった。

進学先での専攻分野は医学がもっとも多く、次に師範学校、英語英文学、音楽、神学、美術の順に続いた。植民地支配下にあって女性がまずは経済

8　朴宣美前掲書、37頁。

9　朴貞愛「1910年－1920年代初　女子日本留学生目録」『女性文学研究』3号、2000年〔原文韓国語〕参照。金夏娟「近代朝鮮の女性教育に関する資料調査――女子高等普通学校の記録を中心に」(http://www.cf.ocha.ac.jp/igl/j/menu/leadership/groupingmenu/training/d003631_d/fil/KimHayeonReport.pdf　2019年1月6日アクセス)。

的に自立するためのツールとして医学、師範科を選んだのに対し、男子の場合は法政、経済、社会分野に集中している[10]ところにも朝鮮のジェンダー秩序がうかがえる。

1915年4月3日に、金弼礼《キム・ピルレ》（金マリアの父の妹）、羅蕙錫《ナ・ヘソク》、金貞愛《キム・ジョンエ》らが発起人となり結成された東京女子留学生親睦會は、「在京の朝鮮女子相互の親睦を図り品性を涵養すること」を設立趣旨とし、初代会長に金弼礼が就いている。

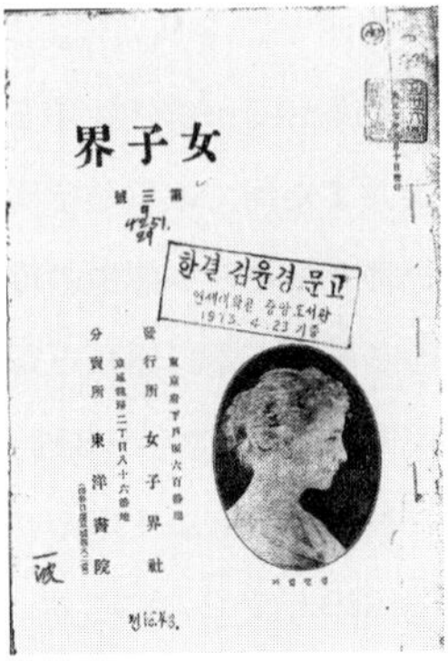

資料1
『女子界』3号表紙
1918年9月発行
延世大学中央図書館所蔵

同会の活動は、植民地朝鮮で女性が置かれている特殊な問題に関心をもたせ、女性問題を社会問題の一環として提起する基盤となった。

1917年10月の臨時総会において、東京女子留学生親睦会が本部として日本各地の女子留学生団体をまとめるようになるが、それには会長に選出された金マリアの功績が大きい。

同会は1920年には劉英俊《ユ・ヨンジュン》、玄徳信《ヒョン・ドクシン》、丁七星《チョン・チルソン》、朴承浩《パク・スンホ》（朴忠愛《パク・チュンエ》）、李賢卿《イ・ヒョンギョン》、金善《キム・ソン》、朴順天《パク・スンチョン》、林孝貞《イム・ヒョジョン》、李淑鍾《イ・スクチョン》、韓小濟《ハン・ソジェ》、黄信徳《ファン・シンドク》たちを主要メンバーに擁して朝鮮女子興學會と改称し、3・1独立運動後のソウル、平壌、釜山《プサン》、馬《マ》山《サン》、大邱《テグ》など朝鮮の各都市を巡回しながら新思想、新知識の普及に努力する。

機関誌として発行した『女子界』の第1号は1917年春に謄写版で出されたが、同年6月末に当局の認可を受けて活版印刷したものを公式の創刊号とした。金徳成《キム・ドクソン》、許英肅《ホ・ヨンスク》、黄エスター、羅蕙錫らが編集に携わり、顧問に田栄澤《チョン・ヨンテク》、李光洙《イ・グァンス》が加わった。

10　朴貞愛「1910年－1920年初　女子日本留学生目録」2000年〔原文韓国語〕。

はじめは女子留学生向けのニュースレター的なものだったが、徐々に朝鮮内の女性に向けた啓蒙誌として内容を整える。家族制度の近代化をめざす李光洙たちの考えと、ジェンダー秩序を変革しようとする女子留学生の使命感が合わさった結果である。

当初は季刊をめざしたものの、結果的には1920年6月に出された5号で終刊する[11]。

3 | 女たちの「2・8宣言」と独立戦争——金マリアと黄エスター[12]

女たちの2・8宣言

1903年に大阪で内国勧業博覧会、1907年には東京で東京勧業博覧会が開かれたが、両博覧会で朝鮮女性が「遊女」「賤業婦」として展示された[13]。大阪での展示を目撃した朝鮮男性の抗議により、女性たちは展示途中で帰

11　全6号刊行、再刊4号で休刊する（孫知延「植民地エリートたちの近代と女性解放論」『名古屋大学　国語国文学』94号、2004年）という説、2号（1918年3月）、3号（1918年9月）、4号（1920年3月）、5号（1920年6月）、6号（1921年1月）、続巻4号（1927年1月）がある（https://terms.naver.com/entry.nhn?docId=5569513&cid=41708&categoryId=60369　2019年1月13日アクセス）という説がある。延世大学に2、3、4、再刊4号が所蔵。

12　『女性学辞典』（岩波書店、2002年）は大沢真理、加納実紀代、上野千鶴子といった日本の代表的な女性学者による編集だが、金マリア、黄エスターは単独の項目にはなく、3・1運動の項目で紹介されているだけである。しかし韓国では、単独で紹介されている金活蘭より金マリアの方が社会的評価を受けている。それだけ日本では朝鮮女性について知られていないということだ。

13　人類館事件、すなわち設営された「学術人類館」に沖縄の「遊女」が「琉球の貴婦人」として展示されたことに対し、沖縄人が抗議し、展示を中止に追い込んだ事件も大阪勧業博覧会での出来事だった。展示されたのはほかに朝鮮人、アイヌ民族、台湾先住民である。ちなみに1903年に日本在留朝鮮人の数は224人、1907年には459人となっている（『日本帝国統計年鑑』各年版による）。

国したが、にもかかわらず東京でも同様の展示がなされていた。

氷山の一角として、このように日本の近代化を学びに来たであろう朝鮮男性ですら民族的屈辱感を味わう日常が待ち構えていた。ましてや朝鮮女性たちは当事者としてこの屈辱感に立ち会わなければならなかったのである。

金マリアのような女性が経験する宗主国の日本は、民族独立への思いをいっそう強くする政治的現場でもあった。金マリアは1892年に黄海道《ファンヘ》長淵《チャンヨン》郡松川《ソンチョン》里の富裕で開明的なクリスチャン家庭の3女として生まれるが[14]、山川菊栄（1890年生まれ）、市川房枝（1893年生まれ）とほぼ同時代に生きたといえる。

故郷の松川里は朝鮮でいち早くキリスト教を受け入れた地域だが、その中心にいたのが、マリアの父であり、徐丙浩《ソ・ピョンホ》の父だった。ちなみに徐丙浩は朝鮮ではじめて幼児洗礼を受け、のちにマリアの父の妹、求礼《クレ》の夫となる人物である。キリスト教への警戒や不信感が強い時代にあって、信仰することと自体が伝統的価値への挑戦でもあり、新秩序への希求でもあった。瑪利亜とは、そのような信仰と思想をもつ父親が洗礼名マリアに漢字をあてた名であった。

父母が早逝したために1906年にセブランス病院に勤める叔父、金弼淳《キム・ピルスン》を頼ってソウルに移る。叔父の家には朝鮮の思想界をリードした金奎植《キム・ギュシク》（のちに父方の叔母金淳愛《キム・スネ》と結婚）や盧伯麟《ノ・ペンニン》、李東輝《イ・ドンフィ》などが出入りし、彼らからも思想的影響を受ける。

転校した蓮洞《ヨンドン》女学校（貞信女学校の前身）を1910年に卒業し、光州《クァンジュ》とソウルで教職に就く。その間に1年間広島高等女学校で日本語、英語を学ぶが、本格的に留学するようになるのは1915年のことである。叔母の金弼礼が

14　生年を1891年とする研究もあるが、ここでは長年金瑪利亜研究をしてきた朴容玉前掲書により1892年とする。

すでに東京に留学していたこと、母校のルイス校長(宣教師)の勧めなどがあって実現した留学だ。女子学院本科、つづいて高等科英文科に進学する。

写真1
崇義女学校。1938年3月末に神社参拝に反対して廃校。写真は1934年の全景

一方、金マリアと同い年の黄エスターは、平壌郊外で漢学者の父とキリスト教を信仰する母とのあいだの2男6女の4女として生まれる。一家が1904年に平壌市内に移ると、エスターの年齢は学齢期を過ぎていたが父親を説き伏せて学校の門をくぐる。飛び級を重ねた結果、女子としては平壌初の卒業生となり、宣教師の斡旋でソウルの梨花学堂で中等科課程を修了する。平壌の崇義女学校に教師として就職した時点ではすでに19歳になっていた。

親は適齢期の娘に結婚を迫るが、その圧力にも屈さずに梨花学堂大学科、総督府医学校での課程を終え、ふたたび崇義女学校の教員に戻る[写真1]。崇義女学校では1913年に教師、学生、卒業生が中核となって秘密結社「松竹決死隊」が組織され、独立運動を支え、学校関係者から活動家も多く養成する。

黄エスターは、金敬喜《キム・キョンヒ》(1889〜1920年)が上海に亡命したのちに代表として任務を引き継いだ。平壌の崇義女学校は1938年3月末に神社参拝に抵抗して廃校していることからもわかるように、ほかの女子教育機関よりも抗日の校風を貫いたところだ。崇義女学校で実践を積んだエスターは1917年9月に東京女子医学専門学校に進学する。

一方、金マリアも、姻戚の徐丙浩たちの上海での独立運動について聞き知っていた。1918年8月に呂運亨たちが結成した新韓青年党は、金奎植をパリ講和会議に、徐丙浩を朝鮮に、その他の党員を日本、露領、満州に派遣して独立運動の協議を進めていた。1917年10月に東京女子留学生親睦会会長に就いた金マリアは、同じ志をもつ黄エスターと出会い、以後、2人は緊密な関係を築いていく。

1918年1月のアメリカのウィルソン大統領の民族自決主義の提唱にも励まされたが、留学生の心を動かしたのは、日本で発行されている英字新聞『The Japan Advertiser』12月1日の記事だった。そこには在米朝鮮人がパリの講和会議に独立を訴えるために派遣されたことが書かれていた[15]。

ちなみにパリ講和会議に派遣された金奎植は、3・1独立運動が高揚した時期に徐丙浩の仲媒でマリアの叔母、金淳愛と結婚している。同じくパリ講和会議に参加しようとした梨花学堂教師の河蘭史《ハ・ナンサ》が、日本の警察の妨害を受け、行方不明になっていることも伝え聞いていた可能性がある。

1918年の年末、1919年の年初に朝鮮人留学生の雄弁大会が開催されるが、弁論の内容は独立運動の先頭に立とうと呼びかけるものであり、呼びかけの対象は男子留学生に向けられていた。黄エスター、金マリアともにそこに参加していたが、黄エスターが冒頭の爆弾発言を投げかけたのはまさにこのときだった。やがて彼女たちの熱い思い、実践力を認めた男子留学生は、女子留学生との共闘を認める。

2月8日、学友会総会という名目で東京朝鮮YMCAに留学生が集まる。崔承萬《チェ・スンマン》の記憶では約300人が集まったというが（前掲書、83頁）、緊迫した空気のなかで独立宣言文発表がなされた。その場に金マリア、黄エスター、盧徳信《ノ・ドクシン》、劉英俊《ユ・ヨンジュン》、朴貞子《パク・チョンジャ》、崔済淑《チェ・ジェスク》が参加していたが、結果的には宣言文に女性の名前は列記されなかった。

発表と同時に宣言に関わった男子留学生はその場で逮捕されたが、金マ

15　崔承萬『私の回顧録』仁荷大学出版部、1985年、80頁〔原文韓国語〕。

リアも女子学院で逮捕され、警察で取り調べを受ける。要注意人物として官憲に監視されるのは女子留学生とて例外ではなかった。釈放後に、金マリア、黄エスターはともに学業を中断して、2・8独立宣言文を朝鮮に持ち帰ることを決める。

同じ時期に中国吉林省では、ハングルだけで書かれた「大韓独立女子宣言書」が発表されている。「悲しく悔しい。わが大韓同胞の皆様、チャンスはふたたび訪れ来ることはなく、時宜を逃せば決起できないゆえ、急いで奮闘しましょう。同胞の皆様万歳！」と書きはじめられた宣言文の骨子は、女性は英雄豪傑も凌駕する力量があるので尚武精神で闘争の隊列に加わるべきだと鼓舞している。

韓紙（49センチ×31センチ）に筆で書かれた宣言文には女性8人の署名があるが、この貴重な資料は、1983年に安昌浩《アン・チャンホ》の長女宅（ロサンゼルス在住）で発見されている[16]。このように女性たちは朝鮮、日本、中国、ソ連、アメリカなどそれぞれの場で独立運動の隊列に加わる準備をしていたのである。

3・1独立運動の熱気に包まれる朝鮮で

マリアは同志と連絡をとりながら、変装用の和服の帯に筆写した宣言文を隠して朝鮮へ持ち帰った。官憲史料に「所在を韜晦」するために各地を転々としながら「独立運動に奔走」したとあるように[17]、2月17日に釜山に上陸し、大邱、光州、ソウルと各地を移動する。大邱では徐丙浩と叔母の金淳愛に出会い、ともに他の叔母たちが教師をしている光州に入り、さらにソウル、黄海道の各地で独立運動の足場をひろげる運動を続ける。

独立宣言文が発表された日の翌日、3月2日にマリア、エスターは梨花

16 『東亜日報』2007年11月3日。

17 「大正9年6月30日 朝鮮人概況」朴慶植『在日朝鮮人資料集成』第1巻。

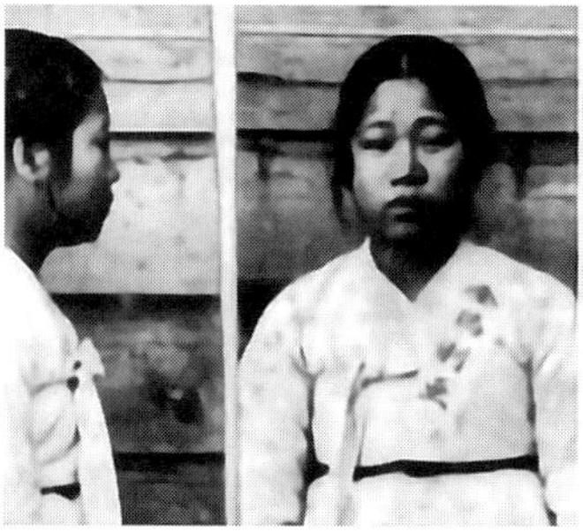

写真2　金マリア

学堂教師の朴仁徳の部屋で、朴仁徳の同僚の申俊励《シン・チュルリョ》・朴勝一《パク・スンイル》・金ハルノン、留学生仲間だった羅蕙錫、梨花学堂の女子学生たちを交えて会合をもった。そこでマリアが訴えたのは、組織的で恒常的な運動をするための女性組織が必要だということだった。街頭に出て「独立万歳！」を叫ぶデモの一過性を憂慮していたのである。

しかしマリアは、3月6日に母校の貞信女学校にたどり着いたところで官憲に逮捕される。連行されたのは南山麓の俗称、倭城台《ウェソンデ》と呼ばれる総督府警務総監部だった。そこは警察組織を統率する最高の指揮本部として、抗日運動のリーダーを苛酷に取り調べし、生きては出られないと人びとから恐れられていたところだ。

マリアが主導した2日の会合に参加した女性たちは順次逮捕されていったが、倭城台に連行されたのはマリアだけだった。この取り調べ過程で受けた拷問がもとでマリアは生涯、上顎骨蓄膿症という難病に苦しめられることになる[写真2]。のちの写真3、5と比べると、写真2のむくんだ顔から取り調べの苛酷さがいくらかは想像できるだろう。

マリアは倭城台での尋問から20日後に西大門刑務所の独房に収監されるが、黄エスターは逮捕の翌日に西大門刑務所に移監されており、その房にはすでに羅蕙錫が収監されていた。倭城台への連行、尋問に要した日数、独房といったことからも、いかに金マリアが重要人物としてマークされていたか、言い換えると金マリアの指導力、求心力、マリアに連なる人脈が植民地権力からいかに評価され、警戒されていたかがわかる。

マリアたちが独立運動のための女性組織が必要だと室内で議論したこと

写真3
マリアの家族。左から金淳愛、金奎植、金マリア、金弼淳。
KBS 3.1節のドキュメンタリー番組「3月1日、ある一門の選択」を紹介した記事
「金淳愛一族の照明」『국제신문（国際新聞）』2017年3月1日より重引

が保安法違反となり、およそ140日後の7月24日になってようやく仮釈放され、8月4日に京城地方法院で予審終結が決定する。

大韓民国愛国婦人会——女性による独立戦争への試み

その間、拷問により健康を損ねたマリアは、金弼淳が勤めるセブランス病院で療養するが、そこは看護師の李貞淑《イ・ジョンスク》が、1919年4月に樹立した上海の大韓民国臨時政府（以下、臨時政府）と連携しながら組織した「大韓民国愛国婦人会」の拠点でもあった。セブランス病院では、独立運動を支持する意識的な看護師が同会に多く加入していた。

退院後に母校、貞信女学校の教壇に戻ったマリアは、副校長のリリアン・ディーン・ミラー（朝鮮名、チョン・ミレ）宣教師の自宅2階に住むことになるが、そこで10月19日に女性界の代表が集まり、マリアとエスターの出獄祝いが催された。

この日の集まりによって「大韓民国愛国婦人会」（以下、愛国婦人会）が再編され、会長に金マリアが就任する。

新しく立て直された愛国婦人会は、帝国日本との闘いを独立戦争ととらえ、武装闘争にも積極的に参加することを掲げたところに、従来の女性組織と異なる点がある。独立資金を臨時政府に送るなどの補助的な活動では

なく、女性が主体的に闘う意志を会の趣旨に示した。

結成当初のメンバーは、セブランス病院、東大門婦人病院の看護師が全体61人の約半数、貞信女学校関係者が約20％で構成されたが、1ヵ月後にはハワイ、間島《カンド》まで支部を設置し、2000人の会員を擁するところまで発展した。

徹底した監視のもとで、身の危険を顧みず闘い続けるマリアだったが、植民地権力の弾圧を恐れた呉玄洲《オ・ヒョンジュ》の密告でマリアたちの動きは当局の知るところとなり、マリアは11月28日にふたたび悪名高い鍾路《チョンノ》警察に連行され、翌日に大邱に送られた。

逮捕された52人のうち、43人が不起訴放免、中核の幹部18人が大邱地方法院検事局に移送されるが、写真4の9人が大邱刑務所に送致される。11月末の大邱は盆地特有の底冷えする地域だが、呉玄洲から情報を引き出したのが大邱警察と関連する者だったために、ソウルから約300

写真4
番号順に金英順、黄エスター、李恵卿、辛義卿、張善禧、李貞淑、左上から白信永、金瑪利亜、兪仁卿。朴容玉前掲書、197頁より重引

大韓靑年外交團과大韓愛國婦人團
第一回公判傍聽速記錄
大邱地方法院에서
六月七日　本社特派員記

資料2
『東亜日報』1920年6月9日

キロ離れた大邱に送られたのだ。

苛酷な拷問・尋問[18]によりマリアは起き上がることもできず、大邱地方法院公判は1920年4月はじめから6月に延期されたが、6月末の判決法廷にも出廷できなかった。公判の結果、5年求刑されていた金マリア、黄エスターは3年、張善禧《チャン・ソニ》、金英順《キム・ヨンスン》、李恵卿《イ・ヘギョン》は2年、その他のメンバーは1年の刑が言い渡された。

1921年1月にマリアたちは京城高等法院刑事部に上告するが、6月20日の最終判決に対する上告は棄却され、マリアとエスターの3年の刑が確定する。このときもマリアは病で出廷できなかった。

マリアの中国亡命、臨時政府での活動

病気が快復しても苛酷な刑務所生活が待ち構えている。そんなマリアを救出すべく上海臨時政府は綿密な計画を立てる。上海臨時政府の要員である尹応念《ユン・ウンニョム》が朝鮮にひそかに派遣され、病気保釈で病院に入院しているマリアに中国亡命を説き伏せる。

尹の手引きで中国女性に扮装したマリアは仁川から威海衛《ウェイハイウェイ》(山東半島北東岸)へと無事たどり着くが、厳重な警戒網をくぐって脱出に成功したのは地下ネットワークのもとで用意周到な準備があったからである。マリア一行が威海衛に着いたのは1921年7月21日のことである。

1934年6月2日付の『京城日報』にマリアの亡命に関する記事がある。その内容は金道順《キム・ドスン》という22歳の女性が「赤色読書会」に関連して仁川署に逮捕されるというものだが、その女性の父親(済州島出身)が尹に協力してマリアの亡命を助けたというのだ。1934年はすでにマリアが朝鮮に戻っ

18 3・1独立運動で逮捕された女性たちへ加えられる性拷問について、当時もリアルタイムで『China Press』、『大陸報』、上海の『独立新聞』などが報じていた。

てきている時期なので、この記事にどんな政治的意図があるのかは不明だが、マリアが上海臨時政府に至るまで多くの人に助けられたのは事実である。金マリアの脱出成功は植民地権力のメンツをつぶし、反対に植民地下で呻吟する朝鮮民衆が快哉を叫んだことは、関連記事が民族紙に掲載された頻度からもうかがえる［資料3］。

上海では多くの朝鮮女性が活躍していたが、そのなかには平壌で松竹決死隊の初代代表を務めた金敬喜もいた。彼女は崇義女学校の教師時代、授業中に安重根の記念碑をハルビンに建てようといったことで逮捕され、それがもとで学校を辞めざるをえなくなる。3・1運動に参加したのちは上海に亡命して活動を続けるが、結核がもとで1920年に早逝する。

第三百四十二號 (三)
金瑪利亞는上海에
한달전에경성을떠나서 북경을거처상해로가
國民會員控訴
一場格鬪後에
◇상해에가잇는김마리아

資料3
『東亜日報』1921年8月5日
「金マリアは上海へ　1ヵ月前に京城（ソウル）を発ち北京をへて上海へ行く」。左下写真は金マリア。
このほか『東亜日報』は、警察の拷問で病床に伏せる様子（1920年6月2日から6月6日まで全3回）、大邱刑務所収監中の様子（1920年6月12日から22日まで全8回）、朝鮮脱出の顛末（1925年8月15日から17日まで全3回）、朝鮮にふたたび戻ってきた消息（1932年7月29日、8月1日、8月4日の全3回）と詳報し、金マリアへの民族的関心に応えた。

亡命後のマリアにとっての最優先課題は健康回復だったが、いくぶん快方に向かったころ、南京の聖書師範学校に入学し、そこで中国語を学ぶ。

パリ講和会議にみられたようになおも盤石な帝国主義の共犯関係に比し、被抑圧民族の力量は弱く、朝鮮の独立運動も長期化するにつれ内部の意見対立が表面化してきた。社会主義という魅力的な新思潮は闘う側に希望と分裂をもたらした。

独立運動勢力の統合を模索するために、国民代表会議が2年間の準備期間をへて1923年1月3日に上海ではじまる。臨時議長に安昌浩が選ばれ、およそ5ヵ月ものあいだ延々と議論されたが、臨時政府のヴィジョンについての統一見解は得られなかった。

マリアは会議の代表資格で参加し、安昌浩と同じく臨時政府を立て直す意見を支持したが、結論をみないままの閉会がマリアにアメリカ留学を決意させる。

10年におよぶアメリカ生活

1923年6月21日に中国人の旅券をもって上海を発ち、7月12日にサンフランシスコに到着する。以後、ロサンゼルス、ミズーリ州・カンザスシティー、シカゴ、ニューヨークと転々としながら、最後はコロンビア大学で教育学、ニューヨーク聖書神学校で神学を修める一方で槿花会(在米大韓民国愛国婦人会)も組織する。

「祖国の土をふたたび踏み、お姉さんたちとひもじさと苦痛を分かち合いたい。朝鮮民族は内外を問わずその地位は悪く、みな等しく苦しんでいます」[19]。

姉宛の手紙にこう書かれたように、アメリカにあっても人種差別や世界金融恐慌による不況などにより留学生にとっては困難な日々が続いた。マリアは刑期の法定時効が満了した時期に朝鮮へ戻ることを決意し、トロント、バンクーバー経由で1932年7月に神戸に到着する。神戸では水上警察に連行され、取り調べを受け、ようやく10年ぶりに朝鮮に戻ることができたのは7月10日だった。1931～33年、日本は中国で、満州事変、上

19 金ヨンサム『キム・マリア』韓国神学研究所、1983年〔原文韓国語〕。

海第一次事変を起こし、満州を建国する。朝鮮をめぐる情勢は大きく動きつつあった。

当局がマリアに求めた条件は、元山の神学校にとどまる、すなわち幽閉に甘んじることを意味したが、それでもマリアは皇民化政策の真髄ともいえる神社参拝にぎりぎり抵抗しながら1944年3月、最期を迎えるまで民族独立を願って命の火を燃やし続けた。

刑期を終えた黄エスターのその後

刑期1年を残して仮出獄したエスターは梨花学堂大学部に編入し、卒業後は梨花学堂の教員兼舎監になる。女性教育を促進するために米国留学を決意し、1925年に渡米。コロンビア大学で教育学、ペンシルバニア大学で農学を学び、1928年秋に朝鮮に戻る。

その後、監理教神学校農村事業科の教員として農村啓蒙に尽力する。1930年に結婚し、夫とともにハルビンの農村に赴き、そこで働く同胞の農業知識の啓蒙活動を続ける。

4 一粒の麦――植民地主義に抗するフェミニズムへと

2・8独立宣言から民族の独立を願って苦闘してきたマリアの思想と行動は、その後どのように評価されてきたのか［写真5］［資料4］。

金マリアは、柳寛順《ユ・グァンスン》とともに朴正熙《パク・チョンヒ》の軍事クーデター後の1962年3月1日に建国功労勲章を授与された205人に入っている。

周知のように朴正熙は、満州軍官学校をへて日本陸軍士官学校に特典入学した人物であり、その経歴はまぎれもなく帝国日本に協力した「親日派」である。そんな人物が民族主義陣営の独立運動家を褒賞することで、「親日派」の過去を消去しようとした。

写真5
イム・キョンソクの歴史劇場「残酷な拷問に打ち勝った朝鮮の革命女傑」。
『ハンギョレ21』2018年1月16日より重引

褒賞された女性のうちでシンボルとなったのは柳寛順である。無垢の少女が非暴力で帝国日本に抵抗し獄死した物語は、元皇国臣民の「民族主義」者にとっては格好の広告塔であった。

柳寛順よりも長く活動した金マリアは、柳寛順とは別な語りがされ、都合の悪い部分は切り捨てられてきた。マリアがこれまで正統民族主義者として高く評価されてきたことは、『나라사랑《ナラサラン》(民族愛)』[20]30号(1978年)で特集が組まれたことなどでもわかる。前述のように何人もの建国功労章受章者を出している一門の出で、韓国正史においては瑕疵のない生き方をしてきた。

しかし韓国で民主化が実現し、フェミニズムが発言力をもった1990年代から、官製「民族主義」のポリティクスに対する反発から民族主義そのものを否定する声が高まる。すなわち民族主義とは必然的に女性を抑圧するものであり、民族運動に参加した女性は女性の国民化をめざしたがゆえに、むしろ家父長制を強化する共犯者なのだという。羅蕙錫のようなセクシュアリティにまで踏み込んで平等を訴えた新女性への過大評価とは対極にある。また前述のように、金マリアは日本の女性学研究者にも金活蘭《キム・ファルラン》ほどにも知られていない。

20 白楽濬編集、正音社。

このように金マリアは官製「民族主義」に利用される一方で、フェミニストからも過小評価されてきたのだが、これに対し、筆者は本稿を結ぶにあたって異議申し立てをせざるをえない。

資料4
歴史教科書問題が外交問題に発展した1982年発行の柳寛順肖像切手

上海臨時政府の憲章の第3条は「大韓民国の人民は男女、貴賤および貧富の階級がなく、一切平等である」ことを謳っている。就学率などの女性の近代化において進んでいた日本でも、両性の平等が法制化されるのは第二次世界大戦後であることを鑑みるとき、この条文の先駆的意義に気づかされよう。これは金マリアたちの闘いがあってこその成果である。

1922年、モスクワで開かれた極東民族会議にはマリアが派遣される予定だったが、健康上の理由から金元慶《キム・ウォンギョン》と権愛羅《クォン・エラ》が代わりに派遣された。金元慶は婦人分科会で「朝鮮の婦人」と題して報告し、3・1独立運動の女性の闘い、帝国日本の残忍な弾圧ぶりを訴えた。日本から参加した片山潜は彼女の報告を聞き、心動かされたのか、朝鮮から来た女性を伴いレーニンを表敬訪問している。

金マリアは記録をあまり残していない。闘ううえで記録は弾圧の口実になり、証拠となるからだ。数少ない文章のなかに、記名はないが金マリアの書いたものだと伝えられる「女子教育論」(『女子界』3号)がある。

それには、女性が裁縫や料理に専念し、夫に仕えるのは時代錯誤であり、「人は人として尊重される価値がある。まず人を造った後に女性を造ったのです」と書いている。マリアはそのほかの書簡や評論にも女性解放という言葉を何度か使っているが、その女性解放の前提として民族解放がなされるべきだと考えていたようだ。

本稿の金マリアに関する実証部分は、多くは朴容玉《パク・ヨンオク》の『金マリア』研究に負っている。韓国における女性史研究の第一人者である朴容玉が、長年にわたり内外の資料を発掘・渉猟してまとめた同書は、金マリア研究の金字塔である。

残念ながらそこでは、マリアと親交のあった朴仁徳《パク・インドク》、あるいは黄エスターの妹の信徳《シンドク》、金活蘭たちがなぜ帝国日本の侵略戦争に協力していったのかについての言及、考察はない。しかし実際のマリアの民族解放思想は、従来の研究で評価されたより深く、幅があるのではないだろうか。

マリアは女性解放の前提に民族解放があると主張したが、朴仁徳や金活蘭は植民地近代下の女権伸長策を支持し、民族解放より女性解放を優先する方向に旋回していった。

韓国では1990年代以降の民主化により、それまでタブーだった社会主義者についても研究が進み、女性の人権という観点から性暴力の問題をとらえなおすようになった。

写真5の右2人は金綴洙《キム・チョルス》（1893～1986年）といい朝鮮共産党の責任秘書を務めた社会主義者であるが[21]、マリアとは国民代表会議で出会っている。この人物が、マリアが警察で尋問の際に性的拷問を受けたという重要な証言をしているのである[22]。よほどの信頼関係がなければ知りえない事実であるが、金綴洙はこのことを長いあいだ諸事情から明らかにできなかった。

家父長制の核心は女性の貞節によって支えられ、抗日の思想と行動は女性への性暴力という深刻な挑戦を受けることも憂慮される。それでもあえて民族解放運動を継続することは植民地主義の核心を衝く思想の営みであ

21 国家報勲処は2005年8月3日、8・15光復節（独立）60周年を迎えて、国内外で抗日運動を展開した214人に褒賞を与えることにしたが、金綴洙など社会主義者の独立運動家47人が含まれている（『中央日報』2005年8月3日）。

22 朴容玉前掲書、229頁。本稿執筆にあたっては朴容玉教授の『金マリア』に負うところが大きい。記して感謝したい。なお、文中では敬称略。

る。

金マリアの経験の過酷さと社会主義者も含む幅広い人たちとの交流が、植民地主義への批判を深め、朴仁徳や金活蘭との思想的岐路をもたらしたのであろう。

マリアたちが闘った3・1独立運動は、韓末からの女性の人権をめぐる闘いの到達点であり、それ以後の解放闘争のさらなる出発点となった。連綿と受け継がれたその思想は、2016年のロウソクデモをへていまも朝鮮民族の未完の課題として残されている。

（ソン・ヨノク／青山学院大学名誉教授）

5

在日朝鮮人の3・1運動継承——1920～1948年

裵玲美

はじめに

1919年2月8日、東京の留学生たちが在日本東京朝鮮基督教青年会（以下、YMCA）会館に集まり、朝鮮青年独立団の名義で独立を訴える宣言書と決議文を発表した。この2・8独立宣言は3・1運動の導火線として広く知られている。しかし1919年以降、在日朝鮮人が2・8独立宣言および3・1運動の経験をどのように継承していったかはあまり知られていない[1]。在日朝鮮人は3・1運動以降現在まで、その記憶を共有し、継承し記念しており、100周年を迎えた2019年は在日本大韓民国民団と在日本朝鮮人総連合会ともに記念式典やシンポジウム、公演などさまざまな催しを開催した。一方、3・1運動が地域の文化祭として継承されているばあいもある。福岡市では、1990年から毎年3月最終月曜日に、3・1独立宣言文に明示された

1　本稿は拙稿「東京地域における在日朝鮮人の3・1運動記念日闘争の様相と特徴——1920年代～1940年代」（『韓国独立運動史研究』第59輯、2017年）〔原文韓国語〕を日本語に翻訳し、補筆、修正したものである。先行研究として朴慶植『在日朝鮮人運動史——8・15解放前』（三一書房、1979年）、金仁徳『植民地時代在日朝鮮人運動研究』（国学資料院、1996年）〔原文韓国語〕、『在日朝鮮人史と植民地文化』（景仁文化社、2005年）〔原文韓国語〕、金廣烈「在日韓人の民族解放運動と3・1運動記念——1910年代～1930年代を中心に」（『韓国近現代史研究』50、2009年）〔原文韓国語〕があげられる。

普遍的平和と共生を目標に、朝鮮半島の文化を通じての「地域の在日朝鮮・韓国人と住民の平和と共生」という趣旨の3・1文化祭がおこなわれている。

本稿では、3・1運動の翌年から1948年の南北政府樹立までの期間に着目し、在日朝鮮人がどのように3・1運動を記念したか、またその記念を通じて何を訴えようとしたのかを考察する。

1 | 1920～1923年、留学生主導の3・1運動記念日闘争

1920年1月、国会参加のために東京に来た斎藤実朝鮮総督は、朝鮮統治について尋ねる日本の新聞記者に対して、もうすぐまわってくる3・1記念日が心配だと答えた[2]。彼の心配どおり、朝鮮内外各地の朝鮮人は毎年3月に集会および懇談会開催、檄文撒布など、可能なすべての方法を講じて、3・1運動の経験をよみがえらせて継承した。

1周年を迎えた1920年2月22日、東京の朝鮮人留学生を網羅していた在日本東京朝鮮留学生学友会（以下、学友会）は2・8独立宣言と同じような運動を計画しようとしたが、日常的監視下に置かれている現状では厳しいと判断して中止した。29日の万国学生祈祷会で翌日（3月1日）の集会が告知された。当日、1周年記念式のため約200名の留学生がYMCA会館に集まったが強制解散させられ、抵抗を続けるなか、李大権《イ・テグォン》、林昌洙《イム・チャンス》、張徳晟《チャン・ドクソン》、姜大中《カン・デジュン》、玄徳信《ヒョン・ドクシン》、朴勝喆《パク・スンチョル》、李善行《イ・ソネン》、李泰雄《イ・テウン》らが検挙された。検挙を逃れた学生らが日比谷公園に移動し、太極旗を振りながら「大韓独立万歳」を叫んだが、ここでも53（51）名が検挙された[3]。

2　『朝日新聞』1920年1月26日「何うも朝鮮は解らぬと斉藤総督の都入り」。

3　警保局保安課「朝鮮人概況」1920年6月（朴慶植編『在日朝鮮人関係資料集成』第1巻、三一書房、1975年）／『読売新聞』1920年3月2日「朝鮮学生二百名日比谷公園に騒ぐ　婦人を加へ五十一名検束」。

1921年には留学生150～160名が日比谷公園に集まり、太極旗をもって万歳をしていよいよ記念式を開始しようとしたとき、解散させられた。ここで鞠錡烈《クク・キヨル》ほか76名が検挙され、63名は釈放されたが、8名の女学生を含む13名は起訴された[4]。

1922年の動向は確認できない。その理由としてワシントン会議（1921年11月～1922年2月）に対する独立請願運動が考えられるが、詳細は紙面の関係上割愛する。ただ、ワシントン会議は植民地主義体制の再編成のための会議であったので朝鮮の独立を論じる余地は最初からなかったことと、東京の留学生と労働者がともに2・8独立宣言と3・1運動の経験を活かして国際社会に向けて朝鮮独立の必要性と朝鮮人の念願を知らせようとしたという意義だけ指摘しておく[5]。

1923年にはそれまでの運動の経験と1919年以降4倍以上に増えた留学生と労働者の規模を土台に、既存の学友会やYMCA、1920年以降に作られた多様な労働、思想、学生・青年、宗教団体がともに集会を準備、運営した。3月1日、学友会を中心に東京の朝鮮人50個団体の共同主催によって上野公園での集会が予定された。50個団体の詳細は確認できないが、留学生団体の学友会、女子学興会、苦学生団体の蛍雪会、宗教団体のYMCA、天道教・仏教青年会、労働団体の朝鮮労働同盟会、思想団体の黒友会と北星会、青年団体の無産青年会などと考えられる。当初3000名ほどの留学生、労働者が集まる予定だったが、警察の妨害で会場の近くに来られたのは300名に至らず、それも張り込みの刑事につかまって警察署

4　『読売新聞』1921年3月2日「鮮人二十名検束　五名の婦人も加はつてゐる独立記念式で警官と争闘して」／『東亜日報』1921年3月3日「留学生の宣言記念」〔原文朝鮮語〕／『独立新聞』1921年3月12日「東京の3月1日」〔原文朝鮮語〕。

5　ワシントン会議と運動に関しては拙稿「朝鮮総督斎藤実と阿部充家による朝鮮人留学生『支援』」（『日韓相互認識』4、2011年）を参照されたい。

に連行された。その数と熱気は警察がてこずるほどで、朝鮮人は留置場でも演説をして「大韓独立万歳」を叫んだ。一方、公園に残っていた鄭南泰《チョン・ナムテ》が「3月1日は朝鮮民族の永遠に記念すべき日である」と演説をはじめると、みんな万歳を叫んだ。そのときまた検束がはじまり、すぐに70名、のちに200名がさらに検挙された[6]。植民地期、最大規模の3・1運動記念日闘争だった。

2　1924年以降、社会運動団体主導の3・1運動記念日闘争

1924年の集会は前年の関東大震災の影響によって、場所も日華日鮮青年会館に変わり、参加規模も120名余りに減った。学友会、朝鮮労働同盟会、北星会、無産青年会、蛍雪会、女子学興会などの主催で開催されたが、強制解散させられ、金松殷《キム・ソンウン》ほか4名が検挙された[7]。

1925年には、学友会、在日本朝鮮労働総同盟(以下、総同盟)、一月会、東京朝鮮無産青年同盟などの主催で集会がおこなわれた。開会するや否や強制解散され、10余名が検挙、宣伝文と太極旗も押収された。500名の参加者は解散せず、靖国神社に移動して集会を再開しようとしたが、軍人まで出動して124名が連行された。残った400余名はふたたび場所を変えて続行しようとしたが、移動中に警察・軍人と衝突した[8]。翌26年3月1日

6　『読売新聞』1923年3月2日「上野公園に集合し朝鮮独立万歳を叫ばんとした鮮人三千上野署が先手を打つて警戒し七十人を検束して無事」／『朝鮮日報』1923年3月4日「3月1日に記念万歳」〔原文朝鮮語〕／『東亜日報』1923年3月4日「検束中の独立万歳」〔原文朝鮮語〕。

7　朝鮮総督府警務局東京出張員「在京朝鮮人状況」1924年5月(朴慶植編、前掲書)。

8　警保局保安課、「大正十四年中ニ於ケル在留朝鮮人ノ状況」1925年12月(朴慶植編、前掲書)／司法省、「内地に於ける朝鮮人と其犯罪に就て(『司法研究』第五輯所収)」1927年12月(朴慶植編、前掲書)／『東亜日報』1925年

には250余名が参加するなか学友会主催の集会が開かれたが、強制解散させられた。上野公園での集会を試みようと移動する途中で12名が検挙、集会は再開できなかった[9]。震災以降、運動が再整備され、運動の活気も弾圧の強度も増したことがわかる。

ところが1923年と比べると、主催団体に労働運動、共産主義系（学友会を含む）が目立つ。このころ東京の朝鮮人労働運動および共産主義系団体が新たに、または既存団体の改編、統合を通じて組織されるにつれ、運動の中心を担うようになっていた。連帯することもあったが、共産主義とアナーキズム、思想団体と宗教団体間の葛藤や対立も深刻化した。関東大震災時被虐殺朝鮮人追悼会のばあい、1925年と26年には思想・労働・留学生団体と宗教団体が別々に追悼会を開催した[10]。

このような分立は1927年2月19日、在日本朝鮮人団体協議会（以下、団体協議会）創立によってふたたび朝鮮人団体の結集に変わった。団体協議会は在日朝鮮人団体間の葛藤や対立、親日団体・相愛会の横暴と当局の弾圧を克服し、在日朝鮮人の統一戦線運動のために、東京の留学生、労働、思想、宗教団体のほとんどが参加した団体である。結成から間もない3月1日、団体協議会は留学生演説会を開催しようとしたが、事前に団体協議会の名義で作成・配布された檄文が確認できるだけで[11]、詳細はわからない。

1928年の3・1運動記念集会もまた団体協議会の主催で計画され、数万

3月1日「東京の3月1日」〔原文朝鮮語〕／『読売新聞』1925年3月2日「鮮人二百名が騒ぐ」／『東亜日報』1925年3月3日「東京の三一紀念解散、衝突、検束」〔原文朝鮮語〕。

9　朝鮮総督府警務局「所謂韓国独立宣言記念日ニ於ケル一般概況」1926年3月。

10　拙稿「関東大震災時の朝鮮人留学生の動向」関東大震災90周年記念行事実行委員会編『関東大震災　記憶の継承——歴史・地域・運動から現在を問う』日本評論社、2014年、217、218頁。

11　『東亜日報』1927年3月3日「3月1日」〔原文朝鮮語〕。

枚の檄文が総同盟の各支部・班を通じて配布された。当日、数千名の朝鮮人が記念集会を終えて街頭行進をはじめたとき、130余名が検挙され、鄭南局《チョン・ナムグク》総同盟委員長ほか10名が7日間の拘留処分を受けた。これは朝鮮人運動に対する弾圧のはじまりに過ぎなかった。11月はじめ、「朝鮮共産党事件」でリーダー38名が検挙、うち31名が治安維持法で起訴され[12]、高麗共産青年会の徐鎮文《ソ・ジンムン》が拷問死した。この年の8月29日、「国恥記念日」闘争集会で検挙された23名を取り調べたら朝鮮共産党組織が「発覚」したというのが当局の説明だったが、実際には昭和天皇の即位式を控えて団体協議会に集まった朝鮮人運動を恐れてのでっちあげ事件だった。

このような状況で翌29年の3月1日を迎えて団体協議会は「全朝鮮圧迫民衆に激す」というタイトルの檄文配布を計画したが、禁止処分を受けた。在日本朝鮮青年同盟東京支部が大会を開こうとしたが、34名が事前に検挙、新幹会東京支会も集会を準備したが開催には至らなかった。東京朝鮮労働組合員ら200名は東京市議会議員候補の藤原繁夫の演説会参加を口実にその場で集会を開こうとしたが、事前に52名が検挙されてしまった[13]。従来のような集会はもはや不可能になった。

1930年の3月はリーダーがほぼいない状況で迎えることになった。1929年末、「朝鮮独立の重大な陰謀」を企てたという理由で朝鮮人運動団体の幹部および留学生約300名が検挙されたのである[14]。3月1日を控えて幹部のほとんどを「あらかじめ」検挙したという当局の表現をみると、こ

---

12 『社会運動の状況』1929年／『読売新聞』1928年11月17日、「鮮人共産党の結社暴露す」。

13 『東亜日報』1929年3月5日「東京の3月1日　五十余名総検挙」／『社会運動の状況』1929年〔原文朝鮮語〕。

14 『読売新聞』1929年12月23日「朝鮮独立陰謀の一味検挙さる」／26日「在京鮮人の陰謀団発覚」／27日「内務省に次いで参謀本部を襲撃」／28日「鮮人学生の集合に積極的な弾圧政策」。

の大規模検挙は3・1運動記念日闘争を封鎖する意図でおこなわれたものと考えられる。それでも東京朝鮮労働組合各支部が運動を計画したが、檄文配布にとどまった。愛知県朝鮮労働組合でも集会を計画したが、事前の取り締まりで実行に移せず、開催できたのは20名が集まった座談会だけだった。一方、日本反帝国主義同盟（以下、反帝同盟）のような日本の運動団体も3月1日を期してニュースレターや檄文を通じて日朝労働者の共同闘争を訴えた[15]。

この1930年の運動は、朝鮮人団体が主催した最後であると同時に日本の運動団体が連帯した最初の事例である。度重なる弾圧とプロレタリア国際主義路線を採択した国際労働運動の影響で、1929年末、朝鮮人最大規模団体の総同盟が日本共産党の外郭団体である日本労働組合全国協議会（以下、全協）に合流、ほかの朝鮮人団体も解散し、反帝同盟など日本の急進・革新的思想、運動団体に加入して活動するようになった。このような時期だったため、反帝同盟など日本の団体も3・1運動記念日闘争を呼びかけるようになった。

3 | 1930年代、日本の運動団体のなかの3・1運動記念日闘争

1930年代の3・1運動記念日闘争は、全協および反帝同盟の朝鮮人活動家、組合員が担った[16]。1931年1月現在、全協関東自由労働者組合員700名のうち、朝鮮人は約600名を占めており[17]、3・1運動記念日闘争のみならず、日本の労働、社会運動の中心のひとつをなしていた。

15　内務省警保局保安課『特高月報』1930年3月／『社会運動の状況』1930年。

16　在日朝鮮人と全協、反帝同盟の関係については青岩大学在日コリアン研究所『在日コリアン運動と抵抗的アイデンティティ』（ソニン、2016年）〔原文韓国語〕を参照されたい。

17　『特高月報』1931年4月。

1931年にはビラやニュースレターを通して闘いが呼びかけられた。反帝同盟は「日本帝国主義打倒のために朝鮮、台湾独立」、全協は「日鮮労働者の革命的提携」を呼びかけるニュースレターなどを配布した。大阪でも「3月1日！　朝鮮独立万歳記念日だ!!　植民地独立、帝国主義、戦争反対のデモで戦え！」という反帝同盟、全協のビラが配布され、朝鮮人らが大阪港から朝鮮に向かう3月1日の出航に合わせて行動に出ようとしたが、特別警戒と13名の検挙で挫折した[18]。

1932年3月1日には、東京の芝浦職業紹介所の朝鮮人労働者20名が日本共産党城南地区委員会の活動の一環として3・1記念懇談会を開いた[19]。日本共産党東京城西地区委員会は「3・1運動記念日をデモで戦おう！」というビラを配布し、大阪では全協産別組合大阪支部協議会の活動家3名が「朝鮮独立万歳！」というビラを済州《チェジュ》島行き船内で配布して逮捕された[20]。

1933年3月1日には、東京で反帝同盟城南委員会の活動家が「朝鮮民族独立を支持しよう」というビラを配り、反帝同盟大阪委員会および全協日本化学労組神戸支部も関連ビラを配布した。全協土建神奈川支部ではデモを主導しようとした2名が逮捕された。

1934年の1月以降には、反帝同盟の中央幹部全員が検挙され、活動不可能になっていた。それでも2月下旬から地区別懇談会をもち、東京多摩川の砂利採掘禁止反対闘争と結びつけて3・1運動記念行動を起こそうとしたが実行には移せなかった。一方、在日朝鮮人プロレタリア演劇運動団体の三一劇場では、民族主義系朝鮮人団体とともに3月1日に上野自治会館

18 『朝日新聞』1931年3月2日「朝鮮独立記念日に大警戒」／『社会運動の状況』1931年／『特高月報』1931年3月／姜徳相所蔵ビラ(1931)(独立記念館資料番号3-003889-000)。

19 岩村登志夫『在日朝鮮人と日本労働者階級』校倉書房、1972年、242頁。

20 『特高月報』1932年3月、以下本節の資料はすべて『特高月報』(1933～38、44年)、『社会運動の状況』(1934、35年)である。

で鬱陵《ウルルン》島雪害救済を名目とした「朝鮮の夕べ」を開催し、約800名が参加した。またアナーキズム系の東興労働同盟は機関紙『黒色新聞』第26号（2月28日）に、「3月1日行動に思想があるように」という見出しの記事を掲載し、秘密裏に同志らに配布したが、発売禁止・押収された。

そして1935年、警察が、大韓民国臨時政府が愛知県朝鮮人労働者協議会宛てに郵送した「第16回3・1節記念宣言」を押収したという記録が、文献資料で確認できる植民地期最後の在日朝鮮人の3・1運動記念日闘争関連事例である。檄文すら許されなくなり、以降断片的な痕跡もみつからない。『特高月報』の3・1運動関連の別途項目も1935年から消える。ところが1938年、「3・1記念日取り締まり状況」という項目で復活した。広島の朝鮮人消費組合の共興組合が3月1日に定期総会を開いたことが掲載されたためである。当局からすれば、「支那事変を契機に一般朝鮮人の愛国意識が昂揚され、一部共産主義系分子も沈黙を守り、いかなる表面的策動もな」い状況において、小さな消費組合の総会が3月1日に開かれたことさえ非常に「遺憾」だったのである。

日本の侵略戦争とファシズム体制が日々強まっていくなか、1932年9月の第一次中央委員会で朝鮮と台湾の完全独立のための闘いと天皇制廃止を行動綱領に採択した全協は活動がいっそう厳しくなった[21]。1936年以降は2・26事件を契機に施行された戒厳令のもと、メーデー集会すら禁止されるに至った。朝鮮人運動はもとより日本の社会運動全体が活動不可能となり、一切の公式行事ができなくなった。30年代半ば以降、在日朝鮮人の小規模労働争議や生活密着型運動は展開されたが、本格化していく軍

21 全協の天皇制廃止綱領採択に最も中心的役割を果たしたのは朝鮮人労働者と活動家で、彼らは1933年4月反帝同盟第2次全国大会でも天皇制打倒のスローガン採択を強く求めた（岩村登志夫前掲書、242、243頁）。つまり、全協と反帝同盟の植民地完全独立と天皇制廃止の主張は朝鮮人の存在あってこそ可能であったといえる。

事・労働動員体制のもとで表立った運動は不可能だった。

それでも、地域や学校を基盤にした秘密結社などの抵抗は続き、「不穏」落書きや「流言飛語」としてあらわれた。1944年3月1日、東京のある劇場内壁に鉛筆で書かれた「朝鮮独立万歳」という落書きは、たとえ積極的運動はできなくても3・1運動を忘れず記念する朝鮮人の心情をみせてくれる。このように潜在していた心情は解放後、どのように表出したのだろうか。

4　解放直後、3・1運動記念行事の様子とその意味

解放早々、在日朝鮮人は帰国対策と仕事、生命および財産保護などのために民族団体を作りはじめた。統合組織として最も早く結成された在日本朝鮮人聯盟（以下、朝聯）は1945年10月15日に創立大会を開き、翌年には沖縄を除く全都道府県に地方本部を設け、541支部と1013分会を有するに至った[22]。一方、一部のアナーキストと民族主義右派、反共主義者らは朝鮮建国促進青年同盟（1945年11月、以下、建青）と新朝鮮建設同盟（1946年1月、以下、建同）を結成し、1946年10月現在、建青12、建同5の地方本部を設けた。建青と建同は、1946年10月3日、20余りの団体を糾合し、在日本朝鮮居留民団（以下、民団）を結成した[23]。以降、朝聯と民団が在日朝鮮人の二大民族団体として機能するようになった。

1946年、朝聯と民団は、解放後はじめて迎える3・1運動日を記念、継承すべく大会を開いた。以下、1948年の南北政府樹立まで三度の3・1運動記念日闘争の様子を朝聯と民団に分けて検討しよう。

22　鄭栄桓『朝鮮独立への隘路――在日朝鮮人の解放五年史』法政大学出版局、2013年、19、132、133頁。

23　民団新宿支部『民団新宿60年の歩み』彩流社、2009年、24、82、83頁。

1946年、初の3・1革命記念人民大会

解放後の3・1運動記念日闘争は朝聯の人民大会からはじまった。朝聯は3月1日を「朝鮮解放運動においてもっとも意味のある歴史的な日」と規定し、各地方本部および支部、分会までその趣旨を熟知して「3・1革命記念闘争」を全国的に展開するために、1ヵ月間の準備期間を設けた。そして2月27、28日の全国大会をへて、3月1日には日比谷公園大広場で、先烈の意志を受け継いで「朝鮮の完全解放と自主独立」を成しとげるための3・1革命記念人民大会をおこなった[24]。

午前11時、正面に祭壇、左右には太極旗と朝聯旗、祭壇の上に朝聯本部、日本共産党、朝鮮民衆新聞社からの花輪、下には地方本部と日本各社会団体からの花輪約40個が置かれたステージが用意され、数万名が参加するなか、大会が開かれた。開会宣言、革命歌合唱、「独立の朝」演奏に次いで、各団体代表の追悼文朗読と解放運動犠牲者追悼式を終え、3・1運動の体験談、国際情勢などの演説を聞いた。午後2時半、「朝鮮完全独立万歳！　朝鮮人民共和国万歳！　民主主義民族戦線万歳！」との三唱を皮切りに街頭行進をはじめた。街頭に出た「革命的行列」は、GHQ司令部前に至っては太極旗を振りながら万歳で感謝の意を表し、皇居前にしばらく止まって「朝鮮独立万歳」を皇居が吹き飛ばされんばかりに叫んだ。そして4時半、日比谷公園にもどって解散した。

同日、地方でも大会が開かれた。埼玉では太極旗をつけたトラック6台を先頭に「独立の朝」を歌いながら、大宮駅前広場に約2000名が集まった。栃木では1000名余りが宇都宮御本丸公園に集まり、太極旗と星条旗を先頭に行進し、米民政長官庁前で感謝の万歳を三唱した。続いて県庁に向かい、飛行機献納金全額償還、本部事務所の宿所および学校用建物提供、生

24 『朝鮮民衆新聞』1946年2月25日「3・1革命記念と解放運動者追悼大会」〔原文韓国語〕。

活安定のための工場と作業所提供、食料増配、燃料および事務用品と自動車、貨物車提供などを求めて交渉した[25]。解放の歓喜とアメリカへの期待が目立つ1946年3月1日だった。

建青と建同も3・1独立運動記念式を開催したが、詳細はわからない[26]。

1947年、民団と朝聯の「共助」

民団は2月末から「3・1革命精神涵養週間」を設け、『民団新聞』第2号（2月28日）に特集を組み、「独立宣言書」を筆頭に団長朴烈《パク・ヨル》の「3・1記念日を迎えて」、弁護士布施辰治の「3・1運動の思い出」など、3・1運動関連の文章を載せた。3月1日午後1時、日比谷公園公会堂で5000名が参加した「第28回3・1独立記念式典」は、在日朝鮮人各団体、日本社会党などの来賓挨拶と建青委員長・洪賢基《ホン・ヒョンギ》の開会辞、黙祷、団長の独立宣言書朗読、連合国に対する独立請願決議文採択要請、中華民国駐日代表団長代理と米陸軍大尉咸龍俊《ハム・ヨンジュン》[27]の演説、軍政庁連絡官の挨拶、民団と建青代表の演説に続き、在日同胞の処遇改善と独立万歳を三唱して午後4時に終了した。

『民団新聞』は同じ日、同じ日比谷公園内の野外音楽堂で開かれた朝聯の大会には1000名しか集まらず、雨天の野外で散漫だったと伝えた[28]。民

25 『朝鮮民衆新聞』1946年3月25日「燦然たる歴史の日！　3・1革命記念大会殉国烈士追悼式挙行、三万同胞世紀的示威行進」〔原文韓国語〕。

26 在日本大韓民国民団『民団五十年史』1997年、43頁。

27 咸龍俊は1944年、アメリカ戦略情報局（OSS）が中国における対日情報戦および分析、工作のために作ったOSS内韓国グループ（Korean Group）の指揮官で、韓国光復軍挺身隊員とともに解放後最も早く（18日）朝鮮に向かったメンバーのひとりである（『世界日報』2008年9月9日「OSS韓国グループは……張錫潤元内務長官、要員選抜訓練を担当し」／『NoCutNews』2019年3月1日「汝矣島に着陸した光復軍、日本軍に包囲された」〔原文韓国語〕）。

28 『民団新聞』1947年3月20日「第廿八回三・一独立記念式典」、「在日朝鮮人聯盟主催　三・一独立記念大会」〔原文韓国語〕。

団と朝聯の組織力と規模の差を考えると、民団大会の参加者が朝聯の5倍ということには首を傾げたくなるが、実際にはどうだったのだろうか。

朝聯は前年度と同様、2月から準備をはじめ、13日には朝聯と在日本朝鮮民主青年同盟（以下、民青）および各組合、文化芸術団体、新聞社など21個団体が「3・1運動28周年記念闘争協議会」を構成した[29]。当日の3・1革命記念大会は1万5000名が参加して11時にはじまった。3・1革命パノラマ鑑賞、革命歌斉唱、追悼式、解放歌斉唱、曺喜俊《チョ・ヒジュン》議長の開会辞、布施辰治の経験談および祝辞、ソ連と日本共産党代表、中華日報、産別会議議長、沖縄人聯盟、全日本労働組合会議および華僑総会の祝辞の順に続き、午後には街頭行列をおこなった。地方でも京都（丸山公園音楽堂、1万名）、大阪（中之島中央公会堂、2万名）、滋賀（大津中央国民学校、5000名）などの記念式典が各地で開かれた[30]。

興味深いことに、朝聯の街頭行列を終えて日比谷公園に戻った参加者の多数が民団の式典に合流した[31]。当時、民団と朝聯、とくに建青と民青は激しく対立していた。しかし建青は、3・1運動記念闘争について、朝聯の街頭行列が「12月事件の経験があって、慎重だったが、堂々としており秩序整然」で、民団と朝聯の大会はともに成功だったと「断言」しながら、解放後わずか1年半でここまで「進歩」できた[32]と評価した。12月事件とは、GHQと日本政府の弾圧によって法的地位が不安定で生活権が脅かされ

29 『解放新聞』1947年2月20日「鮮血でそめた三月一日はまた来る！」〔原文韓国語〕。

30 『解放新聞』1947年3月5、10、15日各記事／『朝鮮新報』1947年3月3日「解放運動先覚者の霊魂　安からに冥せよ！　三・一運動犠牲者追悼式」／『東亜新聞』1947年3月25日各記事〔原文韓国語〕。

31 『東亜新聞』1947年3月25日「東京で初めて見せた朝鮮人の秩序　三・一大会雑観」〔原文韓国語〕。

32 『朝鮮新聞』1947年3月4、7日合併号「建青・朝聯共に大成功　初めて見せた朝鮮人の秩序」〔原文韓国語〕。

る状況を打開するために、朝聯は1946年11月に朝鮮人生活擁護委員会を結成し運動を展開したが、12月20日の全国大会開催中、首相官邸を訪問した交渉委員10名が逮捕、軍事裁判に回付されて南朝鮮に強制送還された事件を指す[33]。朝聯系の運動だったが、闘いの正当性と必要性、弾圧の暴力性と不当性は民団や建青も共感し、弾圧に抗議していた。また翌年5月に外国人登録令が公布、施行されるまでその中身をめぐって日本政府、GHQと交渉する過程にあったため、左右対立が物理的暴力まで生んだソウルとは対照的に「共助」が可能だったと考えられる。もちろん3・1運動の記念と継承という全民族的命題の前では対立の刃が和らぐ面もあっただろう。しかしながら「共助」は長く続かなかった。

1948年、民団と朝聯の対立

朝聯は2週間の3・1記念週間を設けたのち[34]、3月1日午前10時から皇居前人民広場に8000名が集まるなか東京人民大会を開催した。大会のスローガンには、3・1革命精神継承と完全自主独立獲得、自主的民主統一政府樹立、米ソ両軍の即時撤退、南朝鮮単独政府樹立を策動する反動分子の粛清、朝鮮人民軍万歳、民主主義愛国者の即時釈放、人民委員会への政権移譲、民主主義民族戦線万歳、日本人民との共同闘争を通じての生活の危機の打開などが掲げられた。朝鮮中学校生徒のブラスバンド演奏に合わせて人民抗争歌、3・1の歌、農民歌を歌い、沖縄青年同盟代表など各団体の祝辞と3・1運動の意義（申鴻湜《シン・ホンシク》）、朝鮮の自主独立（韓徳洙《ハン・ドクス》）、南朝鮮単独政府反対（金天海《キム・チョネ》）などの演説を聞き、街頭行進後、上野公園で解散した[35]。前年度と

33　鄭栄桓、前掲書、73-77頁。

34　『東京朝聯ニュース』1948年3月10日「見よ！この成果　三・一週間活動の総決算　ぐっと昂まる大衆の意識」〔原文韓国語〕。

35　『解放新聞』1948年3月1日「三・一精神を活かして全日本各地で記念大会東京－人民広場で挙行」〔原文韓国語〕。

同様、地方の大会も同時に開かれた[36]。各支部別に交渉委員らが市庁および県庁を訪問し、朝鮮人に対する不当な課税と弾圧、民族教育問題などに関する交渉をおこない、北朝鮮人民委員会と南朝鮮の民主主義民族戦線に応援と連帯のメッセージを送ったことが全体の共通した特徴といえる。つまり3・1運動記念大会は、日本当局およびGHQに対する在日朝鮮人の闘いの場であると同時に、分断が明らかになった朝鮮半島に対して明確な政治的スタンスを示す場でもあった。

一方、民団では、3・1独立宣言29周年万歳、3・1精神で統一独立の獲得、国連の統一独立案支持、在留同胞の国際的地位向上、在留同胞の準連合国民待遇の獲得を訴えるスローガンを掲げ、日比谷公園公会堂で3・1運動記念民衆大会をおこなった。3000(5000)名が参加するなか、開会宣言、黙祷、故国遥拝、愛国歌合唱、議長団選出、独立宣言書朗読、高順欽《コ・スヌム》の「3・1独立運動考察」演説、決議文採択(統一政府、人民共和国絶対反対、準連合国民待遇)、学生同盟代表の北朝鮮人民共和国反対演説、李康勲《イ・ガンフン》らの演説、日本自由党と日本社会党の祝辞などと続いた。最後に3・1運動の歌と建国行進曲合唱、万歳三唱をしてから、太極旗とアメリカ、イギリスの国旗を先頭に街頭行進をおこなった[37]。

1946、47年の大会では、民団は日本社会党および台湾と、朝聯は日本共産党と労働組合、中国・ソ連、日本内のマイノリティである沖縄人・被差別部落民とそれぞれ連携しており、民団に比べて朝聯は犠牲者追悼に重点を置き、各支部別運動も積極的に展開されたなどの差はあるものの、少なくとも3・1運動記念大会をめぐって著しい対立の様相はなかった。しか

36 『朝連中央時報』1948年3月5日各記事〔原文韓国語〕。

37 朝鮮建国促進青年同盟・在日本朝鮮居留民団『三一運動記念民衆大会録 一九四八年三月一日　於 日比谷公会堂』／『民主新聞』1948年3月6日「再び叫ぶ独立を　三・一記念大会」〔いずれも原文韓国語〕。

し1948年になると、民団は人民共和国を否定し、朝聯はそれまでの米英やGHQに対する好意的な姿勢をやめ、南朝鮮単独政府反対、人民共和国と民主主義民族戦線への支持を明確に打ち出している[38]。当然、このような対立は民団と朝聯の中心人物の政治思想の違いのみならず、朝鮮半島内外の政治状況と変化に大きく起因する。1947年7月、米ソ共同委員会が決裂し、南朝鮮単独政府樹立とそのための選挙実施が確実になるなか、朝鮮半島内の政治的支持勢力が異なった民団と朝聯の対立と葛藤は次第に深まっていった。

3・1運動に対する認識

3・1運動に対しても両者は異なる認識をもっていた。「我が同志先輩たちは併合後10年が経ったとき、猛然と立ち上がって反撃した。その闘いは誰もが知っているように結局敗北してしまったが、私にはこの一大反撃が成功したとしても、また失敗したとしても、何の意味もない。ただ私は、いかなる良い餌で引っ掛けられても、いかなる強力な政策で弾圧されたとしても、いつでも、いかなる機会さえあれば、この民族的不合理と暴圧に対して猛然と反撃するという民族的熱情を絶対に失いはしなかった、ということが分かればいいと考える」[39]という朴烈《パク・ヨル》の文章からわかるように、管見のかぎり、民団は3・1運動の非暴力平和主義を高く評価する一方、失敗の原因または運動の限界を指摘することはない。

ならば朝聯はどのように認識していたのだろうか。まず、3・1運動は朝鮮民族の抗日闘争史上、最初かつ最大の闘争であり、一部大地主を除く全階級階層の参加、「農民大衆」の積極的、主動的参加をその特徴にあげた。

38　映像「朝聯ニュース」第13号(1947年)には東京の大会のステージに掲げられている英米の国旗が映っている。

39　『民団新聞』1947年2月28日「三・一記念日を迎へて」。

そして、内的には「朝鮮革命闘争に除幕」をもたらし、外的には「世界帝国主義体制倒壊の革命的一環」を成しとげたと評価した。指導層については、朝鮮民族の進むべき道は独立であることを示し、犠牲をささげたことは尊敬できるとその役割と意義を認めつつも、アメリカと「正義人道の合言葉」を「妄信」して農民の「革命力量」を無視したため、運動後「妥協」の道に陥ったと批判した[40]。3・1運動失敗の「主観的原因」としては労働者の階級性と革命指導力の欠如、指導層の「妥協平和路線」と「反封建的スローガン」の不在[41]を指摘し、これからは労働者農民の「革命的解放運動」へと進むべきであると主張した[42]。

つまり、労働運動、共産主義運動の活動家が中心となって結成した朝聯にとって3・1運動を記念する意味は、意義と限界を反芻しつつ指導層の階級的限界を徹底批判することで、これからは革命的指導下における労働者農民の階級闘争を通じて民族解放、完全独立を勝ち取らねばならないと、現在の闘いの正当性を強調することにあったといえる。このような朝聯の認識は、3・1運動の真の継承と朝鮮半島の主権国家化プロセスにおける代表性をめぐって、米軍政下で政治基盤確保も厳しく右派と不利な体勢で競争を繰り広げざるをえなかった南朝鮮の左派がこの問題を議題化したことと相まっている[43]。

在日朝鮮人は日本政府とGHQによる暴力的排除のもと、法的地位が不

40 3・1運動指導層に対するこのような評価は、解放直後の朝鮮の共産主義者や朝鮮民主主義人民共和国のそれと類似している。

41 在日本朝鮮人聯盟中央総本部「三一運動の歴史的意義」1948年3月1日〔原文韓国語〕。

42 『兵庫学同時報』1948年3月1日「想起せよ!! 一九一九年三月一日民族民主独立運動の日を！ 歴史的民族抗争の日を！」。

43 コン・イムスン「3・1運動の歴史的記憶と背反、そして継承をめぐる理念政治――3・1運動の普遍(主義)的地平と過小／過剰の代表性」『韓国近代文学研究』24、2011年、229頁〔原文韓国語〕。

安定で生活・生存が脅かされる旧植民地出身の「外国人」であり、支えになるはずの祖国（故郷）は彼らをサポートできていなかった。そして朝鮮半島が分割統治され、ついに南北それぞれに単独政府が樹立されようとした当時、朝聯と民団は、在日朝鮮人団体としての現在的代表性と歴史的正統性をめぐって対立、葛藤するしかなかった。まさにこのようなとき、3・1運動は代表性と正統性、両方をともに保証してくれる最大の議題だった。とくに民団との関係において組織力、規模など多くの面で優位であっても（または優位だったからこそ）政治的にさらに弾圧された朝聯の立場から考えると、イデオロギーの側面をより強調しながら内的団結を図ろうとしたのではなかろうか。

おわりに

以上、植民地から解放直後までおおまかな流れと時期別の特徴を検討したが、解放後に関しては課題が少なくない。史料不足と偏りを克服するために、組織に収れんされない、より多様な在日朝鮮人の認識を知りうる資料を発掘、収集しなければならない。また、3・1運動がもつ特徴や位置づけを正確に把握するためには、国恥記念日、関東大震災時被虐殺者追悼式、8・15の記念日闘争との比較研究が伴わなければならない。民団および朝聯内部の多様性や変化、朝鮮半島および国際情勢の推移との関連性についてもより綿密に検討しつつ、同時期南北の3・1記念日の様子との比較分析が必要である。

このような課題を解くことができれば、3・1運動の経験から植民地期の民族運動を再照明し、分断を越えて統一へと進んでいくための示唆を得ることができるものと考える。

（ベ・ヨンミ／大谷大学助教）

6 朝鮮独立運動と日本の知識人

太田哲男

はじめに

江戸時代の日本には、朝鮮国王から「朝鮮通信使」という外交使節団が派遣された歴史があった。江戸時代に限れば、1607年の第1回から、1811年の第12回まで、将軍への外交使節が来日した。すなわち、約200年間、朝鮮と日本のあいだには、対等で平和的な関係が持続していたのである。江戸までの道中、各地で交流があったし、知識人同士の交流もなされていた。この朝鮮通信使は、平和構築と文化交流の歴史を示すものとして、2018年にユネスコの「世界の記憶」に登録された。

しかし、江戸時代最後の通信使は1811年の来日であり、国際情勢の変化もあり、朝鮮支配を主張する思想家が幕末のころから台頭しはじめた。

日清戦争(1894～1895年)も朝鮮支配をめぐる争いであったし、日清戦争後の日本では、中国がかつてのような尊敬の対象ではなくなっていく。日露戦争(1904～1905年)もむろん朝鮮支配をめぐる戦争であって、ともかくもロシアに「勝利」した日本は、1910年に韓国併合に踏みきっていくことになる。江戸時代最後の朝鮮通信使来日からほぼ100年が経過していた。

その後、第一次世界大戦(1914～1918年)の時期に、日本もドイツに宣戦を布告し、ドイツが支配していた中国の青島《チンタオ》を陥落させた。こうして、日本の国内に、対外膨張の意識が形成されていった。中国に対して、「対華21ヵ条要求」(1915年)を突きつけたのは、そういう意識の広がりと無関係ではない。

そのような時期、1919年に相次いで起こったのが、朝鮮の独立運動であり、中国の5・4運動であった。これらの運動は、日本の政治家たちだけでなく一般国民にも予期せぬ出来事として受けとめられたといえよう。

ここでは、1919年の朝鮮独立運動と日本の知識人について論じるが、キリスト教に関わりのある人物に焦点を当てる。この観点に違和感をもつ人もいるかもしれない。たしかに、現在の日本の人口に占めるキリスト教徒(キリスト者)の割合は、1%程度であろう。だが、明治末年から大正期にかけて社会運動に関わった人々のなかには、キリスト者が割合に多かったことも一方の事実である。

1　組合教会と朝鮮伝道

20世紀初頭の1901年に、日本最初の社会主義政党である社会民主党が結成された。結成に参加した6名中、幸徳秋水《しゅうすい》をのぞく5名(安部磯雄、木下尚江《なおえ》、片山潜《せん》ほか)はキリスト教徒であった。このことは、当時の日本でも、キリスト教が一定の影響力をもつようになっていたことを示している。また、1910年代から20年代にかけて、東京・大阪・神戸・京都などにYMCA(キリスト教青年会)会館が建設されたことも、キリスト教の一定の広がりをうかがわせる。とはいえ、キリスト教といっても、カトリック、プロテスタント、ロシア正教会などの系統があり、プロテスタントのなかにもいくつかの教派があった。

日露戦争で朝鮮支配への足がかりを得た日本は、1910年に朝鮮を植民地化する。そのときに、プロテスタントのなかの一教派である日本組合基督《キリスト》教会（1886年設立。略称＝組合教会。機関紙『基督教世界』）は、1911年に朝鮮人伝道を開始した。だがそれは、日本の朝鮮に対する統治機構である朝鮮総督府から「寄付」を受けての「伝道」であった。つまり、日本の朝鮮支配に協力したわけである。そのリーダーとして朝鮮に渡ったのが、渡瀬常吉《わたぜつねよし》（1867～1944年）であった。渡瀬は、ある論文で、「朝鮮の同胞」を「わが帝国〔日本のこと〕発展の一大要素として」立たせると書き、さらに、それが日本の「大陸発展」つまり、「満蒙の開発、シベリアの光明」につながると述べている[1]。

また、「組合教会の三元老」のひとりとされた本郷教会の海老名弾正《だんじょう》（1856～1937年）も、「大陸文化に対する日本民族の新使命」という論文において、日本における「王政維新の大精神」が「植民地の大精神」でもなければならないと論じ、朝鮮支配を合理化した[2]。

しかし、このような流れに対する批判的な勢力も、組合教会の内部に少数ながら存在した。

群馬県の安中《あんなか》教会牧師の柏木義円《ぎえん》（1860～1938年）などがそれで、柏木は、群馬県を中心に発行していた『上毛《じょうもう》教界月報』に、「渡瀬氏の『朝鮮教化の急務』を読む」[3]などを書いて、渡瀬の姿勢をするどく批判した。まず、日清・日露戦争は「韓国独立の扶植《ふしょく》〔植えつけること〕」をめざしていたはずではないか。それが植民地化に向かってしまったのはなぜかと問うた。次に、渡瀬は、「日本国民の理想」といっているけれども、それは「キリスト教の理想精神」と同じなのかと質《ただ》した。第三に、組合教会に対して朝鮮総督府

1　渡瀬常吉「共鳴と感激より来る民族の結合」雑誌『新人』1918年1月号。『新人』は、本郷教会の機関誌であった。

2　海老名弾正「大陸文化に対する日本民族の新使命」同号。

3　『上毛教界月報』1914年4月15日。

からの寄付があるとすれば、「それはよろしくない」と論じた。

しかし、組合教会総会は、このような声に耳を傾けようとはしなかった。すでに1913年の「組合教会総会信徒総会」(10月6日)は、「朝鮮人伝道の推進」を決議した。その際、湯浅治郎(安中教会)など6名の反対論があったにもかかわらず、組合教会の機関紙『基督教世界』は「満場一致」と記述する始末で、組合教会の主流は、反対論を無視して朝鮮伝道に突き進んでいた。

そればかりではない。組合教会の主流の方向に対して、吉野作造が書いた批判の文章も、『基督教世界』から掲載見合わせの扱いを受けるありさまだった。次に、この吉野作造について述べよう。

2 吉野作造と民本主義

吉野作造(1878～1933年)は、東京帝国大学(現在の東京大学)を1904年に卒業、大学院に籍を置いたが、1906年1月に袁世凱《えん・せいがい》の息子の家庭教師として中国に渡った。数年後の中国で辛亥《しんがい》革命(1911年)が起こって中華民国が成立し、孫文がその臨時大総統に就任したが、まもなく孫文に代わって大総統になった人物が袁世凱だった。吉野は、翌07年秋からは天津の北洋法政学堂で教鞭をとることとなり、その教え子に中国共産党の創立者のひとりとされる李大釗《り・だいしょう》などがいた。

吉野は、ほぼ3年間を中国ですごし、1909年1月に日本に帰国した。その後、1910年4月、欧米留学に出発し、1913年7月に帰国した。留学しているあいだに、韓国併合(1910年8月)や、幸徳秋水などを刑死させた大逆事件、第三次桂太郎内閣を民衆運動によって打倒した憲政擁護運動(大正政変。1913年2月)が起きていた。また、世界的には第一次世界大戦の開始(1914年7月)の直前でもあった。留学から戻った吉野は、東大教授として教鞭をとると同時に、当時のもっとも有力な総合雑誌『中央公論』などを舞台に活発な言論活動をくり広げた。その吉野の思想として知られているのが「民本主義」である。

写真1
吉野作造

この民本主義は、デモクラシーの訳語とされるが、大日本帝国憲法で「天皇主権」が明確にされている以上、「国民主権」あるいは「人民主権」を主張することはできないという政治状況のもとで、「国家主権の活動の基本的の目標は政治上人民に」あるとするものであった。詳しくいえば、(1)「政権運用の終局の目的」は、「一般民衆のため」ということにあるべきだと要求し、(2)「政権運用の終局の決定を一般民衆の意向に置くべき事を要求」した。この(2)を具体的にいえば、国民の選挙を通じて選出される仕組みの衆議院が、そして、その多数を握った勢力から選出される内閣が基本的に国政を担うべきだという要求になる。これは、大正期のデモクラシー運動に理論的な方向づけを与えるものであった。しかし、この吉野の政治論は、枢密《すうみつ》院などの非立憲的な統治機構、そして軍部からは敵視された。

3 | 吉野と朝鮮との関わり

吉野は、国内政治に眼を向けただけではなかった。第一次世界大戦がはじまると、ヨーロッパ情勢についても数多くの論説文を書いた。また、戦争が終局にかかる1918年1月、アメリカのウィルソン大統領は、国際連盟の樹立や民族自決をうたった平和14ヵ条を発表したが、吉野はこれに基本的に賛同していた。

朝鮮に関連しては、吉野のばあい、次のようなことがあった。19世紀末の日清戦争後、日本には中国人留学生が数多く来日するようになり、やがて、朝鮮人留学生も来日するようになっていた。吉野の回りにも、朝鮮人留学生がいた。吉野がまず親しくなったのは、金雨英《キム・ウヨン》であり、張徳秀《チャン・ドクス》、白南薫《ペク・ナムフン》などであった。おそらくYMCAが窓口の役割を果たしたと思われる。そして、吉野はかれらの勧めもあって、1916年3月から4月にかけて、3週間ほどの「満韓」旅行に出かけた。そして、朝鮮では、「相当の教養と見識」を有する2、3の朝鮮人に会い、その人々を通じてさらに「十数名の朝鮮紳士」と面談を重ね、「満韓を視察して」という論文を『中央公論』(1916年6月号)に発表した。

吉野の朝鮮観は、日露戦争のころは日本による支配を当然視するような傾きをもっていたが、この視察旅行を通じて大きく転換したとみることができる。そして、この論文で吉野は、日本による朝鮮の「同化政策」を基本的に否定している。その後、吉野作造の日記(1918年12月14日)[4]に、「朝鮮青年会の演説会に臨む」という記載がある。

そのような吉野であったから、吉野の周辺にいた朝鮮人留学生たちが吉野に親近感を抱いたのは当然であろう。

4　2・8独立宣言と吉野の主張

1919年1月、パリでヴェルサイユ講和会議がはじまった。そこでは、「民族自決」が提唱されていた。パリ講和会議では、朝鮮問題は取り上げられなかったが、海外に亡命した運動家たちや留学生のあいだでは、独立をめざす運動が展開されるようになった。

2月8日、朝鮮人留学生たちが集会を開いた。この日、李光洙《イ・グァンス》が起草し

4　『吉野作造日記』は、『吉野作造選集』第13～15巻(岩波書店、1996年)所収。なお、吉野の論文からの引用は、基本的にこの『吉野作造選集』によった。

た独立宣言文が、集会の場で白寛洙《ペク・クァンス》によって読み上げられ、その他の文書とともに日本語訳が日本の国会議員や政府要人、各国駐日大使、内外言論機関宛に送られた。

当日のことは、『大阪朝日新聞』(2月9日朝刊)に、「朝鮮学生の不穏」という記事として報じられた。それによると、在京の「朝鮮学生の一団」580余名が、8日午後1時から神田の朝鮮キリスト教青年会館(YMCA会館)で会合し、「次第に不穏の形勢」があったので、警察が解散を命じ、参会者のうち60余名を逮捕し、朝鮮学生には10数名の負傷者が出た、という。「独立宣言」を発表するだけなのに負傷者が出るというところに、当時の官憲の過敏な対応がうかがえる。報道も「不穏の形勢」に終始していた。

吉野日記によれば、8日は横浜で講演。9日「晴　朝内《うち》へ帰る。朝鮮の学生の訪問を受く」とある。9日の吉野と学生たちのあいだの会話の内容は日記からはうかがえないが、前日の独立宣言のこと、留学生逮捕のことが話題になったはずだし、朝鮮留学生も、それらをまずは吉野に伝えなければと考えたにちがいない。吉野も学生たちの宣言の方向を是としていたと判断できるだろう。

この宣言文は、日本側の官憲の目をかいくぐって朝鮮に伝えられ、3・1独立宣言に大きな影響を与えたといわれている。

朝鮮の3・1独立運動の国内的なきっかけをつくったのは、高宗《コジョン》の急死である。1897年に大韓帝国が成立、その後1907年まで帝位にあった高宗は、19年1月21日に急死した。その葬儀が3月はじめにおこなわれることになった。その葬儀のため全国から人びとが上京する機会をとらえて、独立宣言を発すべく準備が進められた。

そして、3月1日、朝鮮で独立運動が起こった。ソウルなどでデモ行進がおこなわれ、運動は朝鮮全土に広がり、運動は5月に入ってようやく沈静化した。当初は非暴力・平和的な運動がめざされていたが、日本側は軍隊を動員してこれを鎮圧した。村民を教会堂に集合させて放火するという水原《スウォン》事件（後述）なども起こった。この間の4月には、上海に大韓民国臨時政府が樹立された。

当時の日本の新聞は、事件の報道はしているけれども、その基本的な論調は、3・1運動を「不良鮮人」あるいは外国人キリスト教宣教師の煽動による「盲目的暴動」とみなすものであった。

こうした時期に、吉野は、基本的には3・1独立運動を肯定する論陣を張った。また、大正中期の啓蒙思想団体の黎明《れいめい》会（吉野や福田徳三の呼びかけで成立）も、講演会を開催し、朝鮮問題の論議をおこなった。1919年6月の黎明会例会では吉野も登壇し、「朝鮮統治の改革に関する最小限度の要求」という演題で熱弁をふるった。その「最小限度の要求」とは、

（一）朝鮮人に対する差別的待遇の撤廃

（二）武人政治の撤廃

（三）同化政策の放棄

（四）言論の自由の付与

である。これらの要求の説明に際し、吉野は朝鮮への旅行経験、朝鮮人からの聞き取りなどによる具体的で生々しい話を豊富に織り交ぜて、支配・被支配の関係ゆえに生じる諸問題を語る。

この吉野の「要求」は、どのように評価されるべきであろうか。すぐに気がつくのは、朝鮮の独立を明確には提起していないという点であろう。ただ、当時の人々の受け止め方は少し違ったようである。それを示すのが、辛亥革命の指導者孫文の革命運動の絶対的支援者ともいえる宮崎滔天《とうてん》が書いた記事である。滔天は、『上海日日新聞』に、「東京だより」を寄せ、このときの黎明会講演会について次のように書いている。

朝鮮問題は、支那〔中国〕の排日問題とともに、我が国刻下〔いま現在〕の大問題なり。〔中略〕黎明会の諸君が、お上《かみ》のお目玉を冒《おか》し、わざわざ朝鮮問題を標榜《ひょうぼう》して、青年会館に演説会を開けるはサスガなりというべし。来聴者に朝鮮学生多く、殊に大阪くんだりより来聴せるものありとは、同情に値す。しかして吉野、福田両博士以下の学者連が、交々《こもごも》起って当局の秕政《ひせい》〔悪政〕を論難攻撃するや、彼等が狂せんばかりに拍手喝采せるも、誠にもっともの次第なり。さらに一般聴衆が、彼等とともに拍手喝采せる、もって時代思潮を察するに足る[5]。

この記事をみると、独立を明確には提起していない吉野の講演も、朝鮮人学生たちに「拍手喝采」して迎えられたことがうかがえる。

また、先にふれた大韓民国臨時政府の機関紙『独立新聞』には、吉野のこの講演の朝鮮語訳が掲載されたという[6]。

5｜言論の萎縮、朝鮮人留学生たちの扱い

現在からみれば、朝鮮の独立を明確には提起していない吉野の論が、なぜそんなに「拍手喝采」を受けたのか、わかりにくいかもしれない。しかし、当時、朝鮮問題について、より鮮明に議論を提起しようとした『デモクラシー』という雑誌が発売禁止の処分を受けていたこと、つまり言論弾圧の状況をあわせて考える必要がある。当時、読者層が一部に限られている雑誌などならともかく、雑誌『中央公論』で、同様の主張をすることは至難

5　『宮崎滔天全集』第二巻、平凡社、1971年、170頁。
6　松尾尊兊「吉野作造から東アジアを見る」上田正昭編著『アジアと日本のルネサンス』文英堂、1999年、114頁。

だったという事情がある。

少しのちのことではあるが、吉野は、「朝鮮問題に関し当局に望む」(『中央公論』1921年2月号)という論文で、自分が「ほとんどそのたびごとに、その筋の手と認められるべき方面から、非公式にもっと謹慎な態度をとれと注意をされた」と書いている。「その筋の手」というのは、警察あるいは内務省ということであろう。しかし、吉野は、

> 世の非難や当局の警告にかかわらず、沈黙を守ることができなかったのである。しかし、予一人の声でははなはだ微弱である。朝鮮問題についてわれわれと憂いを同じうするものは、必ずや他に幾人もあるに相違ないが、何分万一の危険を恐れて公然とこれを論評しない。

と考えた。強権的な権力と人々の沈黙、という政治学的問題までここでは提起されているのである。

ところで、『上毛教界月報』(1919年8月15日)に、「深く同情すべき朝鮮人」という記事が出ている。この記事は黎明会での麻生《あそう》久の講演を記録したものだというが、その講演で麻生は、1915年11月に京都で挙行された御大典(天皇即位礼)についてふれている。麻生に京都大学の友人がいた。彼は朝鮮の青年だが、「御大典の当時その青年の身辺には幾人かの刑事が付きまとって」いたばかりか、「御大典のときにその青年は無理矢理に京都を去らせられた」という。そして、その青年は麻生に、「貴君たちは自分の心がわかるか。自分らはいまこうして合併された日本にやって来れば、そこを追放されるのだ」と述べたという。

麻生久は、東大法学部出身であり、吉野とは旧知の間柄であった。東京での黎明会講演会の様子は、ここに示されているように、記録されて各地に伝えられていったことも一面の事実ではある。しかし、政治権力には絶

対にゆずれないというものがおそらくはあって、この時代には、朝鮮支配こそがそういうものであったといえよう。

6 | 齋藤勇の詩

以上において組合教会系列の知識人のあり方をみたが、それとは別の日本基督教会の動きの一端にもふれておこう。日本基督教会の指導者は植村正久（1858～1925年）で、週刊新聞『福音《ふくいん》新報』を刊行しており、組合教会と異なり朝鮮総督府のキリスト教と圧迫に批判的な態度をとっていた。植村正久に師事した齋藤勇《たけし》（1887～1982年）は、のちに日本の英文学界に指導的役割を果たした人だが、その若き日に、この『福音新報』（5月22日）に、三・一独立運動後に起こった水原事件のことを「ある殺戮事件」として歌った長詩を寄せた。それは、アルメニア人殺戮事件ではなく「アジア大陸の東端に行われた惨事」であり、しかも、「永遠の平和を期する会議中」つまりヴェルサイユ講和会議進行中の出来事である。長い詩であるので、ここでは、部分的にしか紹介できないし、改行も／で示すことにする（「　」の外は引用者による補足）。

日本の「官憲の圧政を唱え／一個の人として与えられるべき自由と権利を／要求するため示威運動を行った時／」布令が回された。
「某月某日某会堂に集まるべしと／そこは都を離れた淋しいひな里／木造りの粗末な教会堂が立っている／」そこに、憲兵の指示に従って村人たちは集まってきた。すると、
「たちまち砲声、一発、二発……／見るまに会堂は死骸《むくろ》の堂宇《ほこら》／尚あきたらずして火を以て見舞う者があった／赤い炎の舌は壁を嘗《な》めたが／」それだけではなく、「風上の民家にも火をつけた／燃える燃える。

四十軒の部落は／一として焼き尽くされざるはない／君は茅屋《ぼうおく》〔あばらや〕の焼跡に立って／まだいぶり立つ臭気が鼻につかないか／乳呑み子を抱いたままの若い母親／逃げまどうて倒れた年よりなどの／黒焦げになった惨状が見えないか／何、ヘロデの子殺しよりもひどくないというのか／」

この長詩はまだ続くが、これだけにとどめよう。「ヘロデの子殺し」とは、新約聖書マタイによる福音書にみえる話で、イエス・キリストの成長を恐れ、ヘロデ王が嬰児《えいじ》殺しを命じたとされることを指す。

先に引用した『上毛教界月報』は組合教会系列の新聞ではあるが、『福音新報』掲載のこの長詩を転載した（6月15日）。そして、このような事態に対し、なぜ日本の新聞は口をつぐんでいるのかと批判している。

7　中国問題との関連——吉野のばあい

さきに、宮崎滔天の「朝鮮問題は、支那の排日問題とともに、我が国刻下の大問題なり」ということばを引用した。ここに中国の「排日問題」というのは、第一次世界大戦中に、日本政府が中国における利権確保をめざした「対華21ヵ条条約」を中華民国に認めさせたことに対する反発を意味している。その反日運動は、3・1独立運動と同じ年の5月に北京を中心に起こった5・4運動として顕在化した。

吉野作造は、朝鮮問題に関してだけでなく中国問題に関しても、その民族的な動きに理解を示した。理解を示した理由として、二つの面を指摘しておこう。

第一は、日本の統治機構が藩閥的・非立憲的であることが、日本の好戦的な姿勢をうながす要因になっているという認識があったことである。日本の政治をデモクラティックに改造できれば、つまり「平和の日本」に転換できれば、中国・朝鮮の日本観も変わるだろうと考えたのである。

ただし、この面を単に政治論としてだけ考えず、キリスト教的な視点を含めて考えたところに吉野の思想の特色がある。それは、「デモクラシーと基督教との密接なる実質的関係に鑑《かんが》み、ますますデモクラティックならんとする現代において、ますます基督教精神の拡張に努力しなければならない」(『新人』1919年3月号)とするものである。

第二は、民族運動を世界的な流れのなかでみていたことである。吉野がヨーロッパに留学したのは、第一次世界大戦前であった。当時のドイツやオーストリアでは、生活改善を求める労働者などの示威運動が、暴力的な形をとることなくおこなわれていた。その姿をみた吉野は、民衆の動きが高揚してくることを世界的に共通の現象だと認識したのである。

おわりに

1919年における独立運動の動向に関心を示した日本の知識人に、「民芸運動」の創設者として知られる柳宗悦《むねよし》(1889～1961年)がいる。柳は、1910年代半ばに朝鮮旅行をし、朝鮮の焼き物に、「民衆雑器《ぞうき》の美」をみた。つまり民衆工芸を「民芸」と名づけ、その美の独自性を説いたのである[7]。こうして、柳が朝鮮の「民芸」に深い愛着をもつに至ったとき、3・1独立運動が起こった。この運動に対する日本官憲の弾圧に際し、柳は「朝鮮の友に送る書」などを公表して、日本の対朝鮮政策を批判した。さらに、朝鮮総督府による朝鮮王朝以来の光化門取り壊し計画に対しては、「失われんとする一朝鮮建築のために」(1922年)という論文を書いた。その書き出しは、

7　柳宗悦の収集品は、日本民藝館(東京・駒場　http://www.mingeikan.or.jp/)に残されている。

> 光化門よ、光化門よ、お前の命がもう旦夕《たんせき》に迫ろうと〔切迫〕している。お前がかつてこの世にいたという記憶が、冷たい忘却の中に葬り去られようとしている。どうしたらいいのであるか。私は想い惑っている。酷《むご》い鑿《のみ》や無情な槌《つち》がお前の体を少しずつ破壊し始める日はもう遠くはないのだ。

というものであった。この文章のもつ迫力は、その韓国語訳・英訳につながり、総督府に光化門取り壊しを断念させるほどのものとなった。

とはいえ、このような吉野や柳のような観点が、同時代の日本で広く共有されたとはいいがたい。関東大震災(1923年9月1日)が起こってまもなく、各地で朝鮮人の殺害がなされた。その背景には、朝鮮人の日本国内への急速な流入にともない、日本人のあいだに、朝鮮人に対する差別意識、おそれ、反発の意識が綯《な》い交《ま》ぜになって生成していたことがあるだろう。その「おそれ」「反発」は、3・1運動の日本での報道によって形成されていった、あるいは増幅されたものと考えられる。

吉野の日記(9月3日)に、次のように記されている。

> この日より朝鮮人に対する迫害始まる。不逞《ふてい》鮮人のこの機に乗じて放火、投毒などを試むるものあり、大いに警戒を要すとなり。予の信ずるところによれば、宣伝のもとは警察官憲らし。無辜《むこ》〔罪のない〕の鮮人、難に斃《たお》るる者少なからずという。

事態をこのように冷静に把握していた吉野は、「難に斃《たお》」れた者、つまり、殺害された朝鮮人の数を調査しはじめた。吉野の「朝鮮人虐殺事件について」(『中央公論』1923年11月号)は発表されたものの、これとは別に執筆した、虐殺地点やその人数を記した「朝鮮人虐殺事件」は、掲載予定の『大正大震火災誌』(改造社、1924年)に発表できず、全文が削除された。

大正期の「デモクラシー期」ではあるけれども、そのデモクラシー運動の「旗手」とみなされた吉野の言論活動は、このように苦闘を強いられるものだったのである。

＊ この論文では、太田哲男『吉野作造』(清水書院、2018年)に依拠したところが少なくない。また最後の柳宗悦に関する記述も、太田『大正デモクラシーの思想水脈』(同時代社、1987年)に依拠しているところがあることをお断りしておく。なお、本稿では、引用文中の漢字の旧字体は新字体またはひらがなに改め、旧かな遣いは現行の仮名遣いに改めている。

(おおた・てつお／桜美林大学名誉教授)

7

2・8宣言／3・1運動と朝鮮植民地支配体制の転換——警察を中心に

松田利彦

はじめに——朝鮮植民地支配と警察

この小文では、1919年の2・8独立宣言と3・1運動をはさんだ時期の日本の朝鮮植民地支配政策を跡づけたい。それによって、日本の朝鮮統治において1919年という年がどのような歴史的位置を占めたのかをみてとれるだろう。またその際、とくに警察の役割に注目する。朝鮮統治が異民族支配だったというまさにその点において、警察組織は朝鮮民族の抵抗を抑え込むための最重要部門となったからである。端的な例をあげれば、朝鮮総督府および所属官署の職員3万6450名中、警務局と各道警察部の職員は1万8550名（50.9％）を占めた（1920年末現在[1]）。朝鮮総督府とは半数が警察官吏からなる組織だったのである。また、面（日本の村に当たる）で「一番権力を握っていたのは、駐在所の所長」であったという朝鮮人の回顧[2]にうかがわれるように、一般の朝鮮民衆にとって総督府権力をもっとも具体的

1　朝鮮総督府編刊『朝鮮総督府統計年報』1920年版（1922年）による。なお、ここでの警察職員数には技手・通訳生なども含む。

2　「百萬人の身世打鈴」編集委員員編『百萬人の身世打鈴——朝鮮人強制連行・強制労働の「恨」』（東方出版、1999年、200頁）、姜壽熙（1922年、慶尚南道生）の談話。

に象徴する存在でもあった。

以下、本論は、次の3つのパートからなる。1では、日露戦争（1904〜1905年）を始点に、韓国「併合」をへて3・1運動に至る統治体制の変遷をあつかう。2では、第一次世界大戦期、すなわち2・8宣言、3・1運動前後の朝鮮総督府・日本政府の治安認識を検討し、それが1919年の統治体制改革とどのように結びついていくかを検討する。最後に3で3・1運動後の朝鮮統治体制の特徴を考えたい。

1 | 3・1運動までの朝鮮統治体制

日露戦争から韓国「併合」まで[3]

日本の朝鮮に対する勢力扶植は、日朝修好条規（1876年）による朝鮮開港以後進んでいたが、大きな転換点となったのは日露戦争期である。1904年2月、日露戦争がはじまると、日本軍は首都・漢城（現・ソウル）を占領し日韓議定書を強要した。これによって、韓国の「独立と領土保全」という名目で軍事的に必要な土地や鉄道を収容した。軍用地収容や労働力の徴用に対し、朝鮮人住民が反対運動を起こすと、韓国駐箚《ちゅうさつ》軍（朝鮮に駐屯するために編成された日本軍）司令官は、同年7月、「軍律」を公布した。電線・鉄道の保護を各村落の連帯責任で担わせ、違反した者には死刑をふくむ処罰をほどこすという内容だった。さらに、咸鏡《ハムギョン》道では「軍政」（同年10月）の名のもと、地方官の任免を指示した。

駐箚軍は、日露戦争後もこうした軍主導の体制を継続・強化しようとしていた。駐箚軍からは、軍政を朝鮮一円に拡大せよ、軍をトップにした統

3　本節の詳細は、松田利彦『日本の朝鮮植民地支配と警察――1905〜1945年』（校倉書房、2009年）第一部を参照されたい。

治機関を設けよといった議論があらわれていた[4]。

しかしながら、1906年はじめ、韓国統監として赴任した伊藤博文[図1]は、このような駐箚軍の構想に掣肘を加えることになる。日露戦争終結後の1905年11月に締結された第二次日韓協約により、韓国の外交権は日本の外務省に移譲されるとともに、漢城に統監府が設けられた。本来、第二次協約は韓国の外交権剥奪を定めたものであったが、初代韓国統監は韓国内政についても関与していく意向を当初から公言していた。

図1
伊藤博文韓国初代統監
(国会図書館「近代日本人の肖像」
http://www.ndl.go.jp/portrait/datas/12.html)

ただし、伊藤は必ずしも露骨な軍事侵略をよしとする政治家でもなかった。伊藤は、韓国大臣の前で、自分の目的は「文明」の政治をおこなうことにあると宣明している。また、統監就任の条件として、韓国に駐屯する日本軍に対する統率権を求めたことにうかがわれるように、現地軍を抑制しようという考えももっていた。つまり、伊藤は、軍の力による強圧的支配よりも「文明」的改革で列強の批判を避け、韓国民に近代化の恩恵を与えることで日本の支配を安定的に進めようとしたのである。

このような伊藤統監の構想を実現させる実働部隊となったのが、韓国政府に傭聘された各種顧問だった。すでに日露戦争期に結ばれた第一次日韓協約によって、韓国政府は日本から外交・財政顧問を傭聘していた。つづ

4　松田、前掲『日本の朝鮮植民地支配と警察』38-42頁、同「韓国駐箚軍参謀長・大谷喜久蔵と乙巳保護条約締結前後の韓国」(笹川紀勝監修、邊英浩・都時煥編『国際共同研究 韓国強制併合100年 歴史と課題』明石書店、2013年)参照。

いて、警察・教育・宮中などの部門に日本人顧問が配置される。警務顧問には、警視庁第一部長・丸山重俊がついた。

伊藤は、治安の主体を軍から警察に移すとともに、日本人顧問の活用によって韓国警察を充実させようと考え[5]、憲兵を削減しつつ日本人警察官を増強した。そして、地方警察力の増強によって、伝統的地方支配体制の再編を進めていく。統監府は、朝鮮の地方官である郡守が「租税」という名目で人民の財産を強奪しており、裁判官や警察官がその手足となっているとみていた[6]。こうした郡守の警察権・裁判権・徴税権などの諸権力を排除し、日本人の管掌下に移す尖兵となったのが顧問警察だったのである。顧問警察官は、郡守を監視しつつ、その配下の朝鮮人警察官の淘汰をおこなった。裁判にも顧問警察が関与し、郡守の代わりに新たな徴税官となった日本人徴税官の保護も担った。

さらに、顧問警察は行政警察面でも職務を肥大化させた。一例として、1906年春、咸鏡北道における顧問警察（咸興警務顧問支部）が朝鮮人警察官（巡校）とともに管内を巡察した際の記録をみると、顧問警察は住民に、道路の改修、路上の清潔、家屋・便所の掃除、喧嘩や賭博の取締、放尿や裸体の禁止などについて注意を与えている[7]。さまざまな回路を通じて人々の日常生活に入り込んでいきつつあったことがみてとれる。

これらは一面では近代国家の形式を整える政策といえたが、他方では、それが伊藤統監や日本人顧問の手によっておこなわれたことで韓国の日本への従属化を進めることになった。

こうした状況に対し、韓国皇帝・高宗《コジョン》は、日本の韓国保護国化の無効を

5　金正明編『日韓外交資料集成』第6巻（上）、巌南堂書店、1964年、130頁。

6　韓国統監府編刊『韓国施政一班』、1906年、129頁。

7　鈴木重民咸鏡北道咸興在勤警視、地方状況報告、1906年7月。「韓国ニ於テ警務顧問傭聘並同国警察制度改革一件」第4巻、『外務省記録』3-8-4-31、外務省外交史料館所蔵。

国際的に訴えるべく、1907年オランダのハーグで開かれていた万国平和会議に3人の密使を送り込んだ。ハーグ密使事件である。しかし、これを察知していた日本側は、高宗を強制退位させ、第三次日韓協約の締結によって、韓国政府高官の地位に日本人が直接就任できる道を開いた。この結果、次官をはじめ国家機構の主要官職を日本人官僚が牛耳るようになった。もはや顧問という遠回りの介入手段は必要なくなった。約1300人の日本人旧顧問警察官はすべて韓国政府に任用され、内部警務局(警務局長は日本の警察官僚・松井茂)の監督下に置かれた。日本人が警察機構の中枢に入り込み「事実上は韓国警察即日本警察」[8]というべき体制がつくられたのである。

しかし、この時期、朝鮮人の抗日武装闘争——「義兵」闘争——が高まり、警察機構あるいは韓国統治の方向全体をさらに変えていくことになる。1907年8月の韓国軍隊解散をきっかけに、解散兵士の参加を得た義兵は、戦闘力を飛躍的に高めた。伊藤統監は韓国憲兵隊の増強によって対応しようとした。300名足らずまで削減されていた憲兵は、1909年には2000名へと急速に増強され、義兵鎮圧の最先鋒となっていく。

このような憲兵重視の方針に伊藤以上に力を入れたのは、憲兵隊長・明石元二郎[図2]だった。明石の憲兵隊強化方針は、1908年、朝鮮人憲兵補助員の創設によって新たな段階を画することになる。朝鮮人を補助員として日本軍憲兵隊の末端に取り込んだのである。憲兵補助員は同年夏には総員約4300名に達した。朝鮮現地の地理に明るい憲兵補助員を手先として、憲兵は徹底的な掃討作戦を進めていく。

義兵運動は、いまや伊藤の統監政治への最大の脅威となっていた。しかし、そもそも義兵の鎮圧のために本国から軍・憲兵を導入したことは、朝鮮で現地軍を抑制しようと考えていた伊藤の本来の意図からは外れるものだった。第三次日韓協約によって韓国の傀儡国家化をおおよそ達成してい

8 松井茂先生自伝刊行会編刊『松井茂自伝』、1952年、244頁。

たかにみえた伊藤の統治は、裏面では、路線転換を余儀なくされつつあったのである。こうしたなか、伊藤は1908年ごろから辞意を表明し、翌1909年統監の座を降りた。東洋平和の撹乱者として伊藤を指弾する安重根《アン・ジュングン》によってハルビンで射殺されたのは、その年10月のことである。

日本の対韓政策は、義兵鎮圧を主導した軍の発言が強まり、急進的併合論に傾きつつあった[9]。1910年5月、急進的併合論に立つ寺内正毅・陸軍大臣が韓国統監となり、同年8月、韓国「併合」条約が締結された。また、これに先立ち寺内統監は、明石に命じて警察機構を統合させている。急膨張した憲兵隊と韓国警察がことごとに権限争いをくり広げており、併合時の治安に不安が残っていたためである。このため憲兵隊に文官警察を吸収合併し、憲兵警察制度という独自の仕組みがつくられた。すなわち、韓国駐箚憲兵の長が中央の警務総長を兼任するとともに、地方では各道の警務部長に憲兵隊長が据えられ、その管轄下に文官警察官と憲兵が配属された。憲兵が中央・地方の警察指揮権を独占したのである。憲兵警察制度は、この後3・1運動期まで約10年間にわたり朝鮮統治の根幹として君臨する。

図2
明石元二郎韓国憲兵隊長
（のち、朝鮮憲兵隊司令官）
（国会図書館「近代日本人の肖像」http://www.ndl.go.jp/portrait/datas/221.html）

1910年代——憲兵警察の時代

韓国併合1ヵ月後の1910年9月、朝鮮統治の機関として朝鮮総督府が

9　松田利彦「日本の韓国併合」和田春樹・後藤乾一ほか編『岩波講座 東アジア近現代通史』第2巻、岩波書店、2010年。

開庁する（初代総督は寺内正毅）。この時期の朝鮮統治の特徴は、厳しい治安維持体制をしいたことにあり、「武断政治」とよばれる。韓国「併合」以前、義兵闘争をはじめとする朝鮮民族の抵抗を目の当たりにした日本人統治者は、日本の統治に対する協力者を朝鮮社会で育成するよりは、軍事力・警察力を背景とした支配を選んだのである。

「武断政治」の柱は憲兵警察制度だった。この制度のもとでは、本来軍事警察を職務とする憲兵に一般警察権が与えられ、抗日運動を弾圧し朝鮮人の生活に干渉した。管轄地域も文官警察より憲兵のほうがはるかに広かった。カーキ色の軍服を着た憲兵は、朝鮮民衆にとって恐怖の対象となっていく［図3］。

憲兵警察の職務は広範囲にわたった。江原道《カンウォン》警務部・春川憲兵隊がまとめた記録『警務機関会議管内状況報告諮問摘要』[10]をもとにみてみよう（以下、『摘要』と略記）［図4］。

もともと江原道は義兵闘争の一大根拠地であり、「併合」後も残存義兵に対する捜索活動が続けられていたと記されている。しかし、実際の義兵との衝突は少なく1915年には義兵鎮圧の終結宣言が出された。憲兵警察はむしろ今後の反日運動を予防することに注意を傾けた。そのひとつに宗教（とくにキリスト教）の監視がある。「武断政治」期、言論や結社はほとんど認められなかったが、宗教については諸外国の目もあり完全に禁止できなかった。『摘要』によれば、たとえば憲兵が講話をしているのにキリスト教徒は真剣に話を聞かず笑っていたり、教会堂に朝鮮人住民は入れるのに憲兵や憲兵補助員を閉めだしたりしていた。こうした態度をとる宣教師や信

10　江原道警務部・春川憲兵隊編『警務機関会議管内状況報告諮問摘要』1913年6月。法政大学図書館多摩分館所蔵『朝鮮憲兵隊資料』所収。これは、江原道警務部管内の各警察機関が年一回開催される警務部長会議に当たっておこなった管内状況報告と、それに対する江原道警務部長（＝春川憲兵隊長）の質疑が問答形式で記録した資料である。

図3■憲兵警察機構（概略図）

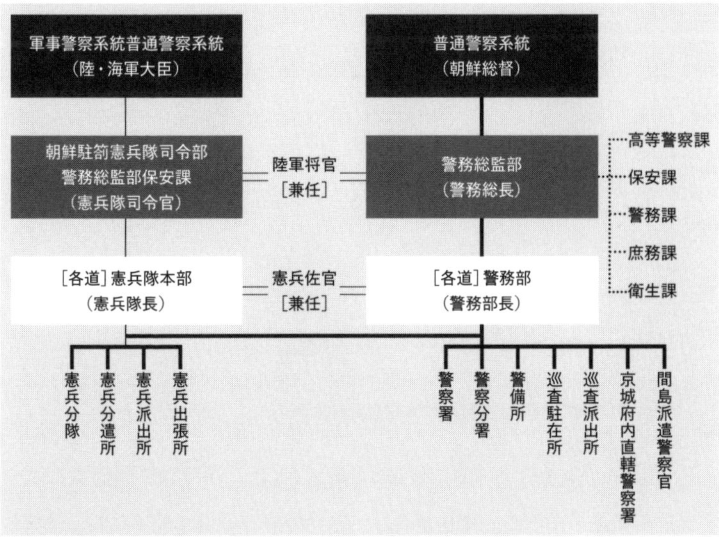

出典：朝鮮総督府編刊『施政二十五年史』（1935年） 33頁の図を補訂した。
注1：勅令第343号「朝鮮憲兵隊条例」公布（1910年9月10日）直後の組織を想定している。
注2：太い実線（━）は普通警察の指揮系統を、細い実線（─）は軍事警察の指揮系統を表す。
また、＝は兼任を表す。

徒たちについて、憲兵警察は隠密に、宣教師や信徒の数、言動、信徒の階層などを調べあげていた。

キリスト教の強い影響下にあった私立学校も監視対象となった。憲兵警察の末端は、管内の私立学校（38校）の教員・学生数、教科科目、基本財産などを細かく調査している。憲兵が学校に立ち寄って実地調査をすることもしばしばだった。

さらに憲兵警察は、行政機関の援助ないし代理としておこなう「助長行政」と呼ばれる職務も担い、民衆の日常生活に干渉した。道路の建設や改修（軍用道路の整備が当時さかんにおこなわれていた）、そのための夫役への動員は憲兵警察の役目だった。『摘要』でも、朝鮮人住民が夫役に不満を抱いて

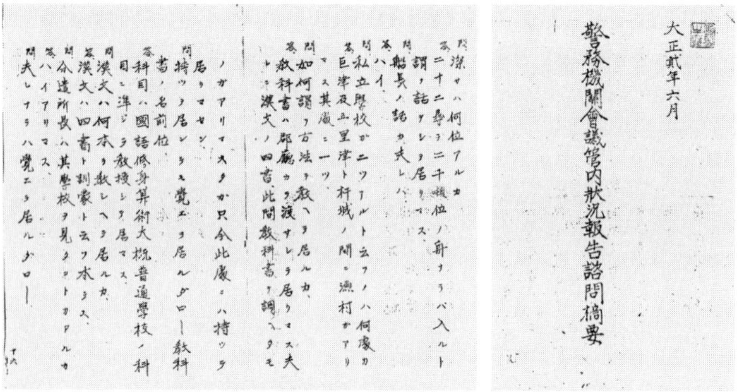

大正貳年六月

警務機關會議管内狀況報告諮問摘要

問 漢ヤハ何位アルカ
答 二十二隻ヲ二千幾位ノ舟ナラバ入ルト
謂ノ話ヲシテ居リマス。
問 船長ハ話カ出来レハ、
答 ハイ。
問 私立學校カ二ツアルト云フノハ何處カ
答 巨津及五里津ト杆城ノ間ニ漁村カアリ
マス其處ニ一ツ
問 如何謂ウ方法テ教ヘテ居ルカ、
答 教科書ハ郡廳カラ渡サレテ居リマス夫
トニ漢文ノ四書此間教科書ヲ調ヘタモ
ノカアリマスタカ只今此處ニハ持ッテ
居リマセン。
問 持ッテ居レタラ覚エテ居ルダロー教科
書ノ名前位
答 科目ハ國語修身算術大概普通學校ノ科
目ニ準ジテ教授シテ居リマス。
問 漢文ハ何本ヲ教ヘテ居ルカ、
答 漢文ハ四書ト訓蒙ト云フ本テス。
問 分遣所長ハ其學校ヲ見タコトカアルカ
答 ハイアリマス。
問 夫レナラハ覚エテ居ルダロー

十六

図4
江原道警務部・春川憲兵隊編『警務機関会議管内状況報告諮問摘要』(1913年6月)
(法政大学図書館多摩分館所蔵『朝鮮駐箚憲兵隊資料』)

いることが記録されている。また、『摘要』には、衛生組合の設立に関する記述も多くみられる。衛生組合は、憲兵警察の指導でつくられ、地域住民に、家宅内外・便所・道路等の清掃、伝染病予防、衛生関連法令の普及などを担わせた組織だった[11]。このほか、林野・土地関係あるいは火田(焼き畑)対策も多い。当時、日本は村落の共有林野を国有地に編入し入会権を否定したが、『摘要』では、この問題をめぐり住民が集合して不穏な空気を醸しているとも書かれている。

このように行政官としての職務にも関与した憲兵は、従来国家権力の支配がおよんでいなかった生活領域に踏み込みつつあった。朝鮮民衆はそれをどう受けとめていたのだろうか。別の資料からそれをみてみたい。公州憲兵隊・忠清南道警務部が1911～1914年におこなった調査結果をまとめ

11　1910年代の衛生組合については、松田利彦「'武断政治期' 朝鮮の憲兵警察と衛生行政――衛生組合を中心に」韓国歴史研究会3・1運動100周年企画委員会編『3・1運動100年叢書』第3巻(権力と政治)(ヒューモニスト、2019年3月)〔原文韓国語〕参照。

た『酒幕談叢』という資料である[12]。人々の多く集まる市日に、警察機構末端の朝鮮人憲兵補助員などを酒幕（居酒屋）に送り込み、できる限り生の民衆の声を採録しようとした記録である［図5］。

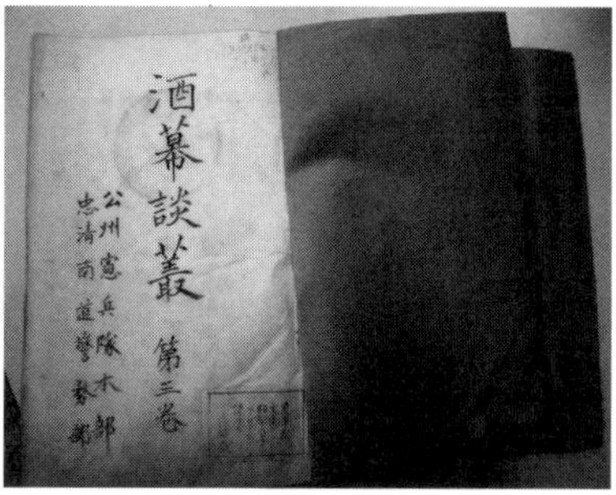

図5
公州憲兵隊・忠清南道警務部編『酒幕談叢』
（韓国国会図書館所蔵）

『酒幕談叢』全体を通じてみるとき、朝鮮民衆は、日本の支配を指して――これに同調するにせよ批判するにせよ――「文明化」「文明の政治」という表現をしばしば口端に上らせていた。と同時に、多くの朝鮮人は、統治者の監視にさらされる支配に息苦しさを感じていた。「段々文明ニナルト八釜敷ナッテ困ルデス」、「税金ノ上納期限其他何事ニ限ラス規則正シク実行セラルヽハ文明ノ政治トシテハ左モアルベキ事ナルベキモ無学ノ吾等ノ考ヘニテハ余リ圧制過キル」というのが偽らざる実感だった[13]。また、生活を直接脅かしたり干渉したりする施策には、鋭く反応し不満を抱いた。道路建設のための夫役、高米価や増税、あるいは衛生検査や営業許可の手続き、賭博の禁止など日常的な管理に対しては如実に否定的な反応を示している。

若干の例をあげると、天安では、ある朝鮮人が、道路建設に対して次のように語っていた。「一厘ノ賃銭モ与ヘラレズ道路斗《ばか》リ善クナッタトテ沢山ノ田畑ハ没埋サレ……人民ハ如何シテ暮スコトカ出来ルカ死ンテシモー

12　松田利彦「『酒幕談義』を通じてみた1910年代朝鮮の社会状況と民衆」キム・ドンノ編『日帝植民地時期の統治体制形成』（延世大学国学研究院、2006年）〔原文韓国語〕参照。

13　公州憲兵隊・忠清南道警務部編『酒幕談叢』（1912年。韓国国会図書館所蔵）公州憲兵分隊の報告、39丁、同、牙山警察署、4丁。

ヨリ外ハナイ」。あるいは、税金と生活苦に関しては、「日本ノ政治ノヤリ方ハウマイネ何故カト云フニ併合ノ当時ハ税金ヲ降ゲ両班《やんばん》ヤ官吏老人ニ恩賜金ヲ下シテ喜ハセテ置キサテ人民カ日本ノ政治ニ馴レテ来タ昨今ボツ〳〵税金ヲ高メルノダモノ……昨今ノヤウデハ小作農家ハ餓死スル外ハ無イ」といったような声が『酒幕談叢』には溢れている[14]。こうした生活の実感に根ざした素朴な不満は、3・1運動が民衆運動として大きな広がりをもつ背景となったと考えられる。

2　2・8／3・1運動前後の朝鮮総督府の治安認識

1910年代、義兵闘争を鎮圧した朝鮮総督府にとって、それと入れ替わるように新たな不安材料となったのは、第一次世界大戦だった。1914年に大戦が勃発すると、戦争の生活への影響や朝鮮人に対する徴兵などをめぐって流言が横行し、社会のさまざまな面に変化と動揺の兆しが現れた。

総督府の認識を追ってみよう。日本の第一次世界大戦への参加（対独宣戦布告）に際し、寺内総督は、総督府官吏・警察に「人心ノ動揺」を未然に防止するよう注意を促した[15]。また、警務部長会議での総督訓示では、戦争景気による「時軽薄ノ気風」や「新教育ヲ受ケタ輩」の動向に警戒感を示した[16]。たしかに、経済的側面では、大戦景気の影響で一部の朝鮮人は金融業・商業などに進出しはじめていた（ただし、米価の高騰で朝鮮人下層農民の困窮も進んだ）。また、渡日していた朝鮮人留学生が1910年代後半に順次帰国し旧慣改革・実力養成を主張したこともあいまって、西欧的素養を身につけた

14　公州憲兵隊・忠清南道警務部編、前掲『酒幕談叢』（1912年）天安憲兵分遣所の報告、14丁、同（1915年）扶余憲兵分隊の報告、29丁。

15　『朝鮮総督府官報』1914年8月24日。

16　水野直樹編『朝鮮総督諭告・訓示集成』第1巻、緑蔭書房、2001年、378、419頁。

図6
洪陵（高宗墓所）　著者撮影

新知識人層が社会的影響力をもちはじめた[17]。こうした第一次大戦期の朝鮮社会に漂いだした変化の空気は、憲兵警察の現場報告にも広くみられる[18]。

さて、第一次大戦末期になると、1917年にロシアで社会主義革命が起こり、翌年には米大統領ウィルソンが14ヵ条綱領を発表し民族自決の原則を明らかにした。世界的規模で植民地の民族解放運動を刺激したこの二つの事件は、植民地朝鮮でも治安当局の警戒心を高めることになった。1919年1月、警務総監部は民族自決主義やパリ講和会議に関する記事の新聞への掲載を禁止した[19]。また、高宗《コジョン》の死去（1月22日）［図6］が民心におよぼす影響についても懸念していた[20]。さらに2月15日、児島惣次郎・警務総長（＝憲兵隊司令官）は、各道警務部長（＝憲兵隊長）に対し、次のような訓示をおこなっている[21]。2・8独立宣言が朝鮮総督府に伝

17　朴賛勝『韓国近代政治思想史研究——民族主義右派の実力養成運動論』歴史批評社、1992年、第2章〔原文韓国語〕。チョン・テフン「1920年代前半期日帝の'文化政治'とブルジョワ政治勢力の対応」『歴史と現実』第47号、2003年3月、25-27頁〔原文韓国語〕。

18　中野有光（警務総監部保安課長）談話『京城日報』1916年1月5日。矢野助蔵（龍山憲兵分隊長）「朝鮮に於ける憲兵と其の改善に就て」『軍事警察雑誌』第11巻第7号、1917年、19-20頁。朔州憲兵分遣所（平安北道警務部・義州憲兵隊所属）『管内状況報告』（1917年9月頃か、前掲『朝鮮憲兵隊資料』所収）など。

19　尹炳奭「三・一運動に対する日本政府の政策」『三・一運動50周年紀念論集』東亜日報社、1969年、416頁〔原文韓国語〕。

20　宇都宮太郎関係資料研究会編『日本陸軍とアジア政策——陸軍大将 宇都宮太郎日記』第3巻、岩波書店、2007年、207頁、1919年1月23日。

21　「朝鮮総督府警務総監部内訓ノ件」1919年2月、陸軍省『密大日記』大正8年1、

えられた直後、3・1運動の半月前、という時点での訓示である。

ロシア・ドイツ両帝国が倒壊したが、このために「革命ノ新思想」「民族自決ノ声」は世界の植民地諸民族の間に広がっている。ひるがえって朝鮮の現況をみれば、日本の「仁政」を必ずしも謳歌しているわけではなく、むしろ「常ニ不平不満ノ伏在」していることを感じずにはいられない。とくに気をつけなければならないのは、「海外流寓者」とりわけ「内地留学生」である。彼らには、朝鮮と「気脈」を通じ「勢力ノ向上発展ヲ企図スル者」も少なくない。加えて、高宗の薨去《こうきょ》は「流言蜚語」を引き起こしており、人心は乱れている。今後、「革命新思想ノ浸入」と「民族自決主義ノ拡大」には最大限の注意が必要だ。海外の朝鮮人運動家と連携して「列国ノ同情ヲ喚起」する恐れがあり、「気運ニ乗シタル思想ノ伝播」が「民心ヲ激発」し「統治上重大ナル難局」を招きかねない——。

この訓示をみる限り、3・1運動へと流れ込む第一次大戦期の思想的変化を、憲兵警察はそれなりの危機感をもって察知していたといえよう。ただ、今日の研究で指摘されているように、総督府は3・1運動勃発に至る動向を直前までつかんでいなかった。

張徳秀《チャン・ドクス》、呂運亨《ヨ・ウニョン》らによる新韓青年党（上海）の組織、新韓青年党によるパリ講和会議への代表派遣の試み、ロシア、日本、朝鮮内の朝鮮人指導者との接触——こうした計画を具体的に把握していなかったことで、対応は後手に回り運動は拡大することになる。朝鮮総督府と日本政府が「武断政治」に幕を下ろし新たな統治政策を始動させるのには、3・1運動勃発からおおよそ半年を要することになった。

防衛省防衛図書館所蔵。

3 1920年代の朝鮮統治体制転換

3・1運動と日本の対応

1919年3月1日、ソウル、平壌、宣川などで一斉に独立宣言が読みあげられた。植民地期最大の独立運動となる3・1運動がはじまったのである。

ときの首相は原敬だった。原は、当初、「要するに民族自決などの空説に促されたる」[22]ものとして運動の拡大を予測できなかった。しかし4月に入ると様相が変わる。

蜂起の規模が大きくなり、運動形態も平和的な示威行進から憲兵警察機関や官公署の襲撃へと変わりつつあった。憲兵警察が示威運動を弾圧し運動主導者を逮捕したのに対し、地域住民が彼らの奪還のために憲兵警察機関や行政機関を襲ったのである。学生や知識人が指導する運動に、「武断政治」に不満をつのらせていた多くの一般民衆が加わった。日本の言論界でも「武断政治」の悪政が運動の遠因だったとする論調が増えていた。原内閣は本国から軍隊を派遣したが、日本軍は堤岩里《チェアムニ》事件をはじめ各地で放火・虐殺などの事件を引き起こした。

3・1運動の鎮圧に追われる一方で、原首相は朝鮮統治体制の改革を構想する。運動が「今ヤ事実上国民大部ノ政治運動」[23]だと現地からは報告が寄せられていた4月初旬、原は「事件一段落を告げたる上は、対朝鮮政策に付一考せざるべからず」として、文官総督制度への転換、同化主義教育の採用、憲兵警察制度の廃止などの方針を内々に固めた[24]。日本ではじめての本格的政党内閣をつくったことで知られる原は、植民地統治にも独自の

22　原奎一郎編『原敬日記』第5巻、福村出版、1965年、74頁、1919年3月2日。

23　「日次報告（朝鮮軍）」1919年4月11日、姜徳相編『現代史資料』第25巻（朝鮮1）、みすず書房、1965年、201頁。

24　前掲原奎一郎編『原敬日記』第5巻、82、84頁、1919年4月2日、4月9日。

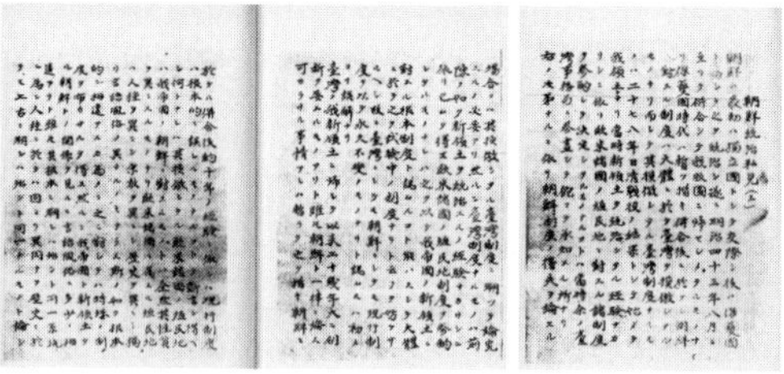
朝鮮統治私見(上)

図7
原敬と「朝鮮統治私見」
(国会図書館「近代日本人の肖像」http://www.ndl.go.jp/portrait/datas/172.html)。
「朝鮮統治私見」は『斎藤実文書』(国会図書館憲政資料室所蔵)による

構想――本国の法制度を漸進的に植民地にも適用していこうとする「内地延長主義」――を抱いていた。かつて、第一次山本権兵衛内閣(1913～1914年)においては与党政友会の総裁として、朝鮮の武官総督専任制や憲兵警察制度廃止などを計画したこともあった。原は政党政治家として、陸軍の牙城となっている植民地に風穴を開け、政党を核とする国家運営の一部として植民地統治を位置づけようと考えていたのである。原が、3・1運動後、自ら筆を執った「朝鮮統治私見」では、日本の朝鮮統治は西欧の植民地支配の模倣ではなく、日本本国の法律・教育・議会制度などを徐々に行きわたらせる内地延長主義にもとづかなければいけないと指摘している[図7]。

「文化政治」期の支配政策改革

3・1運動は、原首相の改革構想を一気に加速させるとともに、その中身も拡大させた。原は3・1運動以前は朝鮮総督を武官から文官に変えることのみを考えていたが、実際の改革はそれにとどまらなかった。

1919年8月に公布された朝鮮総督府官制改正などの一連の法令によっ

て、朝鮮総督には武官のみならず文官も就任できるようになった。また、憲兵警察制度は廃止され、普通警察制度に転換した。とはいえ、文官総督は実現せず斎藤実海軍大将が就任した。警察官の数も、約1万3000名（警察事務を執行した憲兵を含む）が1万5000名へとむしろ増加した。

こうした点では、3・1運動後に統治体制が改革されたとしても、武力に頼る支配の本質が変わったとはいえないだろう。しかし、少なくとも新たな体制を運用する陣容が一新されたのはまちがいない。新総督に海軍出身の斎藤実がついたことで、陸軍の影響力は大きく後退した。総督を補佐する政務総監には前内務大臣で「内務省の大御所」と呼ばれた水野錬太郎がすえられ、水野の人脈に連なる30、40名の内務省出身官僚が朝鮮総督府中枢、とくに警察部門に進出してきた。同郷（東北出身）の原敬・斎藤実・水野錬太郎は密接に意思疎通をはかりながら、新たな統治方式を模索していくことになる［図8］。

他方で、1920年代初期の朝鮮総督府は水野政務総監とその配下の内務省出身官が中核を占め、1910年代から朝鮮総督府に配属されていた古参の生え抜き官僚としばしば対立し、いずれとも深いつながりをもたない斎藤総督が言論人出身の私的ブレーンを抱え込むという複雑な様相を呈した［図9］。1920年代、斎藤実総督期に展開された一連の統治改革は「文化政治」と称されるが、それはこうした複数の政治勢力の競合関係から生みだされてきたものだった[25]。

「文化政治」期においては、先に述べた諸改革以外に、『東亜日報』『朝鮮日報』など朝鮮語新聞の発行が許可され、集会・結社についても許容の幅が広げられた。この結果、1920年代には多くの社会運動団体が生まれることになる。また、道（＝府県）・指定面（＝町）・面（＝村）の各級地方行政単位で諮問機関を設けた。第二次朝鮮教育令（1922年）によって、在朝日本人

25　李炯植著『朝鮮総督府官僚の統治構想』吉川弘文館、2013年、第3章。

図8▪水野錬太郎新政務総監による総督府幹部人事

内務省出身官僚（「新来種」）	就任部局	氏名	前職
警察系統	警務局長	野口淳吉	警視庁警務部長
	警務局警務課長	白上佑吉	富山県警察部長
	警務局保安課長	卜部正一	山形県理事官
	警務局高等警察課長	小林光政	警視庁警務課長
	警務局事務官	丸山鶴吉	静岡県内務部長
	警務局事務官	藤原喜蔵	青森県理事官
	警務局事務官	田中武雄	長野県警視
	警察官講習所長	古橋卓四郎	愛知県理事官
	京畿道第三部長	千葉了	秋田県警察部長
	忠清北道道第三部長	山口安憲	兵庫県理事官
	忠清南道第三部長	関水武	茨城県理事官
	全羅北道第三部長	松村松盛	福岡県理事官
	全羅南道第三部長	山下謙一	警視庁理事官
	慶尚北道第三部長	新庄裕治郎	静岡県理事官
	慶尚南道第三部長	八木林作	兵庫県理事官
	黄海道第三部長	馬野精一	富山県理事官
	江原道第三部長	石黒英彦	群馬県視学官
警察系統以外	総督秘書官	守屋栄夫	内務省参事官
	総督秘書官	伊藤武彦	千葉県石原郡長
	内務局長	赤池濃	静岡県知事
	学務局長	柴田善三郎	大阪府内務部長
	学務局宗教課長	半井清	石川県理事官
	殖産局長	西村保吉	埼玉県知事
	殖産局事務官	篠原英太郎	大阪府学務課長

出典：『官報』19・8・21、9・3にあがっている総督府赴任者を基本に、丸山、前掲『七十年ところどころ』54-55頁、および松波、前掲『水野博士古稀記念 論策と随筆』717頁、守屋栄夫『日記』も参照した。各人物の記事については、秦郁彦編『戦前期日本官僚制の制度・組織・人事』（東京大学出版会、1981年）および前掲『朝鮮統治秘話』などに拠った。

と朝鮮人の教育法規を統一し、朝鮮人の「教育熱」に対応しようとした。

あえてひとことでまとめるならば、これらは従来の武断的な統治体制をゆるめ朝鮮人の要求を取り込む形をとりつつ、朝鮮人のなかに協力者、「親

図9■1920年代初期の朝鮮総督府の権力構造（概念図）

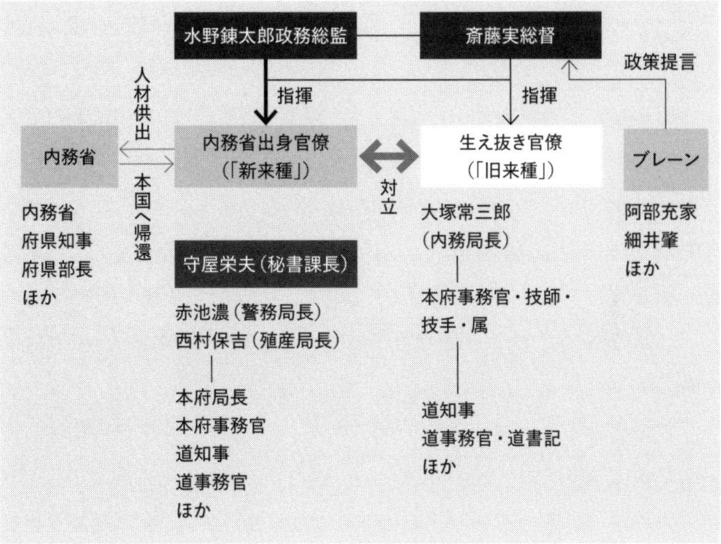

日派」を生み出そうとする政策だった。そこには、先ほど述べたように新たに朝鮮総督府の中心的勢力となった内務省出身官僚の考え方が色濃く反映されている。第一次世界大戦後の日本の内務官僚は、米騒動（1918年）後の民本主義的思潮の興隆を自覚し、正面からこれを弾圧せず柔軟な対応をとろうとしたという特徴をもっていた[26]。

総督府に送り込まれた内務官僚も、本国での勤務時代にこうした思想の下地をつくっていたことは疑いない。彼らは地方改良運動にたずさわり地方名望家の体制内化を進めたり、内務省の欧米派遣を通じて諸外国を実地

26　升味準之輔『日本政党史論』第4巻、東京大学出版会、1968年、211-218頁。松尾尊兊「第一次大戦後の治安立法構想――過激社会運動取締法案の立案経過」藤原彰・松尾編『論集 現代史』筑摩書房、1976年、159-165頁。

に見聞したりした経験をもっていた[27]。彼らは、こうした本国での経験を基盤に、朝鮮人の民族運動のリーダーと直接意見をぶつけ語り合うことで彼らを懐柔できるのではないかと考えていた。

水野政務総監の腹心だった守屋栄夫《えいふ》・総督秘書官（前職は内務省監察官）もそのひとりである。守屋の日記には、1920年初頭「閔元植《ミン・ウォンシク》君や高羲駿《コ・ヒジュン》君を呼んで総督府内の少壮学士と其の党員の有志と懇親会を開くことについて相談した」との記事がみえる。閔元植や高羲駿は植民地体制内での参政権拡張をめざす親日派だったが、それでも、総督府と朝鮮人側20余名の集まった「懇親会」では、「猛烈な連中なので盛に気炎を吐いた」とされている[28]。

学務局宗教課長の半井《なからい》清（前石川県理事官）も「朝鮮人の中でも比較的若い人の中に進歩派」というべきグループがあり、そこから面会の申し出があったため「役所の仲間十人位と出席し」韓国併合以後日本は朝鮮を物質的に豊かにしたとか、あるいは、日本の自衛上の立場として朝鮮併合はやむをえなかったという意見をもって議論を交わした、という[29]。

弾圧の権化と目されてきた警察官僚ですら例外ではない。丸山鶴吉・警務局事務官（前静岡県内務部長。のちに総督府警務局長）は、「吾々の赤心に依って」朝鮮人の「独立を要望する精神を少しでも摺り減ら」そうと考え、朝鮮人知識人と直接接触した。「予の意見を中心に朝鮮の青年と夜を徹して論

27　松田利彦「内務官僚と植民地朝鮮」『思想』第1029号、2010年。

28　守屋栄夫『日記』1920年1月14日、1920年1月19日（国文学研究資料館所蔵）。朝鮮総督府時代の守屋の活動については、松田利彦「朝鮮総督府官僚守屋栄夫と「文化政治」――守屋日記を中心に」（松田・やまだあつし編『日本の朝鮮・台湾支配と植民地官僚』思文閣出版、2009年）参照。

29　朝鮮史料研究会による半井清との対談記録（近藤釼一編『斎藤総督の文化統治』友邦協会、1970年、6-7頁）。

じたこと一再に止まらなかった」と丸山は記す[30]。

こうした働きかけを受け、1920年代、朝鮮人側では数多くの親日団体が生まれた。しかし全体的にみれば、朝鮮人独立運動の陣営は、一部の民族主義者が総督府の「自治」論に幻惑されたものの、親日派を民族独立の敵とみなし売国奴とさげすんだ。

図10
「警察の民衆化」の一環で開催された衛生展覧会
（全羅南道和順、1931年）
（『全南警友』私家版、1968年）

「武断政治」期にはみられなかった朝鮮人への接近と取り込みは、一般民衆への施策としてもあらわれた。1920年代、内務省出身官僚の主導で朝鮮警察が展開した「警察の民衆化、民衆の警察化」というキャンペーンが端的な例だろう。「警察の民衆化」は、展覧会の開催や広報活動によって地域民衆との接点を拡大し、警察イメージを良好化させることを狙ったキャンペーンだった[図10]。他方、「民衆の警察化」は、そのような民衆を組織化し、治安維持体制を補完する自警団体を作り出そうという試みだった。

もとよりこのような「文化政治」期の試みを、総督府のいうように「民意の暢達」と額面通りにみなすことはできない。総督府に懐柔された「親日派」の清算は、今日に至るまで韓国社会では大きな問題として残っている。また、民衆への接近政策は他面ではのちの戦時期の動員体制の地固めという性格ももった。しかし、1919年を画期とするこの時期が朝鮮総督府にとっても大きな政策の転換点であり、その転換の背景に2・8／3・1があったことは疑いえない。そのような意味で、朝鮮植民地支配政策において、

30　丸山鶴吉「朝鮮統治の目標を定めよ」『外交時報』第644号、1931年、275頁。

朝鮮人は単に支配される客体であっただけでなく、支配政策を左右する主体的なアクターとしての位置を占めていたことを確認しておきたい。

（まつだ・としひこ／国際日本文化研究センター教授）

第2部

2・8独立宣言とキリスト教

1

日韓キリスト教史における 2・8独立宣言と3・1独立運動

徐正敏

1　東京留学生による2・8独立宣言の歴史的意義

1919年2月8日、在東京朝鮮留学生によってなされた独立宣言は、いわゆる3・1独立運動の先駆けとなりベースとなった出来事である。東京の朝鮮留学生たちの独立宣言の動きと中国における独立運動団体、そして韓国国内の独立宣言運動組織間の有機的な連帯が描く三角形が、3・1独立運動を生み出した。

さて、その東京における朝鮮留学生の独立宣言は、それこそ植民地支配勢力の中心、心臓部でおこなわれた独立宣言であった。植民地朝鮮の立場からみれば、まさに中央、帝国主義の本体、本領のなかで果敢にも韓国の独立を主張したものである。それこそが2・8独立宣言を生んだ東京の位置取りが意味するところであった。

2・8独立宣言書の草案者は李光洙《イ・グァンス》として知られている。彼は後日、いわゆる親日派の代表格として歴史的な批判を受けることになるのだが、韓国近代文学の先駆者であるのみならず、1919年当時には2・8独立宣言書に関わり、またその後、中国での独立運動に参加するなど輝かしい業績をもっていたことも事実である。李光洙はかつて日本に留学して明治学院で勉強し、一旦は帰国して五山《オサン》学校で教師となるが、ふたたび東京に留学し、早稲田大学で学んだ。彼がキリスト教をはじめとする西欧の先進思想にはじめて接したのは、彼の明治学院留学時代だった。明治学院は宣教師が設立したキリスト教教育機関としては、日本で初の学校である。

> 聖書を読み、礼拝堂に通ったのも、私の身体と心を清らかにする糧だった。私は心にある汚れたものを捨て去れば、自然に身体から香気が立ち昇るだろうと信じていた。私は私の顔と手足と身体つきを美しくすることができないのが、悲しかった。（中略）寒い冬の夜のような時に道を歩いていて、震えながら通り過ぎる乞食を見て外套を脱いで渡したこともあるし、ある西洋人の乞食にはセーターと、ポケットにある金をまるまるやってしまって、肌着だけを着て家へ帰り多数の人から怪しまれたこともあった。右手がすることを左手に知らせるなというイエスの御言葉にしたがって、こうしたことはいっさい誰にも話さなかった[1]。

上の引用からは、東京でキリスト教思想に接し、その教えを実践する李光洙の姿を垣間見ることができる。李光洙研究家や評論家たちによれば、その後彼は西欧哲学、とくにカントに傾倒し、またロシアの文豪トルストイにも傾倒したという。李光洙などの朝鮮人留学生はまさに日本で、日本人教師や日本語書籍から、近代思想、人権や自由の価値、さらにキリスト教に至るまでをも学んだのである。朝鮮の民族的状況からみると、祖国の主権を奪い、植民地を統治する日本帝国主義のただなかで、まさにその中心地で、未来への希望、新しい価値、自由へのビジョンを発見したのだ。そしてそれは、崔八鏞《チェ・パリョン》、尹昌錫《ユン・チャンソク》、金度演《キム・ドヨン》、李琮根《イ・ジョングン》、宋継白《ソン・ゲベク》、金喆寿《キム・チョルス》、

1　徐正敏「李光洙とキリスト教」明治学院大学教養教育センター編『李光洙とはだれか？』かんよう出版、2014年、62-63頁。

崔謹愚《チェ・グヌ》、白寛洙《ペク・クァンス》、金尚徳《キム・サンドク》、徐椿《ソ・チュン》など東京在留の朝鮮人留学生、2・8独立宣言の主役たちに共通する経験であった。

これらの留学生は、朝鮮留学生学友会を組織して活動したが、その本拠地は東京の朝鮮基督教青年会であった。新しい思想への挑戦、キリスト教精神と信仰の融合、同志的連帯と自信、そしてあたかも「台風の目」のような「中心の余白」ともいうべき東京の雰囲気が、2・8独立宣言の土台となったということができる。1918年、留学生忘年会で意気投合し、1919年1月6日に開催された留学生弁論大会で、具体的な意見統一がおこなわれた。そしてその年の2月8日、東京のYMCA会館に400人の朝鮮人留学生が集まって、朝鮮の独立を宣言したのである。これらの活動の前後には、中国にあった「新韓青年団」の代表で事前にお互いの意思を確認しあった張徳秀《チャン・ドクス》などが日本に派遣されてもいる。

> わが民族は高度の文化を持ってからすでに久しく、半万年の間、国家生活の経験を持つ者である。たとえ多年の専制政治の害毒と境遇の不幸がわが民族の今日を招いたのだとしても、正義と自由を基礎とした民主主義の上に、先進国の範に従って新国家を建設した後には、建国以来文化と正義と平和を愛護してきたわが民族は、必ずや世界の平和と人類の文化に対し貢献することであろう[2]。

この2・8独立宣言文ではまず、民族の歴史と伝統、文化と思想への誇りが示されている。そして正義と自由、民主主義への願いが述べられ、新しい独立国家樹立後には世界の平和と人類の文化に貢献する決意が表明されている。きわめて肯定的で未来志向的な宣言であるといえようが、これがそのまま3・1運動の精神に受け継がれ、重要な土台となったのである。

2　「2・8独立宣言書」より。

この2・8独立宣言の末尾に収録された決議文には、この宣言の実践的、具体的目標が記されている。血戦などという表現にもかかわらず、あくまでもその最終目標は、平和の希求と非暴力平和思想にもとづく独立の実現にあることは一読して了解されるであろう。

1. 本団は、日韓合併がわが民族の自由意思によるものでなく、わが民族の生存と発展を脅かし、また東洋の平和を乱す原因となっているという理由により、独立を主張する。
2. 本団は、日本の議会及び政府に対し、朝鮮民族大会を召集し、その会の決議によってわが民族の運命を決定する機会を与えることを要求する。
3. 本団は、万国講和会議において、民族自決主義をわが民族にも適用させることを請求する。右の目的を達成するために、日本に駐在する各国大使公使に対し、本団の主義を各国政府に伝達することを要求し、同時に委員二名を万国講和会議に派遣する。右の委員は既に派遣したわが民族の委員と一致した行動を取る。
4. 前項の要求が失敗したときには、わが民族は日本に対し永遠の血戦を宣言する。これによって生ずる惨禍については、わが民族はその責任を負わない[3]。

2｜3・1運動の歴史的意義と韓日のキリスト教

3・1独立運動は韓国の民族史全体を通してもっとも注目すべき出来事であり、その歴史的意義は大きい。厳密にいうなら、それはあくまで独立宣言であり直接的にはその結果を導き出していない、いわば「現実には失敗

3　同上「決議文」より。

した運動」である。にもかかわらず、この運動がこれほど高い歴史的評価を受ける理由は何であろうか。実際、現在の大韓民国憲法も国家設立の正統性を3・1 独立運動の精神に求めているのである。その歴史的意義を筆者なりに整理してみよう。

まず、3・1独立運動は同時代の世界史的にみても、植民地民族運動の事例のなかでもっとも模範的で、堅固かつ強力な運動であった。その理念、方式、手順のすべてにおいて、総合的に高い評価をすることができる。

そして、運動の方法論は完全な非暴力平和運動であった。3・1独立運動の参加人員の多さ、全国への普及の度合いを考えても、またこれに対する朝鮮総督府の武力行使などを考えても、この運動が最後まで非暴力運動として展開されたのは不思議であるといわざるをえない。たとえ初期において運動の方式と路線が非暴力平和主義に決定されたとしても、通常はその後の展開過程で過激なものに変化する可能性が濃厚であるが、全体として最後まで平和運動の隊伍がくずれることはなかった。

さらにいえば、3・1運動が起きる2年前の1917年に、ロシアでボルシェビキ・プロレタリア革命が起こり、以降のいくつかの大衆運動と革命では、ほとんどの事例において階級闘争的な運動の影響が議論されるところであるが、3・1独立運動ではそれが階級運動に転じることはなく、民族独立運動のカテゴリーを守り通した。つまりこの運動は、最後まで民族内部の階級対立を超え、民族統合的な独立宣言運動として維持されたのである。もっとも一部にはここでも階級闘争的な要素がうかがえるという分析もあるが、やはり全体的な運動の特性としては、社会主義革命路線とは明らかに区別される運動であったといえる。

さいごに、この3・1独立運動が平和運動の基調を守ることができたもっとも大きな要素として、抵抗の対象として決して日本だけを敵視したものではなかったという点を指摘することができる。目的はあくまでも朝鮮の独立にあり、そのなかで「愚」(少義)を犯した日本を責めないという宣言なのである。いや、むしろ、独立達成の瞬間からは、東洋の平和と世界の平和を一緒に追求していく協力者として日本をみる視点すらある。これは平和精神の偉大な土台である。これらの成熟した精神性ゆえにこそ、3・1運動は歴史的な評価に耐えうる価値をもっているということができるのである。

ここで3・1独立宣言の一部を引用して、その土台となる精神をみてみよう。

> 日本の義の少なさを責めようとするのではない。自己を鞭撻することを急ぐ我らには、他を怨み咎める暇はない。現在に慣れ親しむことを急ぐ我らには、昔を懲らしめる暇はない。今日我らが担うべきことはただ自己の建設だけであり、決して他を破壊することではない。厳粛な良心の命令によって自家の新運命を開拓しようとするのであり、決して旧怨と一時的感情によって他を嫉み排斥するのではない[4]。

筆者はここで、3・1独立運動が宗教者たちによって主導されたことに注目したい。とりわけ、当時としては新興外来宗教にすぎなかったキリスト教がその中心にいたことに、である。そのために、第一にキリスト教が3・1運動に寄与した点、すなわち運動の理念と準備段階での推進力としての貢献について述べる。第二に、運動の進行のためのネットワーク、つまり運動拡散の接続軸として機能したことを指摘し、第三に、運動後の責任(犠牲)、事後的な貢献に分けて見通してみようと思う。

まず、3・1独立運動は、第一次世界大戦後の世界情勢、とくに米国ウィルソン大統領の「民族自決主義」の原則や1919年のパリ講和会議の開催な

4 「3・1独立宣言書」より。

どの時流が国内外の朝鮮独立運動勢力に力を与え、ポジティブな反響を生み出したものであった。そしてこれを具体化させていった中国の呂運亨《ヨ・ウニョン》と「新韓青年団」、東京の留学生学友会、国内の西北地域運動勢力などといった三角点の主軸は、ほとんどがクリスチャンのコミュニティによるものであった。そのなかで実際の3・1独立運動の計画、つまり独立宣言の準備や組織の接続と拡散、運動の方向性と方法論が集約されたのである。この点でキリスト教勢力は重要な役割を果たしたといえる。

第二に次のようなことがいえる。日本植民地初期の10年、すなわち1910年から1919年までの統治方式は強固な武断統治であり、国内にある朝鮮人の自主的な組織やそれと連帯する組織は完全に壊滅もしくは日本に掌握された状態であった。初期朝鮮総督府は、強大な力をもって交通と通信、組織などを完全に手中にしていたのである。このような状況下で唯一意思疎通ができる組織はキリスト教の教会組織、キリスト教学校、病院などの連携網だけであった。もっともここにも問題はあって、教会の政治運動に強く反対する宣教師の監視を逃れなければならなかったのだが、とにかく、これらクリスチャンの直接・間接の組織は、ほぼ唯一の3・1独立運動のネットワークであった。民族代表33人(3月1日にソウルで「独立宣言」を読み上げた主導者)には16人のクリスチャンが含まれ、著名なキリスト教学校である延禧《ヨニ》専門学校の金元璧《キム・ウォンビョク》、セブランス病院の李甲成《イ・ガプソン》、YMCAの朴熙道《パク・ヒド》などが主導する全国のキリスト教組織が稼働した。そして全国の運動拠点となる大都市には、キリスト教宣教のステーションとなる教会やキリスト教学校、病院などが建てられていたが、これらのほとんどが3・1独立運動の点火および拡散の中心となった。キリスト教ネットワークの働きなしには、3・1独立運動の進行はなかったといってよいかもしれない。

第三に、3・1独立運動は現実には失敗し、その結果として朝鮮総督府はこの運動の責任者を徹底的かつ隠微な方法で処断し、その責任を執拗に追及したが、その対象となった者もまた多くはクリスチャンであった。1919年5月の総督府統計をみても、3・1運動で収監された者は9059人、そのなかでクリスチャンが2036人で全体の22.5％を占めている。そして1919年6月の憲兵隊の資料によると3・1独立運動で検挙された信仰をもつ者のうち、クリスチャンが占める割合はなんと52.9％に達した。とくに女性被検者のうち65.6％がクリスチャンであったという事実は、女性クリスチャンの参加と犠牲の規模を物語っている。当時の朝鮮半島の人口約1600万人のうち、プロテスタント・クリスチャンは23万2000人程度（キリスト教と協力して3・1独立運動を起こした「天道教」信徒は約100万人）と推定されるが、3・1独立運動後、プロテスタント・クリスチャンの信者数が約21万人減少したという統計もある。平安《ピョンアン》南道江西《カンソ》ではクリスチャン43人が殺されたほか、間島《カンド》、平安北道定州《チョンジュ》、義州《ウィジュ》、そして水原の堤岩里《チェアムニ》と花樹里《ファスリ》、水村里《スチョンリ》などで軍隊によるクリスチャン集団虐殺事件が起きている。1919年には長老派、メソジスト派を問わず、教役者、教会員の多数が刑務所に収監されていて総会と年会が正常に開催できないほどの大きな被害と犠牲を出したのである。

一方、この運動を理解するためには、日本のキリスト教界の反応をうかがい知る必要もあるだろう。まず「朝鮮伝道論」を実行するために韓国に駐在して活動していた渡瀬常吉《わたぜつねよし》のような人物は、3・1独立運動を韓国のクリスチャンの偏狭な愛国心と未熟な信仰が凝固して引き起こされた事態と判断した。韓国のクリスチャンの信仰のあり方がこの問題を引き起こした根本的な原因だとみたのである。彼らは朝鮮総督府と一致した見解を示し、とくに韓国のクリスチャンたちの誤った信仰を指弾した。

一方、吉野作造のような進歩的クリスチャンは、朝鮮総督府の差別政策、朝鮮人への不公平な扱いに対する苦情がその原因であるとみた。植民地支配に対するいくつかの批判的意見もあるが、そこに植民地支配自体を根本的な原因とする見解はなく、提示された解決策でも、朝鮮人に対する差別を撤廃し統治方式を融和的に変更する必要があるという点が強調された。

これら吉野作造などの判断にもとづき、多くの日本クリスチャンは3・1独立運動後の処置に関しても、植民地統治の方法を改善することを勧告する立場をとった。そのようななかでもっとも注目すべき人物は、組合教会の柏木義円《ぎえん》である。彼は渡瀬の立場を具体的かつ強力に批判した。しかし、その柏木ですらも、朝鮮人の独立願望を支持するところまでは進まなかった。

だが、3・1独立運動以後に、堤岩里教会事件など日本憲兵と朝鮮総督府によるクリスチャン虐殺事件が知られるにつれ、その立場の転換が示されることとなる。上述の柏木義円は、非道な虐殺行為の解明とその責任者に対する厳重な問責を強く要求した。

そしてついには齋藤勇《たけし》というクリスチャンは「或る殺戮事件」という懺悔と警告の詩を書くに至る。その一節には次のような言葉がみられる。

もしこれを恥とすることなくば、呪はれたるかな、東海君子の国[5]

3・1 独立運動当時日本のクリスチャンについては、日本の帝国主義に徹底して協力し並進した者と、人道的、道徳的、信仰的良心のあいだで葛藤し、揺れ動いた者の痕跡を、複数の史料から明確に知ることができる。

もちろんそれ以降の日韓クリスチャン関係史はふたたび同じ展開を重ねることになるのだが、筆者は両国のクリスチャンについての観点からも、この3・1運動を再考する必要性を感じている。

5 齋藤勇「或る殺戮事件」より、『福音新報』第1247号、1919年5月22日。

【参考】徐正敏「日本を責めなかった3.1独立宣言—ちょうど100年前、1919年の東京、ソウル、上海で起こったこと」(https://webronza.asahi.com/politics/articles/2019012500002.html)

（ソ・ジョンミン／明治学院大学教養教育センター教授）

2

2・8独立宣言、3・1運動と韓国キリスト教

金興洙

はじめに

2019年は2・8独立宣言、3・1運動、臨時政府樹立100周年を迎える年である。在日本韓国YMCAは2017年9月から、2・8独立宣言の歴史的意義と現代的意味を確認するために、数回のセミナーを開催してきた。ソウルYMCAも2018年10月に2・8独立宣言100周年記念事業委員会を発足させ、2019年1月22日には汝矣島《ヨイド》国会議員会館で「2・8独立宣言――これまでの100年と、これからの100年」をテーマに、学術シンポジウムを開催した。韓国では宗教団体、市民運動団体、学術団体とともに3・1運動と臨時政府樹立100周年行事を準備している。韓国政府も2018年に3・1運動および臨時政府樹立100周年委員会を組織し、地方の自治団体も3・1運動および臨時政府樹立100周年を記念する行事を準備してきた。

2・8独立宣言が1919年2月8日、日本の東京での留学生たちの独立宣言運動だとすれば、3・1運動は1919年3月1日に起きた韓国人たちの一大独立示威運動であった。そして、3・1運動は「3・1万歳運動」、「3・1独立運動」と呼ばれるようになった。2・8宣言と3・1運動を通して韓国人たちは植民地支配を拒否するという意思を日本と国際社会に鮮明にし、その直後に大韓民国臨時政府を創建した。

このような民族史的大事件である2・8独立宣言と3・1運動は、宗教人との密接な関連がある。とくにキリスト教と天道教は民族代表の大部分を占めているだけではなく、運動の大衆化と全国化において決定的な役割を担った。クリスチャンたちは3・1運動の準備と実行のすべての段階で主導的な役割を担った。これは、2・8宣言でも同様であった。このように、クリスチャンたちが民族史的大事件を主導するようになったのは、アジアの歴史からみれば驚くべきことだといわざるをえない。本稿ではその点を明らかにしようとするものである。

1 | 2・8独立宣言、3・1運動の背景

1910年8月、韓国は日本の植民地となった。初代総督の寺内正毅《まさたけ》と1916年から2代総督になった長谷川好道《よしみち》は日清戦争と日露戦争に参戦した軍人として、憲兵が警察を指揮する憲兵警察制を通して、韓国を軍隊のように統治した。朝鮮総督府は武断統治と称される彼らの統治期間に、一方で韓国を日本の植民地にするための経済、行政、立法措置を採り、他方で日本の支配に抵抗すると思われるすべての人々と団体を事前に検挙し、事件を捏造してまでも処罰した。このような状況をよく表している事例が、プロテスタントが多数関与した1911年の105人事件であった。このような圧迫的な状況で3・1運動は発生したが、最近の研究では、第一次世界大戦(1914年7月～1918年11月)中また戦後処理の過程に現れたレーニンやウィルソンの民族自決論に劣らず、帝国日本強占以降の収奪と被圧迫状況が3・1運動の発生の要因として重視されている。事実、3・1運動勃発の真の原因は日本の暴政にあることは当時の日本の言論も指摘している。

朝鮮総督府の武断統治が韓国人の息の根を止めようとしているあいだに、国外に亡命した指導者たちを中心に活発な抗日独立運動が繰り広げ

られた。そのなかで3・1運動と直結したのは1918年上海で結成された新韓青年団であった。新韓青年党とも呼ばれた新韓青年団は、呂運亨《ヨ・ウニョン》、張徳秀《チャン・ドクス》、鮮于爀《ソヌ・ヒョク》などのクリスチャンたちが主軸を成す政治団体であった。この団体の指導者である呂運亨は、3・1運動の影の立役者であり、彼は平《ピョン》壌《アン》長老会神学校に通い、一時期はソウルの一長老教会で伝道師として活動した人物であった。呂運亨は南京の金陵大学で学んだあと、1917年から上海韓人教会を任されていた。新韓青年団団員の相当数がその教会の信徒であった。

呂運亨が新韓青年団を創る契機となったのが、クレーン(Charles R. Crane)の演説だった。1918年11月、戦争が終わるやいなや連合国は1919年1月にパリで平和会議を開催することになったのだが、クレーンは終戦に伴う諸問題を協議する平和会議の米国代表団の一員であった。彼は1918年11月にパリに向かう途中、上海でおこなった講演で中国人に、平和会議に代表を派遣して独立を主張せよと勧告した。それを直接聞いた呂運亨は、パリ平和会議に代表を派遣し、韓国独立を主張しなければならないと決心した。それゆえに新韓青年団を組織したのであった。

呂運亨は米国で学んでいた金奎植《キム・ギュシク》をパリ平和会議に代表として派遣した。呂運亨に大きな期待感を与えたのは米国大統領のウィルソンが1918年1月に米国議会でおこなった演説だった。ウィルソンは戦後の世界秩序の再編に関する14ヵ条の原則を発表したが、敗戦国植民地の意見を尊重し、彼らの運命を決定しなければならないと明らかにした。戦争を主導した米国大統領の口からでたその言葉は呂運亨をはじめとする国内外の韓国の民族指導者たちに大きな希望を与えた。彼らはウィルソンの発言を民族自決主義という普遍的価値として受け取った。朝鮮のみならずエジプトやインド、中国などでも、期待をかけた人物はウィルソンであってレーニンではなかった。

呂運亨は1919年はじめ、新韓青年団の鮮于爀を平安道に送り、李昇薫《イ・スンフン》長老、梁甸伯《ヤン・ジョンベク》牧師などにパリ平和会議の知らせを伝え、独立運動について協議した。鮮于爀は日本が捏造した105人事件に関与して逮捕されたが、出獄後上海に亡命した独立運動家であった。平壌での3・1運動の準備は、鮮于爀が1919年2月9日に李昇薫に会ったあと、平壌章台峴《チャンデヒョン》教会の牧師である吉善宙《キル・ソンジュ》を訪問したところからはじまる。その後、李昇薫など国内指導者たちは平壌、宣川《ソンチョン》、定州《チョンジュ》など西北地域のプロテスタント勢力を中心に3・1運動のための準備を進めた。

また、呂運亨は張徳秀などを日本に派遣して、ちょうど決起を準備していた留学生たちに実行を奨励した。張徳秀は東京に留学しながら在日本東京朝鮮留学生学友会で活動した人物であり、帰国後1918年に上海に渡った人物であった。1910年代の在日留学生は東京の私立学校に通う(88%)、男性の(97%)、私費(91%)留学生が中心であり、大学、専門学校などの高等教育機関で学んだ[1]。彼らは東京朝鮮基督教青年会を中心に民族意識を高めるための多様な活動をおこない、1918年末に具体的な行動を模索していた。1919年1月に作成された「朝鮮人近況概要」によると、東京朝鮮基督教青年会の会員は約180名(1917年6月末)であり、李光洙《イ・グァンス》が副会長、白南薫《ペク・ナムフン》が幹事、宋継白《ソン・ゲベク》が書記を任されていた[2]。彼らはすべて甲号に該当する要監視人物たちであった。

学生たちは東京朝鮮基督教青年会で開催された1919年1月6日の雄弁大会で、いまこそ韓民族の独立運動をするうえで最も適当な時期であり、他の地域の海外同胞たちもすでに実行に着手しているという点を強調しながら、留学生たちも具体的な運動を開始しなければならないという趣旨の主

1　金仁徳「日本地域留学生の2・8運動と3・1運動」『韓国独立運動史研究』13、1999年、4頁〔原文韓国語〕。

2　「朝鮮人近況概要」、国史編纂委員会韓国史データベース。

張をおこなった。この日の集まりを梁周洽《ヤン・ジュハプ》は1919年6月27日京城地方法院で次のように述べた。

> 東京に留学生学友会というものを組織している。この会の幹部である崔八鏞《チェ・パリョン》という人の名前で決算に関する会議を開催するので1月6日午後7時に青年会館に集合せよという通知が来たのだが、すでに留学生は60名程度が集まっていた。それから徐々に集まり100名程度となった。その会を開催した重要人物としては、早稲田に在籍する崔八鏞、正則学校に在籍する徐椿《ソ・チュン》と金尚徳《キム・サンドク》、高等商業に在籍する崔謹愚《チェ・グヌ》、神学校に在籍する尹昌錫《ユン・チャンソク》とその他4名がおり、全部合わせて9名だった。その会を開催したのは実際には決算に関することのためではなく、日本の情勢は君主主義を打破し民本主義を採択しており、特に現在は講和会議が開催中であるが、米国大統領ウィルソンが主張した14ヵ条のうち、民族自決主義は日本もこれに関係があるので、私たちもこの時期に民族の自決主義を応用して朝鮮の独立を成し遂げようという目的で相談するために集まったのである。そのときは満場一致でその目的に向け実行する運動をしようと決意した[3]。

このような主張は独立運動実行に関する論議へとつながり1月7日早朝に実行委員として徐椿、崔八鏞、金度演《キム・ドヨン》、白寛洙《ペク・クァンス》、田栄澤《チョン・ヨンテク》など10名が選出された。しかし田栄澤が疾病を理由に辞退すると李光洙と金喆壽《キム・チョルス》が彼の不在を埋め、計11名の朝鮮青年独立団が結成された。そのなかで金尚徳、宋継白、尹昌錫、白寛洙、金度演、徐椿の6名はクリスチャンであった。

そのうち金尚徳は1917年3月にソウルの儆新《キョンシン》学校を卒業して日本に留

3　「梁周洽尋問調書」『韓民族獨立運動史資料集13』、1993年、国史編纂委員会韓国史データベース。

学し、2・8独立宣言によって投獄された人物である。彼は解放後の制憲国会では1948年10月に構成された反民族行為特別調査委員会の委員長として活動した[4]。

韓国内では天道教とキリスト教の指導者、そして青年たちが独立のための大がかりな計画をそれぞれ準備していた。彼らが3・1運動を計画するに至った最も重要な契機はウィルソンの民族自決主義とそれに沿った植民地国家の独立の動きであった。まず彼らは民族自決主義と韓国との関連性をどのように理解していたのか。孫秉熙《ソン・ビョンヒ》を例にあげると、1919年1月中『京城日報』、『毎日新聞』、大阪発行の新聞をみながら、民族自決の趣旨にもとづいて独立運動をおこなうことを考えた。彼は「講和会議に提唱された民族自決問題から新しい世界になると考え、民心を探知したことで朝鮮も民族自決趣旨によって独立する希望をもち、日本政府にその趣旨を提案し、大事を宣言しよう」と述べた[5]。孫秉熙はソウルと大阪で発行される新聞をほとんど全部購読していた。

連合戦線を最初に提案したのは天道教側であった。天道教側は李昇薫に連合戦線を敷こうと提案した。李昇薫、咸台永《ハム・テヨン》などキリスト教側はこれを受け入れた。韓龍雲《ハン・ヨンウン》などの仏教系もここに参与し、連合戦線が形成された。これは、3・1運動を準備していた三宗教を縦断する戦線が、1910年代、特に3・1運動直前には民族の良心に合流し、その道を模索しようとしていたことを示している[6]。宗教界は青年と学生たちに、ともに行動することを要請した。学生たちは2月10日ごろから学生だけでおこなう運動につい

4 金尚徳の生涯に関しては、シン・ジュベク「一本道の中で一貫して相手に合わせようとした令洲・金尚徳」(『韓国民族運動史研究』62、2010年、263-304頁)〔原文韓国語〕参照。

5 李炳憲『三・一運動秘史』時事時報社出版局、1959年、87頁〔原文韓国語〕。

6 趙東杰「3・1運動の理念と思想」『3・1運動と民族統一』東亜日報社、1989年、25頁〔原文韓国語〕。

て話し合い、独自の宣言書も準備した。当時ソウルには官立では医学専門学校、専修学校、工業専門学校、私立ではセブランス医学専門学校、普成《ポソン》商業法律学校、延禧《ヨニ》専門学校があった。延禧専門学校学生YMCA会長出身の金元璧《キム・ウォンビョク》などの青年、学生たちが合流して、おのおの独自に計画を準備していた勢力の連合戦線の形成が可能となった。学生たちは康基徳《カン・ギドク》、金元璧、韓偉健《ハン・ウィゴン》を中心としていた。金元璧は黄海道殷栗《ウニュル》で長老教会牧師の金泰錫《キム・テソク》の息子として生まれ、若いころからキリスト教教育を受け、儆新学校をへて崇実《スンシル》専門学校で1年間就学し、延禧専門学校に進学した人物である。

2　2・8独立宣言、3・1運動の勃発

1919年2月8日、東京で30年ぶりに大雪が降った。それにも屈せず学生たちは朝10時から宣言書と請願書を各国大使館、公使館、日本政府、国会、言論機関などに発送したのちに、午後2時にYMCA会館で留学生大会を開催し、数百名の歓声のなかで歴史的な独立宣言書を発表した。彼らはこの宣言を通して、韓民族は悠久の歴史をもち、歴史上異民族の支配を受けたことがないと訴え、詐欺と暴力による日本の国権奪取の不法性と侵略性を告発した。4ヵ条の決議文のなかには民族自決主義を韓民族にも適用させることとパリ講和会議に代表を派遣することを主張する内容が盛り込まれた。

この日の会議には640余名の留学生のうち400名を超える留学生が参席し、彼らの独立の意志を支持した。立錐の余地もないばかりか、かつてみられないほどの盛況だったこの場には金瑪利亜《キム・マリア》、黄愛施徳《ファン・エスター》、羅蕙錫《ナ・ヘソク》などの女学生も参加した。祈祷のあと、独立宣言書と決議文の朗読が終わるころには場の雰囲気は過熱し学生たちが嗚咽した。この状況で、警察が強制

解散に踏み切るとあちらこちらで椅子が飛び交い興奮した学生たちと警察のあいだで集団乱闘劇が繰り広げられた。警察は、主導者20余名を連行し、そのうち9名の学生を投獄した。2・8独立宣言に参加した23歳の東京独語専修学校の学生である李龍洽《イ・ヨンハプ》は、当時の状況をこのように語る。

> 今年2月8日学友会の決算総会が開かれるので会議に来るようにという通知が届いたため、その日の午後に朝鮮人基督教会（東京朝鮮基督教青年会館）に行くと、決算総会が開かれたが、途中で独立運動に変わった。崔八鏞会長が演壇に立ち、朝鮮独立宣言書を作成して学校と名古屋領事などに配布し、委員を上海に派遣したと話したあと、私たちの意見を議会で陳述しなければならない、留学生700名全員が帝国議会に押しかけなければならないのではと問うたため、私はそのことに賛成し、そのとき集まった500名ほどの全員も賛成したが、そこで西神田警察署の警察が入ってきて解散を命じた。その場合に備えて事前合意があったので一部の人が抵抗したが、会長その他重要な人々 30名ほどが逮捕された[7]。

逮捕された学生たちの面会に行き、彼らに寝具と食べ物を差し入れた人物は、YMCA幹事の白南薫[8]であった。彼は弁護士の選任も担当した。白南薫は、12月には刑務所を訪ねて、9名全員がクリスチャンなので、彼ら

7 「李龍洽尋問調書」『韓民族獨立運動史資料集 16』、1993年、国史編纂委員会韓国史データベース。

8 白南薫は1917年1月幹事として採用されたが、総務に就任した時期は明確ではない。柳東植『在日本韓国基督教青年會史』（在日本韓国YMCA、1990年）と『日本YMCA人物事典』（日本YMCA同盟、2013年）は1920年11月末、Y.U.N.という筆者の「在日本東京基督教青年會略史」（『使命』、1936年11月）は1918年12月とする。柳東植が在日本朝鮮基督教青年会の機関誌『現代』を根拠としたのが正確なようにみえる。

といっしょに一つの場所で祈ることができるようにしてほしいという要求もした。12月25日、そうして刑務所の教誨室での祈祷会が実現した、その様子を、白南薫は、全員がこうべを垂れて祈り、9名が皆、そして自分自身も泣いたと回顧している。9名は翌年3月9日に全員が出獄すると、まずYMCA会館に行き、待っていた仲間たちと再会した。学生たちは涙を流しながら再会を喜んだ。このように、2・8運動を主導した朝鮮留学生学友会と、彼らを後ろで支えた東京朝鮮基督教青年会は、朝鮮留学生の反日闘争の求心力となった。

朴慶植《パク・キョンシク》は「日本での3・1運動」という論文で、2・8運動とその主導勢力であった在日留学生たちについて次のように説明している。

1919年2月8日の在日同胞青年学生およびクリスチャンたちを中心とした2・8独立宣言は、当時の世界の客観的な情勢に適応しており、それまでに在日留学生たちが蓄積した民族的、愛国的な力量を基礎とし、自主的で用意周到な計画のもと、組織された運動であった。ロシア革命によって帝国主義の一角が崩壊し、第一次世界大戦の結果によって民族自決主義は東ヨーロッパ、アフリカなどの被圧迫植民地民族の独立運動を引き起こしたが、アジア地域でこの民族自決主義に立脚して最初に独立の烽火《のろし》を上げたのは、在日韓国青年学生たちであった。この運動は、朝鮮全土における全民族的な3・1独立運動の導火線として直接的な契機となり、また世界の民族解放運動史に多大な影響を与えたものと思われる。単なる運動参加というだけでも大きな意味があったと言えるが、運動の先頭に立って勇気と決断を用いその突破口を開いたのは、より困難なことであっただろう。在日青年学生たちはそのような任務を遂行したのである[9]。

9　朴慶植「日本での3・1運動」『西巖趙恒來教授華甲記念韓國史論叢』、1992年、

韓国語、日本語、英語で作成された独立宣言書は、韓国は4300年の悠久の歴史を有する「世界最古の文明民族」であると述べつつ、韓民族の独立の根拠と、その正当性を主張した、また日本が韓国を併合した最大の理由はすでに消滅したため、韓国を独立させよと主張した。韓国を脅かしていたロシアはすでに軍国主義的野心を放棄して新たな国家を建設しようとしており、辛亥革命をへた中国もまた同様で、さらには国際連盟が実現すれば、ふたたび軍国主義的侵略を敢行する強国はないだろうというのであった。日本がもしも我が民族の正当な要求に応じなければ、日本に対して「血戦」を繰り広げることも宣言していた。

独立宣言書は作成されるとすぐに朝鮮内に伝えられ、その宣言に参与した多数の学生たちは帰国して、3・1運動を触発する重要な契機を作った。宋継白、崔謹愚、徐椿、そして金瑪利亜が独立宣言書を朝鮮に届けたり、朝鮮の独立運動勢力との連絡を担ったりしたが、それらの人々はクリスチャンであった。宋継白はソウルのYMCA青年学館の英語科を卒業し、早稲田大学の学生として東京朝鮮基督教青年会の書記を務めた[10]。彼は、崔麟《チェ・リン》、宋鎮禹《ソン・ジヌ》、玄相允《ヒョン・サンユン》らに東京の様子を知らせ、学生たちにも伝え、3・1運動に大きな刺激を与えた。たとえば、平安北道宣川《ソンチョン》では、キリスト教系の信聖《シンソン》学校の教師金志雄《キム・ジウン》が2月26日ごろ学生たちに2・8独立宣言書を1

723頁〔原文韓国語〕。金仁徳「日本地域留学生の2・8運動と3・1運動」『韓国独立運動史研究』13、2頁〔原文韓国語〕より再引用。

10 宋継白は1919年6月26日、第二審で7ヵ月と15日の禁固刑を宣告され服役中に病にかかり、出獄後、故郷の平安南道平原郡に帰り1921年ごろ死亡したものと思われる。彼の生涯に関しては、チェ・テユクの「宋継白と2・8独立宣言」(2018年11月20日 ソウルYMCA会館での発表)を参照。この文はチェ・テユク「3・1万歳運動を推進した殉国青年宋継白」『日本の心臓部で独立を叫んだ青年たちに出会う——3・1万歳運動の導火線となった2・8独立宣言人物列伝』(2019年)〔原文韓国語〕に記されている。

部与え、それをできるだけ多く謄写させた。そして、デモに用いる太極旗も作らせた。こうした点からみて、2・8宣言は3・1運動が勃発するうえで先駆的な役割を果たしたと評価するのは正当なことだといえる。

1919年3月1日午後2時、民族代表として独立宣言書に署名した29名はソウル仁寺洞《インサドン》の泰和館《テファグァン》に集まった。泰和館の周囲には天道教とキリスト教の青年たちが涙を流しながら待機していた。その日は土曜日であった。学生と市民数千名は、パゴダ公園に集まり、独立の意志を国内外に明らかに示した。独立宣言書は、当時29歳の崔南善《チェ・ナムソン》が起草し[11]、それを天道教、キリスト教、仏教の代表が点検、修正する方式で準備された。3・1独立宣言は、非暴力を掲げた、道義的な性格を強く帯びた宣言であった。「我が朝鮮が独立国であることと、朝鮮人が自主の民であることを宣言する」と世界万邦に告げるだけでなく、東洋平和、世界平和、人類の幸福を志向し、人道的精神が新文明に投影されている時代に、皆がともに参加しようと訴えた。そうすることによって、世界史も、民族史も、大いに発展していくのではないかと述べている点は、まさに今日の人類が追求すべき理念であるといえよう。日本は1919年3月1日、ソウルの3・1運動を「被告人孫秉熙《ソン・ビョンヒ》外361名出版法および保安法違反被告事件」と名づけた。独立宣言書を発表した民族代表33名、そのなかでも前天道教教主であった孫秉熙の名を掲げ命名したのである。独立宣言に署名したクリスチャンの平均年齢は43.6歳であった。李昇薫（56歳）が最も年齢が高く、金昌俊《キム・チャンジュン》と朴熙道《パク・ヒド》（31歳）が最も若かった。クリスチャンのなかには、天道教との提携および万歳デモの組織化で重要な役割を担った朴熙道（YMCA幹事）、李弼柱《イ・ピルチュ》（前YMCA幹事）のほかにも、数名のYMCA関係者がいた。天道教の場合、民族代表15名中、清州出身の孫秉熙（59歳）を含む10名の代表が、東学に基盤を置

11　崔南善は独立宣言書作成により、2年8ヵ月間服役したあと、1921年10月に出獄した。

いた反帝国主義、反封建主義の東学農民革命に直接参加した人々であった。

2・8独立宣言は、世界情勢と日本の動向を詳細に分析しており、植民地政策の問題に関しても言及している点で、3・1運動の独立宣言書とは異なっていた。2・8宣言は、併合に至る政治過程を暴力と詐欺であると批判すると同時に、その後も抵抗と独立運動が継続して存在してきたことを指摘し、「併合」が朝鮮民族の意志ではないことを明らかにした。また、中国およびロシアの軍事的野心の放棄および国際連盟が実現したときの世界情勢の変化を予測し、軍国主義的侵略の根拠は喪失したものとみなしつつ、「韓国併合」の根拠がすでに消滅したのだと訴えている。そのうえ、青年たちらしく、独立が実現しないばあいにはという条件のもと、日本に対する永遠の血戦を叫んでいる。この宣言文は27歳の李光洙が起草したが、そのなかで世界情勢に関する箇所は2月8日に独立宣言書を朗読した白寛洙《ペク・クァンス》が分析したものとして知られている[12]。

3｜3・1運動への参与と受難

初期のデモは、キリスト教と天道教の組織がよく整えられた場所ではじまった。3・1運動は宗教界が主導した運動であったため、大部分の地域においてキリスト教、天道教、仏教系の人々がデモを主導した。このなかで平安《ピョンアン》道、咸鏡《ハムギョン》北道、全羅《チョルラ》道、慶尚《キョンサン》道は、とくにクリスチャンの果たした役割が大きかった地域だ。教勢がさかんで、よく組織されていたためである。そうした地域では、独立宣言式と最初のデモは、大多数をクリスチャンが占めていた。とくに北部地域の独立宣言式と万歳デモには、キリスト教系の人脈と教会、学校組織が動員された。義州と平壌のばあい、式順ま

12　李省展「涙の獄中クリスマス――2・8独立宣言および3・1独立運動に対する断想」『基督教思想』2019年1月、119頁〔原文韓国語〕。

で準備された最も典型的な独立宣言式を挙行し、万歳デモを繰り広げた。その儀礼は讃美歌と祈祷、祝祷を含むキリスト教式であった。

写真1
3・1独立運動のデモ

ひとつ例をあげるなら、1919年3月1日午後1時、平壌の章台峴《チャンデヒョン》教会の鐘を合図に、教会の横にあった崇徳《スンドク》学校の運動場で、平壌の長老教会連合による一千余名が集まり、光武《クァンム》皇帝（高宗《コジョン》）の逝去を哀悼する奉悼式と独立宣言式を挙行した。メソジストの人々は南山峴《ナムサンヒョン》教会において、天道教の人々は天道教教区堂で別々に万歳集会をおこなった。奉悼式に続く独立宣言式では壇上に大きな太極旗を掲げ、当時の大韓イエス教長老会総会長であり西門外教会の牧師であった金善斗《キム・ソンドゥ》が司会を務めた。西門外教会の伝道師であった丁一善《チョン・イルソン》長老がソウルから送られてきた独立宣言書を朗読し、山亭峴《サンジョンヒョン》教会を担任していた姜奎燦《カン・ギュチャン》牧師が独立運動に関する演説をおこなった。米国北長老会の宣教師バーンハイゼル（Charles F. Bernheisel）は、この日の光景を次のように記録に残している。

> 朝鮮平壌、1919年3月1日。この日は、この国の歴史において記憶するに値する日だ。……祝祷をしたあと、金善斗牧師はペテロの手紙一3章13－17節、ローマの信徒への手紙9章3節の2ヵ所の聖書本文を奉読した。彼がこの聖書を厳粛に読むのをみると、深刻なことがまだ残っているのは明らかだった。そして神学校を卒業してから第四教会（山亭峴教会）の伝道師をしている丁一善が演壇に上がり、読んでお知らせしたい重要なものがあると告げた。彼は、今日が彼の生涯で最も

幸せで光栄な日であり、明日死ぬことがあってもこれだけは読まないわけにはいかないと語った。聴衆は大きな拍手喝采を送った。すると彼は、事実上韓民族の独立を宣言する独立宣言書を朗読しはじめた。朗読が終わるや、ひとりの人が壇上に上がり、人々が守らねばならないことを説明しはじめた。法を犯すことはしてはならず、すべて与えられた指示に従うよう、また、官憲に抵抗してはならず、日本人官吏や民間人を殺してはならないといった。それから姜奎燦牧師が民族独立についての演説をおこなった。演説が終わると、何人かの人が太極旗を一抱えずつ建物からもってきて、人々に配り出した。一枚のとても大きな太極旗が演壇に掲げられると、群衆は万歳を叫びはじめ、太極旗が波打った。そして、皆で隊列を組んで太極旗を振って「万歳」「万歳」と叫びながら通りを行進しようと、聴衆に向かって説明した[13]。

宗教界および青年、学生たちからはじまったデモは、3月中旬までに全国に拡散した。ソウルのデモには延禧専門学生YMCAとセブランス医専学生YMCAの会員たちが大勢参加した。デモの過程において、数多くの民衆が加わるようになった。民衆の大々的な参与は、抗日民族意識が民衆のなかに広がっていたという事実を明らかに示している。

3月1日にソウルで学生たちのデモがはじまって以降、3月末までに万歳デモが地方に拡散していった。この時期にはソウルと地方の教会組織を通じて独立宣言書とデモの情報が伝えられ、デモの参加者が動員された。教会の集会がデモに発展したり、クリスチャンたちがデモをはじめて群衆のデモと連結したりするケースも多かった。

4月には独立万歳運動の延長として上海で臨時政府が組織されたが、韓

13　金承台「平壌での3・1運動と金善斗牧師」『基督教思想』2018年5月、92-94頁〔原文韓国語〕。

民族を代表する政府組織の構成にはクリスチャンたちが積極的に加わった。3・1運動以前にすでに中国の上海に亡命していた鮮于爀、金奎植、呂運亨、3・1運動直後に上海に亡命した玄楯《ヒョン・スン》、孫貞道《ソン・ジョンド》、金秉祚《キム・ビョンジョ》、鄭仁果《チョン・イングァ》といったクリスチャンたちが臨時政府の組織に積極的に参加した。

5月以降は、地下運動と武装闘争の時期であった。警察と軍人の武力鎮圧は地下闘争を招き、海外の独立運動団体と連携した武装闘争が展開された。3・1運動の主導層は、壮年、知識人層から青年、学生、労働者階層へと変化した。この時期、上海臨時政府と満洲の独立運動団体で活動したクリスチャンたちが密入国し、軍資金の募金や、活動支援のために教会組織が利用された。そして、武装テロによる抵抗運動に参与したクリスチャンが現れはじめた。その例として、9月2日、ソウル駅で起きた姜宇奎《カン・ウギュ》の爆弾投擲事件をあげることができる。

朝鮮総督府は、残忍な方法で3・1運動を鎮圧した。総督府は、警察のほかに軍隊までも動員し、多くのデモ参加者を殺傷し、逮捕、拘禁、拷問をおこなった。デモ隊に対する警察の発砲が最初におこなわれたのは、早くも3月1日の宣川と鎮南浦《チンナンポ》のデモからであった。すでに3月のデモの過程においてもみられていたが、4月以降にはデモを先導したクリスチャンたちが警察と軍人の発砲や暴力によってデモの現場で死亡するケースが次第に目立っていった。それのみならず、デモの過程において、デモの準備場所として利用されていた教会とキリスト教学校の建物が放火されたり、破壊されたりもした。代表的な例として、4月2日に定州《チョンジュ》の五山《オサン》学校の礼拝堂と寄宿舎、4月6日に京畿《キョンギ》道水村《スチョン》教会礼拝堂、4月11日に平安北道朔州《サクチュ》教会礼拝堂、4月15日に京畿道堤岩里《チェアムニ》教会礼拝堂、4月25日には平安北道郭山《クァクサン》教会礼拝堂が日本によって燃やされた事実をあげることができる。宣教師たちは、教会とクリスチャンたちの受難について日本の統治当局に抗議しつつ、自国の教会にその実情を知らせようとした。

総督府当局が1919年末までに3・1運動に関連して逮捕、起訴したのは、全部で1万9525名であった。クリスチャンがこのうち3373名(カトリックは55名)で全体の約17%を占めた。天道教で起訴されたのは2238名(11.7%)であった。儒教と仏教の場合、200～300名が逮捕された。女性で起訴されたのは471名で、そのうちクリスチャンが309名と全体の65.6%を占めたという事実も、注目に値する。それらの大部分は、キリスト教系学校の教師、学生、伝道者の女性たちであった。1919年5月以降、日本の憲兵と警察の記録は、デモのあとに教会を非難して去っていく人が増え、住民たちに教会排斥の動きがあるという情報に言及している。これはキリスト教が万歳デモの震源地の役割を果たし、それゆえに日本の警察当局の監視と弾圧が加えられたのを恐れた信徒たちが離脱し一般住民が教会を忌避するようになった結果であった。この時期にクリスチャンたちがいかに大きな政治的弾圧と苦痛、虐殺を経験していたかについては、金秉祚、孫貞道ら、上海で独立運動をしていた教会指導者たち11名が1919年に国際連盟、世界長老教、監理教総会、米州地域の教会に発送した「韓国時事陳述書」を通して知ることができる。時事陳述書の全文は、以下の通りである。

思うに、我が韓国は海東に古くからある国家であり、神聖な檀君が国の福を下したのをはじめとし、仁賢たる箕子《キジャ》は礼儀によって風俗をなごやかにし、4000余年の歴史を享受してきました。2000万民族の社会を維持してきているのは、ひとえに皇上帝が恵みの上に恵みを加え、40余年前からキリスト教の福音を下賜してくださったからです。

その後わずか10年で30万の信徒が雲のように湧き起こり、2000余りの教堂が四方八方、星のように増えて、賛美の声が家々から聞こえ、布教師があふれるようになりました。世界の片隅にある我が国はたとえ小さいといえども、十分に祈りの天国になりました。ところが不幸なことに、不運に遭い、日本の詐計によって併呑されることとなったあとには、宣教の自由が奪われ、会衆伝道、説教、祈り、教育が取り締まりによって拘束され、偽物の宗教、いわゆる朝鮮組合教が作られて伝播し、教宗は乱されました。上下からの強い圧力によって教職者は逼迫させられています。

1911年に牧師と長老・伝道師100余名が無罪であるのに3年間収監されるという酷い刑罰がその第一歩で、10年間の一般政策とは山犬や狼が羊の群れを襲うようなものであり、我が国の同胞はひどい手段と過酷な政治によってこれ以上は耐え難い状況に置かれています。幸いなことに、世界的な平和と民族自決の良い機会を迎えたことを知り、誰もが皆、体のなかにいっぱいに溜めこんだ鬱憤を、堰を切ったようにあふれさせました。徒手空拳で独立を主張するとき、教会と各団体の男女、貴賤を問わず皆が、互いに謀議することなくともひとつになって立ち上がり、手に取った武器はただ旗だけ、口からでてくる軍歌は無数の万歳の声だけでした。事の成り行きの厳しさ、困難さは顧みることなく、全能の神様だけを見上げて依り頼み、万国公法を信頼したのでした。

あの頑迷で非道、暴虐な日本人は掃討計画を立てました。まず鉄で監獄を大量に作り、犬や豚のように捕まえては閉じ込め、国中の監獄は空いているところがなくなりました。また、師団の軍人をさらに派遣し、村という村に放ち、昼夜を問わず殺戮をおこない、虐殺者が6000余名に達するなか、最も酷い刑罰を受けたのはキリスト教徒でした。

牧師、長老および一般の指導者は、ほとんどが捕らえられ、運よく逃れた者は山野に伏せ、暗闇に隠れました。放火された教会堂は199ヵ所を超えました。日曜日に男女の信徒が通りで号哭しながら天を見上げて祈っていると、日本兵に逮捕され、ひどい目に遭います。あるいは、山中に隠れて礼拝する教職者の仮の住まいは、放火されるのでなければ打ち壊され、眠る場所はどこにもないようにされます。男は十字架を背負わされて、道の上を走るように強要され、さらには「十字架を背負おうとしていた者は出てこい」といわれ、ひどい鞭打ち刑を加えられます。女は取り調べの場において全裸にされ、無数の辱めを受けるその様子は到底語ることができません。10歳未満の女児と60歳を超えた老いた者たちが無数に惨殺されている光景はとてもみるに堪えません。

最近さらにまた惨たらしいことがありました。水原《スウォン》郡堤岩里の礼拝堂に日本兵が多数出動し、騙されて誘い出された38名の信徒を、教会堂に呼び集め、外から鍵をしっかりかけ、窓めがけて滅茶苦茶に発砲し、皆殺しにしてから、今度は一斉に火を放ち、教会堂と教会堂のなかにいた信徒を燃やし尽くし、焼けた骨と灰にしてしまいました〔教会堂のなかで焼死した者は22名〕。ローマ時代の残酷さが今日に至っても残っていたのです。これらは天が知るところであり、世間の目が公認することであります。

庫裏が傾けば鐘が応え、芝草が燃えれば薫草が嘆息するといいます。ましてや最も高貴な霊性をともに与えられた我々人類がどうして黙っていられましょう！　自由と繁栄という目的を主張なさった皆様方とイエスの大切な血によってひとつの体となった兄弟たちは、この無辜の民が弾圧の刀によって残酷に命を奪われていることに、どうして思いを寄せず無関心でいられましょうか。

30万のキリスト教徒と2000万の口を開いた魚のような民が、困窮の道の果てに至り、声を上げて泣き、行き場を失っているなか、皆様が愛していらっしゃる真理と、主に依り頼む正義によって、隣人を自分のように愛せよという聖書の教えを高く掲げ、実践し、存在の望みが欠乏し絶えようとしている我々韓国教会が、幸いにしてその命脈を保ち、ふたたび太陽をみることができるようにしてくださいますようお願いいたします[14]。

おわりに

近代韓国史において3・1運動は、最も偉大な歴史的事件のひとつである。3・1運動は、日本の韓国侵略と支配に対する韓国民族の抵抗運動であり、自主権確保のための闘争としてその性格ははっきりしている。

ところで、3・1運動を通して独立運動家たちが樹立しようとした国家は、民が主人となる国であった。法廷で裁判官が、お前たちが建てようとする国はどんな国かとたずねたとき、李昇薫長老をはじめとする民族代表たちは、旧王朝の回復ではなく、民が主人となる国であると述べたのだ。孫秉熙は、1919年7月14日、被告人尋問を受けたが、彼は、朝鮮が独立すればどのような政体の国を建てるつもりかという質問に「民主政体にするつ

14 「韓国時事陳述書」独立運動史編纂委員会編『独立運動史 資料集6 3・1運動史資料集』独立遺功者事業基金運用委員会、1971年〔原文韓国語〕。この文の原本は金秉祚『韓国獨立運動史略』(亜細亜文化誌、1974年、160-163頁)〔原文韓国語〕に記されている。

もりだ。それは私だけでなく、一般的にそのように考えられていると思う」と答えた。33名中のひとりであった劉如大《ユ・ヨデ》牧師もまた民衆が中心となる国を夢みた。彼は、同年5月6日、京城地方法院で尋問を受けた際、独立して併合前に戻ることを希望するのかという質問に「独立して共和政府となり、列国の隊列に加わりたいと思っている」と答えた。この理念を大韓民国臨時憲章第1条は「大韓民国は民主共和制とする」と表現した。2・8独立宣言もまた、韓民族の独立運動によって建立される国家は民主主義に立脚した新国家であることを明示した。

私たちは本稿において、韓国のキリスト教と、ソウルと東京のYMCAが、民主共和制運動に、そして韓国の自主独立運動にどのように参与したかを、2・8宣言と3・1運動を通じてみてきた。クリスチャンは民族代表の半分を占めているだけでなく、運動の大衆化と全国化においても、教会のネットワークを通じて決定的な役割を果たしたことをみた。クリスチャンは、3・1運動の謀議、準備、実行にわたる、あらゆる段階において主導的な役割を担ったが、これを新韓青年団の組織と活動、3・1運動の民族代表および学生たちの宗教的背景等を通じてみてきた。これは、2・8独立宣言においても同じであった。東京朝鮮基督教青年会館が2・8独立宣言の空間であったというだけでなく、李光洙のように2・8独立宣言の主導者たちが東京朝鮮基督教青年会と関係しており、彼らの多数がクリスチャンであった。それゆえに、2・8独立宣言の形式も、キリスト教式に進められたのであった。このため、クリスチャンの犠牲と被害は最も大きなものとなった。

クリスチャンが3・1運動の主役になることができた理由は、何であったのだろうか。これについては、さらに多くの検討が必要であるが、キリスト教系学校の教育、聖書とキリスト教的価値、教会の積極的ネットワークなどを指摘することができる[15]。当時のクリスチャンは教会とキリスト教系学校で近代的な教育を受けており、教会や学校は聖書とキリスト教的価値を教育することによって、臣民支配に抵抗することができる根拠を提供していた。そのうえ、韓国教会はよく組織された全国的ネットワークを整えていたのである。

（キム・フンス／牧園大学名誉教授）

訳＝高彰希

15　柳大永「3・1運動とキリスト教」明治学院大学キリスト教研究所セミナー（2019年1月26日）資料。

3

2・8独立宣言、3・1独立運動と朝鮮ミッション

——ジョージ・マッキューンとの関わりを中心として

李 省 展

はじめに

2・8朝鮮青年独立団宣言書の起草者である李光洙《イ・グァンス》は、ミッションスクール・明治学院の出身であった。彼は明治学院卒業後の1910年に朝鮮に戻り、独立運動家・李昇薫《イ・スンフン》が創立した故郷・定州《チョンジュ》の五山《オサン》学校の教師として迎えられている。李光洙は、同年8月29日に発表された「韓国併合」の報を、古邑《コウプ》駅の待合室で聞くこととなった。茫然自失となった李光洙は、学校に戻る途上で「いまや亡国だ」と叫び、涙が枯れるまで泣きとおしたという。翌朝、五山学校では鐘が鳴らされ、学生たちがチャペルに集められたなか、早朝祈祷会が厳粛に開かれると、李光洙は、亡国を象徴する旧約聖書のエレミヤ哀歌を、悲しみをこめて朗読した[1]。

平安《ピョンアン》北道定州は、朝鮮朝後期の大規模な民乱であった洪景来《ホン・ギョンネ》の乱（1811～1812年）の終焉の地でもあり、古くから鍮器産業が盛んな進取の精神に富む地であった。この地より商業・産業資本家としての李昇薫が登場する

1　明治学院大学教養センター編『李光洙とはだれか？——明治学院創立150周年記念国際シンポジューム記録』（かんよう出版、2014年）参照。

こととなる。当時の朝鮮の西北部は平壌《ピョンヤン》を中心としたキリスト教隆盛の地であり、定州ももちろんその例外ではなかった。李昇薫は、著名なクリスチャン民族運動家で大成《テソン》学校を創立した安昌浩《アン・チャンホ》の演説を平壌の牡丹峰《モランボン》で聞く機会を得、その影響から宣教師ロバーツ・スティシィ（Roberts Stacy）を名誉校長に招き、定州に五山学校を開学するに至ったのである。まさに日本の保護国化のもとで独立の存亡の危機にあった大韓帝国期の1907年のことである。この年は韓国軍が解散され、多くの軍人が義兵闘争に参加する一方、近代教育の普及が高らかに叫ばれ、下からの近代化をめざす教育救国運動、愛国啓蒙運動が隆盛を極めた時期でもあった。李昇薫は、1908年にキリスト教に入教し、1909年に五山教会を設立、五山学校の教育理念をキリスト教に定めるに至る。その後、朝鮮総督府が西北地方のキリスト教を弾圧する事件、105人事件（「寺内総督暗殺未遂事件」）により有罪判決を受けて獄中生活を余儀なくされた。しかし獄中で新約聖書を40回、旧約聖書を10回読むなどし、出獄後すぐに受洗、1916年には長老となり、1917年には平壌神学校に入学するなど、本格的にキリスト者としての歩みをはじめることとなる[2]。

李光洙はこの五山学校の教員を4年間務めたのであるが、その間、英語、数学をはじめとして多くの科目を、一週間に42時間、夜学まで含めて教えた。とくに、安昌浩の新民会とキリスト教系勢力の弾圧を企図した105人事件により李昇薫が収監されると、実質上の校長代理を務め、李昇薫の不在時の五山学校を支え人脈を築いていったが、そのなかにはアメリカ北長老派宣教師のジョージ・マッキューン（G. S. McCune）がいた。マッキューンは1905年に朝鮮に渡り、平安北道宣川《ソンチョン》の信聖《シンソン》学校の校長に1909年に就任する。宣川は当時ホーリー・タウンと呼ばれるほどの、西

2　韓国基督教歴史研究所編『3・1運動とキリスト教民族代表16人』韓国基督教歴史研究所、2019年、51－84頁〔原文韓国語〕。

北地方では平壌とならぶキリスト教発展のモデル的な地であった。近隣のミッションスクールとキリスト教系学校という関係から、この時期にマッキューンと李光洙は親交を結んだ、と李の自伝には記してある[3]。

帝都の中枢・東京でなされた2・8独立宣言は、議会など政府諸機関にも宣言書は配布されたが、公使館への送付など、国際性を担保するためには英語に翻訳する必要があった。李光洙は当時、五山学校を辞して、早稲田大学に留学中であった。この時期に偶然にも、マッキューンとの再会があったという。当時、アメリカから朝鮮に渡航するには、太平洋航路でもって日本経由で行くのが通常であり、マッキューンがアメリカでの休暇を終え東京に立ち寄ると、関係者による歓迎会が待っていた。おそらくこのことが契機となり李光洙と再会したと推察される。李光洙はマッキューンに宣言書の英語訳を依頼したが、マッキューンは自身がこれに関わることで生ずるさまざまな影響を熟慮したうえで、この翻訳者として明治学院のランディス宣教師（Henry M. Landis）を紹介した[4]。このようにしてマッキューンは、宣言書の英語訳への橋渡し役を担ったのである。周知のようにマッキューンが朝鮮キリスト教史で最大の注目を浴びるのは、崇実《スンシル》学校校長のときに遭遇した1935年平壌での神社参拝拒否事件だが、1919年のこの時期にも日本での独立運動への理解を示していることは特筆に値するといえよう。

2・8独立宣言前夜、朝鮮人留学生の集まりであった学友会の機関誌、『学之光』の消息欄には、牧師や宣教師の歓迎会の記事が多数紹介されている。そのなかに、平壌のマッキューン以外にソウルの延禧《ヨニ》専門学校校長でもあったアンダーウッド2世（H. H. Underwood）の名前もみることができる。当時の東京の朝鮮人留学生は朝鮮基督教青年会館をほぼ唯一の拠り所とし

3　李光洙回顧録。

4　李光洙回顧録。

て集っていたのだが、このように留学生たちはキリスト教と非常に近いところにいたといっていいだろう。実際、直近の韓国での研究では宣言書署名者11人中6名がキリスト者であったという事実からしても、このことは明白である[5]。

では、このような帝都・東京における留学生と宣教師の邂逅という歴史的断面は、いったい何を示すのであろうか。なぜ、宣言書の英訳をめぐりマッキューンと李光洙との出会いが東京であったのであろうか。本稿は主に、マッキューンという人物ならびに平壌を中心とした西北地方のアメリカ北長老派による朝鮮宣教に焦点を当てることにより、植民地期朝鮮の近代への模索と独立運動との関連を探求し、その一断面を究明することとしたい。

そのための最初のステップとして、朝鮮のキリスト教発展の鍵となる王権とミッションとの関係を次節で明らかにしておこう。

1 朝鮮宣教と王権

朝鮮のプロテスタント宣教と日本のそれとを比較するときに、王権との距離の違いをみることができる。東アジアレベルでみると、朝鮮へのプロテスタント宣教は最後発であった。

中国宣教は1840年の阿片戦争以降急激に盛んになってくるが、日本では厦門《アモイ》での宣教経験があるヘボンが医療宣教師として来日したのが幕末であった。それに比べると、朝鮮は20年ほど遅れたといえる。

王権とアメリカ人宣教師が接近する契機となったのは、1884年12月の甲申事変である。金玉均《キム・オッキュン》が日本の明治維新をモデルにして朝鮮の近代化を企図したクーデターであったが、当時の政治・軍事的な力関係からクーデ

5 本書金興洙論文参照。

ターは文字通り三日天下に終わり、清国ならびに親清の保守勢力により制圧されてしまった。結果、金玉均《キム・オッキュン》をはじめとする政変の首謀者らが日本への亡命を余儀なくされた事件である。

日本政府のお雇い外国人の地位にあった李樹廷《イ・スジョン》がアメリカキリスト教界へ宣教師派遣を要請したことや、ノックス（George W. Knox）やルーミス（Henry Loomis）宣教師の仲介などにより、朝鮮最初のアメリカ人の長老派宣教師が赴任することとなった。しかしアンダーウッド、メソジストの宣教師であるアペンゼラー（H. G. Appenzeller）は、甲申政変の混乱から84年の入国を当初は断念し、翌年4月に朝鮮に入国することとなる。

米朝修好通商条約が締結されたのは1882年5月であり、それに伴い医療宣教師・アレン（Horace Allen）が公使館付きで家族とともに朝鮮に渡ったのが1884年9月であった。甲申事変の騒乱により、王権の重鎮であった閔泳翊《ミン・ヨンイク》が負傷し、その治療にアレンが携わったことが契機となり国王・高宗《コジョン》からの信任を得ることとなる。このことにより朝鮮初の近代医療機関として、広恵院《クァンヘウォン》（済衆院《チェジュンウォン》と改称）が設立されることとなったのである。

以上のような経緯をへて、アメリカ系ミッションは宣教の最初期から王権内部との深い関係を構築することが可能となった。この良好な関係性が、1885年にアペンゼラーによりミッションスクールが設立され、翌年には人材の育成を意味する培材《ペジェ》学堂の扁額を国王から贈られ、認可を受けることへとつながったのである。スクラントン女史（Mary F. Scranton）により1886年に設立されたメソジストの女子校も、1887年に扁額を送られ、王権の認可により梨花《イファ》学堂の誕生をみることとなった。

長老派系のアンダーウッド・スクール（貞洞《チョンドン》学堂、1905年から儆新《キョンシン》学校）も、1885年に設立をみている。また、長老派系女子校として貞信《チョンシン》女学校も設立されていく。教会も同様で、アペンゼラーによりメソジストの内里《ネリ》教会が1885年に設立され、最初の長老派系の貞洞教会は1887年に設立された。

すでにこの時期のミッションでは、教会・学校・病院に象徴される伝道と教育事業そして医療の三位一体的宣教が方法論として確立しており、一連の過程からみると王権とミッションの親密な関係性を背景に、中国宣教と同様に、朝鮮においてもごく初期からこの三位一体的宣教が機能していたといえる[6]。

この王権との親密な関係は、日清・日露の両戦争をへてさらに強化されることとなる。とくに日清戦争後にロシアへの接近を日本が警戒し、ロシア寄りの明成《ミョンソン》皇后の殺害事件が起こると、命の危険を感じた国王を宣教師が輪番で警備にあたり、毒殺を恐れる国王の食事管理をレイノルズ女史がおこなうこともあったといわれる[7]。

日露戦争をへて大韓帝国が日本の保護国とされると、アメリカがまずはじめに公使館を引き上げ、西洋列強がそれに続いたが、民間としての朝鮮ミッションは継続して宣教活動を展開し、植民地期も引き続き朝鮮の民衆との深い関係性を維持したのであった。このことから朝鮮の近代を考えるうえでも、ミッションの活動とそれに連なる現地の人々の行動は、朝鮮近代史上看過できない重要な位置を占めることとなる。

2　平壌とミッションスクールの発展

朝鮮宣教が最も隆盛を極めるのは朝鮮の西北地方であり、その中心は平壌であった。平壌は徐々にソウルを凌駕し、20世紀初期に一大伝道拠点として成長した。植民地期に至ると、朝鮮は「東洋の星」、平壌は「東洋の

6　このような教会・学校・病院という三位一体構造は現在でも韓国では大邱、全州など、中国の山東省では済南、濰坊などでみられる。

7　A Picture of a Missionary Family, in the files of Reynolds. W.D., 1892-1962, Personal Reports of the Southern Missionaries in Korea 15, the Archives for Korean Church History Studies.

エルサレム」と称されるようになり、平壌は教会・学校・病院が一体となった世界最大級の伝道拠点へと成長していったのである[8]。この成長の一翼を担ったのがミッションスクールであり、そこから有為な人材が多数輩出されていくこととなる。とくにミッションスクールの発展に関してはウイリアム・ベアード(William M. Baird)の果たした役割が大きいといえよう。

教育宣教師のウイリアム・ベアードが最初に赴任したのは、朝鮮南部の釜山である。そこで学校教育に着手、その実績をもってソウルの貞洞学堂(のちの儆新学校)に移籍するが、孤児院から出発した貞洞学堂の初等教育と中等教育が未分化であることを彼は指摘している。そのため彼は当時著しい発展をみせていた西北地方の宣教に活路を見出し、平壌に崇実学堂を開設した。ベアードは西北地方一帯のキリスト教教育システムを構築していくのだが、初等教育は朝鮮人を中心に教会が担い、中等教育以降は宣教師が中心となって担うシステムを立ち上げていった。平壌では崇実学堂と女子校の崇義《スンイ》学堂を創設、その後、1905年には高等教育機関であった連合崇実大学をも創設し、これは大韓帝国政府より朝鮮最初の大学として認可を受けることとなる[9]。

ミッションスクールの教育目標は、朝鮮人のキリスト教指導者の育成であった。ベアードは、指導者が朝鮮の文化や伝統から離れ、朝鮮の現実からかけ離れてしまうことを憂慮し、現地語を重視した。教科書は英語から朝鮮語に翻訳するなどして、ソウルの英語重視のエリート養成教育とは異なる、あくまでも朝鮮語と朝鮮文化を重視した教育を平壌で展開した。このような現地文化を重視した教育は、中国山東省の登州における北長老派

8 W. D. Reynolds, manuscript incomplete, 年月日不詳。W. F. Bull's "Dear Friends" letter, Jan., 15, 1935. Donald N. Clark, *Living Dangerously in Korea*, (East Bridge, Norwalk,2003), 116-141.

9 李省展『アメリカ人宣教師と朝鮮の近代』(社会評論社、2006年、第二章)参照。

宣教師のカルヴィン・マティーア（Calvin Mateer）の教育実践を参考に発展させたことが明らかとなっている。

このような教育は20世紀に入って日本のプレゼンスが濃厚となるにつれて、当然日本の朝鮮への進出に対して対抗的にならざるをえなかったといえる。ベアードの言説を要約すると以下のようである。

> 日本人の流入による新たな状況の出現が、教派連合でもってミッションの教育を強化する必要性を高めている。日本人の流入がおよぼす影響は、反宣教師であり、しばしば反キリスト教である。良い教育を受けなければ、朝鮮人はこの新たな影響に対して立ち向かうことはできない。指導的な地位を確保しようとするならば、朝鮮人キリスト者指導者はかつてよりはるかに良い教育を受けなければならないだろう。優れた教育を受け、キリスト教に好意的であるとはとてもいえない政治権力を保有する侵略的な人々のなかで、朝鮮教会とその人々が自身を確固なるものとできるように、私たちはできる限りの利点を彼らに与える必要がある[10]。

日露戦争をへてポーツマス条約が締結されると、大韓帝国は外交権を喪失し日本の保護国へと転落することとなった。亡国の危機を迎え、この時期の朝鮮の知識人は下からの近代化を図るべく実力養成論に立ち、愛国啓蒙運動、さらには教育救国運動を展開した。そのようななかで、日本の教育状況とは大きく異なって私立学校が2000を超え、官公立学校数をはるかに凌ぐ私立学校優位な教育状況が、大韓帝国末期に出現することとなる。多くの私立学校のなかでも、ミッションスクールには教育システムや財政面からしても確固としたものがあり、近代教育という観点でも高等教育機

10 W. M. Baird to A. J. Brown, September, 15, 1905.

関を有しており、中心的な位置を占めていたといっても過言ではない。またミッションスクールからは、民族運動の中核を担うような優れたリーダーが多数輩出されることとなる。

3 植民地期朝鮮の独立運動とミッションスクール

「韓国併合」期、西北地方における初等教育から高等教育までの一貫した教育システムの存在は、日本人教育官僚も認めるところであった[11]。その西北地方のキリスト教と新民会ならびにミッションスクールを弾圧の対象としたのが105人事件である。総督府官僚・國友尚謙《くにともしょうけん》がその事件を捏造し、筋書きを描いた。この事件は「寺内総督暗殺未遂事件」とも称されている。すなわち寺内正毅総督が朝鮮の西北地方巡察に際して、李昇薫、安泰國《アン・テグク》などの新民会員、長老派の信聖学校の学生、キリスト者、さらには宣教師もこの「暗殺未遂事件」にかかわった、との嫌疑がかけられた。検挙され取り調べを受けた122人のうちキリスト者がその大半を占めた事件であり、起訴された者が105人であったので、105人事件と称されている。

総督府の最初の大規模な弾圧対象が西北地方のキリスト教勢力であったことは、総督府の植民地行政の展開において、キリスト教勢力がいかに統治の障害となっていたのかを物語る象徴的な事件であったといえる[12]。アメリカで教育を受けたメソジストのリーダー尹致昊《ユン・チホ》やアメリカ人宣教師が拳銃を学生に与え、この事件に直接加担したとされたために、これは世界

11　隈本繁吉『北韓地方ニ於ケル基督教学校視察復命書』1912年7月。

12　筆者は、この事件に関与したとの疑いを受けた者たちにミッションスクールの関係者が多かったことから、キリスト教系の学校教育に対する弾圧でもあったとみている。宣川の信聖学校の教師・生徒が被疑者となったこと、またメソジストのリーダーで学校経営にも関わった尹致昊、実業家からキリスト教学校・五山学校経営者となった李昇薫などが事件に与したとされた。

的なイシューへと発展した。資料的に確認できるのは、メソジストの女性連合会が、世界に向けてこの事件を覚える祈祷会の開催を呼びかけていることである[13]。この件ではYMCAの有力者でエディンバラ継続委員会会長のモット（J. R. Mott）、同委員会セクレタリのオーダム（J. H. Oldham）なども動きをみせ、帝国日本の植民地支配の正当性を揺るがしかねない世界の注目を浴びる事件へと発展した。

このことで総督府は早急な対応を迫られ、富士見町教会員で朝鮮大審院長をも務めた法曹界の重鎮・渡辺暢《とおる》を密かにヨーロッパ・アメリカに派遣した。渡辺が渡米することを朝鮮ミッションは察知し、平壌の重鎮の宣教師モフェット（Samuel Moffett）がニューヨークの宣教本部あてに送った書簡が残されている。その書簡でモフェットが、渡辺に真のクリスチャン・ライフというものを示してほしいという教育的な要求をしているのは、実に興味深い。そのようなこともあってか、渡辺はニューヨークの名士たちによる晩餐会、法曹界中心の午餐会を準備され大歓迎を受けることとなったのであった。しかし、その晩餐会の直前にニューヨークの長老派宣教本部では、海外宣教セクレタリのロバート・スピア（Robert Speer）とジャパン・コミティのメンバー、そして渡辺が、秘密会合をもっている。この際に渡辺が、宣教師は起訴しないという情報を密かに伝達したのは、資料から精査するとほぼ確実である[14]。このようにして総督府は事件の鎮静化に

13　Third Annual Report of the Woman's Missionary Council of the Methodist Episcopal Church, 63.1912. 総督府学務局長であった渡辺豊日子は戦後の回想として、アメリカの女性信徒がセンチメンタルに騒ぎ立てるから、日本が朝鮮で暴政を振るっているとの非難が降りかかると女性信徒に関する述懐をしている（宮田節子監修「未公開資料　朝鮮総督府関係者　録音記録（14）」『東洋文化研究』第15号、学習院大学東洋文化研究所、2013年3月、334頁）。

14　Conference with Chief Judge Watanabe, filing date, Dec.11.1912. Robert Speer to C. B. McAfee, November 26,1912.

躍起となり、この事件が国際問題となることを憂慮し、秘密裏に世界的大問題へと発展することを阻止しようとしたことが判明している[15]。

このような新民会やキリスト教勢力の弾圧事件は他方で、李昇薫や尹致昊など教育関係者、マッキューンと彼が校長であった信聖学校の学生と教師が関与したとされたことから、キリスト教系学校への弾圧であったともいえなくはない。事実、信聖学校では9名の教師、30余名の学生がソウルに移送され取り調べを受け、拘束されたことから、教育活動を維持していくことが困難となった。そのため、マッキューンの妻が校長を務める女子のミッションスクール保聖《ポソン》学校から教員を補充しその場をしのいでいる。

校長のマッキューンはこのとき、宣川からソウルまで連行される教師、学生に同行し、南大門《ナムデムン》の駐車場に到着した際には10余名のアメリカ人宣教師が出迎え、当局に無言の圧力を加えた。学生に旧約聖書のダヴィデとゴリアテの話をし、学生を勇気づけ、また親しくなれば身を挺して友を助けなければならないと日ごろ学生たちに教えていたマッキューンは、学生・教師の窮状を宣教本部に伝え、救命運動に奔走したといわれる。これをもっとも支えたのは平壌のモフェットであり、彼は宣川を伝道拠点とする決定にも関わった人物であった。マッキューンは、学生への尋問からすると自分が武器を学生に与えたとされているのになぜ自分を拘束しないのかと当局に迫ったという。フィットモア(N. C. Whittemore)、シャーロックス(A. M. Sharrocks)、マッキューンら宣川の宣教師は最後まで学生・教師を支えた、と『信聖学校史』[16]に記録されている。

15　李省展「米国北長老派宣教本部の東アジア認識と105人事件」『キリスト教史学』第67集、2013年7月。

16　『創立100周年　信聖学校史』信聖学校同窓会、ソウル、2006年〔原文韓国語〕。信聖に関する記述は主に本書を参照した。

その後、第二審99名の裁判過程で安泰國のアリバイが明らかにされるなど、105人事件は捏造されたものであるという実態が明らかになり、結局、李昇薫など6名のみが服役したが、4年後に仮釈放された1915年2月、平壌駅に到着した彼らを市民9000名が出迎えたといわれる。

105人事件の7年後の1919年に東京では2・8独立宣言がなされ、朝鮮全土で3・1独立運動が展開されることとなる。当時の植民地行政の中心地・ソウルでの独立運動がクローズアップされるのはその象徴性を考えると当然であるのだが、地方での独立運動にも非常に興味深いものがある。慶尚《キョンサン》道の大邱《テグ》でなされた学生デモは、総督府の高等普通学校から出発し、北長老派のミッション・コンパウンドであった東山《トンサン》へと進み、そして大邱中心部の官庁街へとなだれ込んでいる。東山には啓聖《ケソン》学校と信明《シンミョン》学校というミッションスクールがあり学生たちが合流したのだが、女学生が組織的に3・1独立運動へ参加したというのは全国的にみても珍しく、現在、東山の信明学校生がデモ行進したとされる道が史跡として整備されている。

しかし、朝鮮全土からみると、朝鮮北部の独立運動がむしろ盛んであったことはあまり知られていない。3・1独立運動では宗教組織が中心的役割を担ったが、当時教徒200万を誇る最大宗教組織であった天道教は、甲午農民戦争の中核であった東学から発展した宗教組織であった。日清戦争の一因となったこの民乱の発生時、東学は主に朝鮮の南部・全羅《チョルラ》道を中心に活発な動きをみせたが、この時期の天道教は南部よりはむしろ西北部が主な活躍の舞台であった。キリスト教も同様に西北地方で教勢が盛んとなっていることから、当然の帰結として朝鮮北部のほうが南部よりも運動は活発であり組織的であった。

次に宣川の独立運動とマッキューンに焦点をしぼり、北長老派ミッションスクールの信聖学校との関連とその動きを追っていきたい。

1918年11月に第一次世界大戦は休戦条約をもって、実質終戦となった。

翌年1月18日からパリ講和会議が開催されたが、アメリカのウッドロウ・ウィルソンは秘密外交の廃止と民族自決など14ヵ条の平和原則を議会で発表した。世界中の植民地下にあった諸民族はこの流れに刺激され、独立の機運が高まりをみせた。

朝鮮ではすでに1918年12月下旬に天道教の幹部たちが、日本の朝野に国権を返還する要求、朝鮮の民衆が植民地圧政下に呻吟していることを世界に訴えることなどを協議し、第三代教祖・孫秉熙《ソン・ビョンヒ》の了承のもと、外国との交渉ではキリスト教と組むのが有利と考えられ、キリスト教との協力関係を築いていく。そのキリスト教側の中心となったのが李昇薫であった。上海の新韓青年党から派遣された鮮于爀《ソヌ・ヒョク》は元・信聖学校教師であった。彼は李昇薫、梁甸伯《ヤン・ジョンベク》、吉善宙《キル・ソンジュ》らと接触し上海の意向を知らせている。李昇薫は最初に宣川を訪れ、聖書研究会（査経会）に出席し、李明龍《イ・ミョンリョン》、劉如大《ユ・ヨデ》、金秉祚《キム・ビョンジョ》、梁甸伯らにソウルでの天道教との協議を伝え、合意を得ている[17]。このことからも、李昇薫は平安北道では宣川のキリスト教勢力が鍵を握る存在だとみていたのではなかろうか。

宣川の3・1独立運動は信聖学校ではじまり信聖学校で終わった、と『信聖学校史』では誇らしげに記されている。事実、独立運動の下準備は入念に練られ、実に組織的な動きが宣川ではみられた。宣言書署名者の民族代表33人のひとりで長老教会総会長であった梁甸伯宣川北教会牧師、宣川南教会長老で創立期の信聖学校教師であった洪成益《ホン・ソンイク》、南教会の牧師で創立者のなかのひとりであった金錫昌《キム・ソクチャン》、現役の教師・金志雄《キム・ジウン》らの協力を得て、事前に数回協議したといわれる[18]。

実質的・中心的な役割を担ったのは、信聖学校の教職員と学生であった。学内での準備は金志雄を中心になされ、金志雄は2月26日に学生数名を

17　同書、158頁。

18　同書、163-164頁。

呼び出し、2・8独立宣言書を可能な限り謄写複製するように指示している。これは3・1独立宣言書が万一事故などで届かなかった場合に備えてのことであったという。また金志雄は、学生たちに太極旗を大量に作成・準備するよう指示している。学生たちは寄宿舎三階の屋根裏に秘密の部屋を作り、2・8独立宣言書の大量印刷と太極旗の作成に励んだ。他方、理事の洪成益、金錫昌、梁甸伯らは3月1日の午後2時の学校の鐘の音を合図に、行動を開始することに決定した。

3月1日の当日を迎え、学生たちには緊張感が漂っていた。正午の祈りの会、全教職員・学生はチャペルに集合した。通常であれば礼拝がもたれるところを、いつものように登壇した洪成益牧師は、学生たちに「今日は何をしなければならない日か、君たちは知っているのか」と問いかけたが、その問いに応えるものはいなかった。洪成益は懐から大きな太極旗を取り出し、黒板に貼りつけ、薬指を噛み、滴る鮮血で旗の上に「大韓独立万歳」と綴った。これに学生たちは「洪先生、わかりました」と一斉に答え、教職員何名かが洪成益の傷ついた薬指を包帯で包んで治療した。場内は感激に包まれ、泣き声で溢れたといわれる。

興奮を抑えられない学生・教職員は校門に列を作りはじめ、準備を担当した学生たちは作成した独立宣言書と太極旗を配布し、2時に鐘が鳴ったのを合図にデモ行進をはじめると、保聖女学校生60名が合流、学生・教職員150名と一団となって駆け足で、南教会、北教会を回って、市街地へと流れ込んでいった。市民が太極旗を振って合流、川南洞《チョンナムドン》の市場につくころにはデモ行進参加者は1000余名に膨らんでいた。金志雄は、市場のゴム靴の商いをしていた手押し車の上に立ち、前日に金商説《キム・サンソル》がソウルから秘密裏にもち込んだ独立宣言書を高らかに朗読した。デモ隊の先頭には隊長格の教師・鄭尚仁《チョン・サンイン》が立ち、壮大な太極旗には「大呼朝鮮青年」の旗印が記されており、旗手を姜信赫《カン・シンヒョク》が務めた。デモ隊が郡庁と警察署近くに来ると、群衆は3000余名に膨れ上がっていた。そこで万歳を叫ぶとふたたび市街へと繰り出した。3時半ごろに日本軍の宣川守備隊と騎馬警察隊が到着、デモ行進を阻止しようと発砲、学生たちはこれに対抗しようと衝突、日本軍は発砲を重ねた。『信聖学校史』は全朝鮮で最初の発砲事態となったと記している。旗手・姜信赫は銃弾に倒れ死亡、教師・鄭尚仁、学生・金夏鉉《キム・ハヒョン》ら10余名が負傷した。デモの隊列が乱れると検挙が開始され、学生・教職員・市民、60名が検挙された[19]。

デモが完全に収まると、信聖学校寄宿舎、市内教会の牧師館、教職員の私宅などが徹底的に捜索され、多くの人々が捕縛され、結果100余名が検挙されたが、大部分が信聖学校の教職員・学生であった。裁判のうえ懲役刑を受けたのが、信聖学校の教職員・学生・卒業生を含め24名、理事3名であった。

独立運動後に信聖学校は事実上休学状態となった。当局は日本人教師・佐藤忠善に、事実を知らなかったのかと追及したのだが、佐藤はまったく知らなかったと述べ、校長のマッキューンに聞くように、と応答した。警察当局はマッキューンを呼び、事実かどうか尋ねると、マッキューンは、このたびの事態は朝鮮民族が自分たちのあいだで秘密裏に進行したために日本人の佐藤や自分のような外国人にはまったく知らされておらず、加担しようがないと佐藤をかばったといわれている。マッキューンは、信聖学校の教職員・学生、宗教指導者が新義州《シニジュ》に移送されるときには、駅頭から祈りをささげたといわれる[20]。

その後1920年9月1日、信聖学校卒業生の朴致毅《パク・チウィ》が宣川警察署に爆弾を投擲する事件が起き、朴は21年7月の京城高等法院上告審で死刑が確定し、9月に絞首刑に処せられた。やはりここでも事件の関連者には信聖

19　同書、165-167頁。

20　同書、167頁。

学校関係者が多かった。朴致毅は法廷で両手を高く上げ「神の恵みに感謝します」と述べ、傍聴者に勇気を与えた。最期の遺言では、残された資金を後輩の奨学金にするよう校長のマッキューンに付託し、マッキューンから永訣祈祷を受けた後、聖書を暗唱し、賛美歌を歌いながら、「大韓独立万歳」を声高く叫び刑場に散ったといわれている[21]。

『信聖学校史』は一連の出来事を連続したものととらえ、これを「関西のキリスト教本山の宣川地方の特性と西欧近代思想が根づく近代教育の理想である信聖の信仰的、愛国的伝統に由来するもの」とみている[22]。

1921年6月にフィットモア校長が就任、マッキューンは、ベアードが創立しモフェットが後を継いだ崇実学校の第4代校長に就任し、活躍の舞台をホーリー・タウンの宣川から「東洋のエルサレム」、世界最大級の伝道拠点へと移すのであった。

おわりに――アメリカの西部開拓と植民地朝鮮の現実が交差するとき

マッキューンは信聖学校では校舎と寄宿舎を建て、自活工場の資金を確保しようと東奔西走したといわれる。彼は校内に自主勤労作業部を設置し、学生たちの自活能力を高め、学生が働きながら学べる苦学生への道が機能する教育システムを構築した[23]。マッキューンが移籍した崇実学校も、同じようなシステムが確立されていることが資料的に確認されている。自助が奨励され自助事業部が設けられ、木工や冶金など学内工場が稼働し、それを市場へ供給している[24]。宣教雑誌の『ミッション・フィールド』には崇

21　同書、170-173頁。
22　同書、174頁。
23　同書、175頁。
24　李省展、前掲『アメリカ人宣教師と朝鮮の近代』69頁。

実で製造した商品の宣伝が随所に確認される。崇実は朝鮮全土から学生を集めているが、ここでの最大の特徴は、農民の子弟でも学ぶ意思があれば崇実校内で働きながら就学できるところにあり、多様な階層から学生を受け入れ可能であるという点にある。

崇実ではこれをパーク・カレッジモデルと称しているが、このモデルは誰の発案によって朝鮮に導入されたものであったのか。数多くの宣教師のなかからあえてその名をあげるとするならば、ベアードとマッキューンのラインであると筆者はみている。

朝鮮のアメリカ人宣教師は中西部の出身者が多い。アメリカの開拓は、東部からはじまり西部の開拓がその当時飛躍的に進んだ。崇実のモデル校となったパーク・カレッジは、ミズーリ州パークヴィルに位置しており、東部のペンシルベニアなど長老派の牙城から開拓と伝道のため若者を送り込み創立された、「中西部の冒険」と称される実験校的な色彩を帯びたカレッジであった。そこではマックス・ウェーバーのいう禁欲と勤労そして信仰が一体となった教育が展開された。西部開拓のためにはシルク・ストッキングを履くような貴族的な指導者は必要ないとされ、冶金や木工、大工などの技術を習得した西部の厳しい現実に適合的な指導者が要請され、学内で製造した製品は市場へと出され、得た利益は奨学金や学校施設の改善などに用いられ利益を分かち合うといった原始共産的なコミュニティが大学を中心として形成されていたのである[25]。このような学業システムが崇実に導入されたのは、植民地の厳しい現実に適合する教育として選ばれた結果であり、それはソウルのエリート養成とは異なる教育像を示すものとして理解されるべきである。

また重要なこととして、マッキューンは地元のパークヴィル出身でパーク・カレッジに学んだ生え抜きの卒業生であり、彼の結婚相手はパーク・

25　駒込武・橋本伸也編『帝国と学校』昭和堂、2007年4月、李省展執筆章。

カレッジの学長の娘であることから、マッキューン・ファミリーはパーク・カレッジの有力者の一族として現在のパーク大学（総合大学に発展）でも評価されている。このような関係性から考えると、信聖学校でも彼のパーク・カレッジ卒業生としての経験が反映された実業教育が展開されており、また崇実学校でははっきりとパーク・カレッジモデルと称されていることは、筆者の仮説を裏づけるものであると考えている。

さらに留意したいのは、1919年3月20日にパーク・カレッジで朝鮮人留学生たちが全米の留学生を代表して、独立に関する声明を出していることである。パーク・カレッジには全米の朝鮮人留学生を代表するリーダーシップがあったものとみられ、これには当時留学生であった白楽濬《ペク・ナクチュン》（のちの延世大学校総長）が関与した。

本稿では2・8から3・1への流れも確認できた。宣川の信聖学校教師の金志雄は学生に大量に2・8独立宣言書を刷らせ、万が一のときにはその宣言文を読むことにすると考えていた。実際にはソウルで刷られた独立宣言書が届けられ、その宣言文が読まれているのだが、2・8独立宣言書が朝鮮内にいかに浸透していたかという証左でもある。

また、2・8独立宣言に参加した金瑪利亞《キム・マリア》は黄愛施徳《ファン・エスター》とともに、独立宣言書を着物の帯に隠して朝鮮にもち込んだ。金瑪利亞は、ソウルにある母校の貞信学校や全州の須皮亞《スピア》学校などのミッションスクールを訪ね歩き独立運動決起を促した。その金瑪利亞はソウルでの独立運動のさなかで捕らえられ、獄中生活を余儀なくされるが、そこでは性的拷問が待ち受けていた。出獄後、彼女は後遺症に苦しんだが、この苦境を乗り越える新たな道として米国留学を決意した。米国に到着した金瑪利亞を迎え入れたのは、上海で活躍中の独立運動家・安昌浩《アン・チャンホ》の妻である李恵錬《イ・ヘリョン》であったという。そして彼女が選択した留学先は崇実のモデル校、パーク・カレッジであった。その後、金瑪利亞はシカゴ大学大学院で社会学修士を取得、ニューヨーク

写真1
マッキューン

の神学校で神学を修め朝鮮に戻ったが、ソウルでの就職は難しく、結果、元山の神学校で教えることとなった[26]。

崇実学校は1938年3月に神社参拝の強要を拒否し、北長老派は自主閉校を選択した。この出発点となったのは35年11月のマッキューン神社参拝拒否事件であり、マッキューンはこれにより当局から校長職を解任させられたのである。そして金瑪利亞もこの時期に神社参拝を拒否したといわれる。

朝鮮の植民地期、朝鮮のミッションスクールとアメリカ長老派の西部開拓の象徴であったパーク・カレッジを舞台に、そこから輩出された人々が国境を越えたことによって、西欧近代、ミッション、独立運動がクロス・連鎖・連動していたように思えてならない。

（イ・ソンジョン／恵泉女学園大学名誉教授）

26　金瑪利亞に関しては 本書の宋連玉論文参照。

4

韓国YMCA史のなかの 2・8独立宣言

マイケル I. シャピロ

はじめに

1919年3月1日に日本の植民統治に反抗するために朝鮮全土で展開された3・1運動は、全国民レベルの朝鮮独立運動の出発点となったが、この運動は1919年2月8日の在東京の朝鮮人留学生による2・8独立宣言なしではありえなかったはずである。そして、2・8独立宣言書も、その舞台となった在日本朝鮮YMCAで展開された学生運動なしではありえなかったともいえる。こう考えると、2・8独立宣言書を解釈するに当たって、その意味を韓国YMCA史のなかからとらえてみる必要があるのは当然だろう。本論文はこのような考察とともに、韓国YMCAの歴史を世界のYMCA史のなかで分析することを試みるものである。とくに2・8独立宣言が、学生運動としてのYMCAの東アジアにおける普及と植民地期の朝鮮における土着化の産物であることを明らかにしたい。

1　ソウルYMCA運動——ヤンバン運動から学生運動へ

上海YMCAとソウルYMCA運動について

ソウルYMCA運動の起源を論じるに当たって、まず当時のキリスト教をめぐる国際的文脈の解明からはじめる必要がある。なぜなら、20世紀初頭のキリスト教における福音伝道は、19世紀の西洋側の教会本位の伝道運動から世界各地の平信徒が主導力を握った運動へと転換しようとしていたからである。この背景には学生運動としてのYMCAの普及があった。1894年にジョンR.モットが世界を周遊して、世界学生キリスト教連盟(WSCF)を結成し、福音伝道の在り方に計り知れない影響をおよぼした。これ以降、YMCAを世界規模で広める勢力の養成という観点からの、学生を伝道の主な対象とした運動がはじまった。こうして、単線的な教会本位の伝道から、教会を離れた独自の制度としてのYMCAの性格が強まり、複線的な福音伝道ネットワークの論理が成立したのである。

東アジアにおいては、モットのネットワークとしての福音伝道の発想が最も顕著に表れたのは中国だった。そもそも、中国におけるYMCA運動はミッション系学校が密集していた天津ではじまったが、1900年の義和団事件をきっかけに運動がいったん終息し、そのあとに上海を拠点として再編成された。この際に上海YMCAはミッションスクールの学生を対象とした運動から大きく視野を広げ、中国全土における士大夫という上流階級を対象とする運動へと再編された。清朝での官職を占めていた士大夫が自発的に近代教育に関心を示しはじめていたことから、YMCA運動を通して彼らのなかにキリスト教の伝道勢力をひとつのネットワークとしてまとめることが最も効果的と思われていたのである。ウィラード・ライオンが1920年に書いた回想文はこの事実をよく物語っている。

> 青年会は〔中国における〕立場を模索していた。青年会が学生層〔への伝道〕にその使命があると確信して中国にきた。しかし、学生たちに伝道するにあたって、新しい方法を開発しなければ、その活動がミッションスクールに限られてしまうということを1901年末に学んだ。帝国

の各地に点在する、影響力をもつ百万人にもおよぶ士大夫たちに伝道することに天職を見出したのである[1]。

このような士大夫への着眼の背景には、学生をひとつのネットワークにまとめてつなげるというモットの戦略があった。そして、YMCAを通してこのような上流階級を対象とした伝道ネットワークを築き上げるという発想は、上海YMCAをソウルと香港のYMCA運動へとつなげ、ひとつの連盟組織に編入する際に適用された。これはたとえば、ソウルYMCAの最初の総務であったフィリップL.ジレットが1902年に書いた報告書からも明らかである。

朝鮮のヤンバン〔両班〕は中国の士大夫に当たる階級ともいえる。我々の事業はこの上流階級の青年を対象とするのは当然であろう。朝鮮の教会からの祈祷と支持は得ることにはするが、好ましくない不道徳の階級である貧民がよほど頑張らない限り青年会に入れないように会費を高くすることが私がいま考えているところである[2]。

この発言は朝鮮の初期YMCA運動がいかに上海YMCAの影響を受けていたかを反映するばかりではなく、上海YMCAと同様にソウルYMCAが上からの土着的なキリスト教勢力を結成しようとしていたことも示している。

とはいえ、このころの中国において明確な学生層はまだ存在していな

1　D. Willard Lyon, *The First Quarter Century of the Young Men's Christian Association in China* (Shanghai: Association Press, 1920).

2　Kautz Family YMCA Archives, Y.USA.9-2-21, YMCA International Work in Korea, Box 1, Report of P.L. Gillett to International Committee, 1902.

かっただけに、上海YMCAはおもに条約港を拠点とした外国の宣教師や実業家と士大夫をつなげるパイプの役割を果たしていた。つまり、上海YMCA運動は上からの土着的なキリスト教勢力の結成をめざしながらも、いまだにそのような土着的なキリスト教勢力による運動ではなかった。しかし、1905年に清朝がそれまで中国の支配構造と密接な関係にあった科挙制度を廃止したことによって、それまで重視されてきた漢籍への精通ではなく留学経験が官吏になるための唯一の条件となったのである[3]。これに伴って、大勢の中国人留学生が東京に流入するようになり、中国における学生運動が大きく進展した。彼らにとって、このころの東京は「東アジアの盟主」というイメージができつつあった日露戦争後の日本を体験するスペースにもなっていった。こうして、官職に就きたいというモチベーションからはじまった留学体験は彼らに新しい自発性を芽生えさせたのである。

これはYMCAの東アジアにおけるネットワーク化にも大きな影響をおよぼした。なぜなら、当時の上海YMCAの指導者はこの現象に、自分たちがそれまで築いてきたネットワークによって中国人の次世代エリート層を獲得するための大きなチャンスを見出し、東京に在日本中国YMCA（中華留日基督教青年会）を創立することを決断したからである。この戦略についてライオンは以下のように論じている。

> 官立大学の学生たちがキリスト教の伝道活動にとって戦略的に重要な、そして非常に頼もしい分野であることは我々は経験上知っている。しかし、現時点の中国では近代の官立大学がキリスト教的影響からほ

3 Marius Jansen, "Japan and the Chinese Revolution of 1911," John K. Fairbank and Kwang-Ching Liu eds., *The Cambridge History of China: Late Ch'ing 1800-1911, Vol.11, Part 2* (Cambridge University Press, 1980) 348.

とんど隔絶されている。東京がこの閉ざされた戸を開けるカギになるだろう[4]。

こうして、東アジアをひとつのキリスト教ネットワークとみなすことによって、それまでキリスト教に対して保守的な態度をとってきた中国の学生層への伝道を進めるカギを東京に見出した。このように、東アジアにおけるYMCAの国際的な普及によって、中国YMCAは士大夫中心の運動から土着的な学生運動へと転換した。そして、この在日本中国YMCAが中国留学生に日本の介入なしに会合できる空間を与えたという意味においては、2・8独立宣言の際の在日本朝鮮YMCAと同様に、この土着化過程には著しく政治的な側面があった。

よく知られているように、このような展開は韓国YMCA運動の展開にも大きな影響をおよぼしている。当時、1万人近くにおよぶとされた在東京の中国人留学生と比べて、在東京の朝鮮人留学生は数百人ぐらいに限られていた。この事実の重要さを理解するためには、稲葉継雄が指摘しているように、当時の韓国統監であった伊藤博文は、日清戦争後に中国における高等教育の必要性を唱えたのに対して、朝鮮人が日本の高等教育機関に留学することにはあくまで否定的な立場をとっていたことを念頭に置く必要がある。たとえば、伊藤はこう論じている。

殖産興業は単に学校の力に依るものにあらず。主として国民の努力に待たざるべからず。換言すれば、富国の実を挙げざれば国家は興起するものにあらず。韓国の急務は国民をしてこの気風を養成せしむるに在り。然れども惜しむらくは自分は未だ気風一変の微を認めず。随っ

4　D. Willard Lyon, *Chinese Students in Japan* (Shanghai: Association Press, 1906).

て、今日の場合自分は日本に学生を送ることも寧ろ之を廃するに如かずと認む。なんとなれば、是却って韓国振興の妨害を成すのみなればなり[5]。

この発言は日本帝国が韓国に対して保護国時代からすでに、普通教育を圧倒的に重視しつつ、高等教育については「却って韓国振興の妨害」とみなしていたことを反映している。このような状況下で在東京朝鮮留学生のためのYMCAが創立されたということは、当時ソウルYMCAが上海YMCAとの連盟関係によっていかに恩恵と指導を受けていたかをよく物語っている。

以上、中国YMCA運動の士大夫運動から学生運動への展開過程を取り上げながら、その文脈が初期の韓国YMCA運動の発達過程に大きな影響をおよぼしていることをみてきた。次節において、韓国内のヤンバン中心の運動から土着的な学生運動への展開過程をたどってみることにしよう。この際、とくにソウルYMCA運動と日清戦争後に朝鮮の政治界に大きな影響をおよぼした改革グループであった独立協会との関係に注目する必要がある。

韓国YMCAにおける社会政治史——独立協会とソウルYMCA

ソウルYMCA運動がはじまったのは1902年、朝鮮王朝末期の改革グループであった独立協会が解散してから4年後である。独立協会は日清戦争後に徐載弼《ソ・ジェピル》と尹致昊《ユン・チホ》を中心として結成され、李朝の支持を得ることにより多くの開化派のヤンバンが参加するようになったが、1898年に李朝の弾圧にあい解散させられた。実は、これは初期韓国YMCA運動の社会政治史を解明するための大きな手がかりになる。たとえば、YMCA運動がはじ

5　稲葉継雄『旧韓国の教育と日本人』九州大学出版会、1999年、116頁。

まって1年後の1903年に、ジレットは手紙のなかで次のように書いている。

私は韓国の任意組織(voluntary organizations)について研究を進めている。このような団体はこの国に満ちているし、彼らは我々の事業のためのヒントになる憲法や条例をたくさん整備している[6]。

ジレットが「この国に満ちている」といった「憲法や条例」まで決めている自発的な「任意組織」の存在は、このころの朝鮮の上流階級における自発的な政治意識がいかに高かったかを示唆していると思われる。ジレットが当時、YMCA運動を成功させるためのヒントが得られそうな「任意組織」に出会ったのはただの偶然ではなく、独立協会がおよぼした影響を反映している可能性が高いだろう。朝鮮王朝末期には上流社会の自発的なネットワーク組織がすでに存在していたのである。

こういう意味において、YMCA運動は宗教事業だったとはいえ、そこには政治的な意味合いも濃厚にあったといえる。たとえば、初期のソウルYMCA運動の会員には多くの元独立協会のメンバーがいたこともこれを示しているだろう。そして、初期の中国YMCAと韓国における独立協会と同様に、初期のソウルYMCA運動は官職を手に入れるための手段を与えていたことで上流社会に人気を集めていたようである。たとえば、ジレットはいう。「多くの都市と町において青年がYMCAを組織することに意欲的になっているのはこの組織が朝鮮における役人階級の支持を得ているからだと思う」[7]。こう考えれば、早くからソウルYMCA運動が愛国主義運動

6 Kautz Family YMCA Archives, Y.USA.9-2-21, YMCA International Work in Korea, Box 1, Letter of P.L. Gillett to International Committee, May 11, 1903.

7 Kautz Family YMCA Archives, Y.USA.9-2-21, YMCA International Work in Korea, Box 1, Annual Report of P.L. Gillett, 1905.

と結びつけられたということは理解できるだろう。

中国と同様にソウルYMCAも、これから自分たちの社会地位を保つために必要になりつつあった西洋教育を受けるための空間だった。フランクM.ブロックマンは1906年の報告書で次のように記録している。

写真1
金貞植

> ソウルにおける青年会の事業はこの都市の青年が特に西洋文明の教えを学ぶことに意欲的になっていることと、キリスト教が我が西洋文明の本質的要素であるという一般的な意見と指導的な立場にいる朝鮮人と外国人がこの運動に好意をもっていることにより、多くの青年が青年会の事業に加わった。今年は会員が40人から600人に増えた[8]。

西洋教育を受けるのに必死だった朝鮮の青年たちが、ソウルYMCA運動に新しい自発的なエネルギーの源泉を与えたのである。

そして、このようなキリスト教青年会が最初から帯びていた政治的な色彩は早くも在日本朝鮮YMCAに影響をおよぼしている。なぜなら、独立協会の元メンバーであり、東京における朝鮮人学生YMCAの初代総務となった金貞植《キム・ジョンシク》が1906年に日本に派遣されたのはもともとそのためではなく、YMCA幹事だった彼の地位に嫉妬し、彼に対して反逆を企てた青年たちから避難する場所が必要だったからである。たとえば、ソウルYMCA幹部であったブロックマンは次のように書いている。

8　同上。

我々がもっとも心配するのは人民のあいだの陰謀と迷信の蜘蛛の巣である。これは現地の指導者の育成を非常に困難にする問題である。最近では青年会の中枢で朝鮮人幹事金貞植に対する陰謀が起きた。これは表面的に改革や進歩や自分の大切さを学んでいる若い男たちが起こしたのである。この事件があまり深刻になってきたため、事態が収まるまで数ヵ月我が幹事を日本へ派遣した方が賢明だと判断されたのである[9]。

以上のように、ソウルYMCAは最初から独立協会に類似したような勢力争いをはらんだ政治的な側面をもっており、この政治的性格は後述する通り、2.8独立宣言書にもつながっている。

ソウルYMCA運動が、独立協会の延長体のようなヤンバンの社交クラブから救国活動のための学生運動へと転換したのは日露戦争のころだった。それに伴って、ソウルYMCAの会員数が急激に増加しただけではなく、当時のYMCA幹部からは「偽り」(spurious)と呼ばれた、YMCAを自発的に結成する動きが韓国全土にわたって活発になった。たとえば、ジレットの以下の説明はとくに示唆に富んでいる。

韓国の多くの地点から、とくにキリスト教の教会がすでに創立されている場所から、代表者たちがソウル青年会に来て、憲法の複写物を要求し、青年会を組織することを承認するよう私たちに要望した。私たちは敬意をもって彼らに接したが、その希望を叶えることは不可能であることを明確に説明した。だが、彼らはYMCAを組織することを決心している。なぜなら青年会の事業に賛成しており、それを自国の

9　Kautz Family YMCA Archives, Y.USA.9-2-21, YMCA International Work in Korea, Box 1, Annual Report of Frank M. Brockman, 1906.

> 文明化の手段に使いたいと願っているからだ。ところが、そのあとにある青年のグループがYMCA運動に興味をもちはじめ、青年会とキリスト教会の支持を後ろ盾に外国領事館を味方にし、政治運動を起こして日本人に対抗しようとした。このような団体が「YMCA」の名を全国に広め、彼らはソウルYMCAを指導しており、ソウルYMCAを支援している外国と韓国の官吏の支持を受けていると主張した。外国領事館は青年会を支持しているため、韓国中の青年達は確固とした勇敢さをもって韓国の地方官吏と日本の官吏に対抗心を抱いている。このような態度から、彼らはますます人気を集めている。何千人がこのような偽りのYMCAのメンバーになったのかは計り知れない[10]。

このような「偽り」のYMCAが結成されたことは、日清戦争後の朝鮮における自発的な政治エネルギーによって支えられてきたソウルYMCA運動が、もはやヤンバンのための社交クラブではなく、幅広い学生運動として動きはじめていたことを明確に示しているだろう。この変化が、日本と中国におけるYMCA運動の大きな前進と同時進行していたことをここであらためて思い出しておこう。モットの東アジアにおけるネットワーク構想が実を結びはじめていたが、それには彼が予期しなかったような著しい政治的側面があった。

そして、日露戦争後に学生運動へと転換を果たした韓国YMCA運動は日本による朝鮮の植民地化に対応しながら、基本的に二つの路線に分かれたと思われる。ひとつはソウルYMCAが朝鮮の植民地化による日本帝国の教育や経済への介入に対応するための非政治的な実業教育路線で、もうひとつは政治的独立を実現しうる指導者を育成する場所として在東京朝鮮

10 Kautz Family YMCA Archives, Y.USA.9-2-21, YMCA International Work in Korea, Box 1, Annual Report of P.L. Gillett, 1905.

YMCAを位置づけることで展開された路線である。

2｜1910年代の朝鮮YMCA運動における二つの教育路線

ソウルの実業教育プログラム

ソウルYMCA運動は朝鮮の実業教育史のなかで重要な位置を占めている。なぜなら、日露戦争後の朝鮮において、多数のミッションスクールが実業教育のプログラムを作ったが、ソウルYMCAはそれらに先立って、1906年末にアメリカ人のジョージ・グレッグを監修に迎えて、実業学校を結成したからである。たとえば、ホーラス・ホルトン・アンダーウォードは1926年に書いた「朝鮮における近代教育」のなかで「ソウルにあるYMCA実業学校は実に朝鮮において実業・職業教育を唯一の目的とするミッションスクールである」[11]としている。この展開は日露戦争後にソウルYMCA運動がヤンバン中心の運動から全国民を対象とした学生運動に発展していったことを物語っている。たとえば、1906年にグレッグはYMCAの実業教育プログラムを以下のように説明している。

> 青年会は、かつて朝鮮国民を政治的そして社会的に分離していた階級差別と偏見をなくすことに、静かに、しかし確実に貢献している。インドを除けば、こうした厳しい差別をする国はほかにないであろう……けれど、青年会ではこれらの差別はすべて消えるのである。そこでは卑しい身分の者も最も高い貴族ともいえる地位の者と一緒に聖書の授業に参加し、バスケットボールをし、教室で勉強し、食事を準備し、火の番をする。彼らはもはや、貴族の手を正直な労働で汚すのは

11　Underwood. Modern Education in Korea, 110.

> 恥とは思わず、職業を学習することに意欲的な人もいる[12]。

これは1902年末にソウルYMCA事業の対象を「中国の士大夫に当たる階級ともいえる」「朝鮮のヤンバン」に限定しようといった内容と対照的になっている。いったい何がこのような180度もの大転換を可能にしたのだろうか。この問いに答えるためには、まずソウルYMCAと韓国統監府の関係を解明する必要がある。前述した通り、韓国統監府は最初から普通教育を高等教育より優先しており、教育をあくまで富国政策の一環として考えていた。そのため中等教育でも、あくまで国民に安定した職業を与えながら、政治的な「空理空論」の余裕を与えないための実業教育を重視したのである。たとえば、統監府の学部次官、俵孫一《たわらまごいち》は次のように論じている。

> 国家の富強開発を目的とさらば教育の方法如何言うまでもなく空理空論を避け極めて実際的人物の養成に努力するにあるを以て各般教育の方法を極めて実用的ならしめ且《かつ》実業教育の普及を図りて国本培養の実を挙げるはこの国富強を図る所以の正道にして当今焦眉の急務なりとす[13]。

中等教育としての実業教育の背景には、近代教育による政治意識の高まりを避けようという統監府の意図があったのは無論である。そして、統監府はさらに外国宣教師もその教育政策の協力者にしようとした。たとえば、以下に俵が説明しているように、この外国宣教師を自分たちの統治にとって有利な方向に誘導しようとしたのである。

---

12 Kautz Family YMCA Archives, Y.USA.9-2-21, YMCA International Work in Korea, Box 2, 1906.

13 『日本植民地教育政策史料集成(朝鮮篇)』第66巻、龍渓書舎、1987年、10頁。

> 私立学校令は私立学校を撲滅するものでなく、又耶蘇《やそ》宣教師諸君が学校を造るは韓国人の利益の為にするのであるに相違ないのであるから、その目的は学部の希望と背馳《はいち》しないのである。学部の方針が私立学校を撲滅するのでなく之を保護し之を善導し誘掖《ゆうえき》するのであって、あたかも厳父の厳しい思想ではなく慈母の受撫を以て私立学校に臨む積りであるからなるであろうと思う[14]。

ソウルYMCAのばあい、この「慈母の受撫」のような統監府による介入は主にYMCAへの毎年寄付していた1万円という形をとった。初期のソウルYMCA運動はこの寄付金に頼っていて、統監府との良好な関係をもつことに務めた点もグレッグの報告書から明確に浮かび上がってくる。

> この〔身分差別をなくすという〕急務と我らの教育事業のために政府〔統監府〕からいただいている寛大な支援(強調は筆者による)を受けていることから、我々は青年会の活動のこの〔実業教育〕部門に多くの時間、思いと労力を注ぎ込む必要を感じてきた[15]。

以上の引用文が示しているように、ソウルYMCAの実業教育プログラムの背景には1905年からはじまっていた政治性を帯びた学生運動を非政治的な方向に導きたい、という韓国統監府とYMCAの指導者の思惑があった。そして、日露戦争後のソウルYMCA運動は韓国キリスト教徒との信頼関係を保ちつつ、日本帝国の支持を得る必要があったのである。以下の

14　同上、34頁。

15　Kautz Family YMCA Archives, Y.USA.9-2-21, YMCA International Work in Korea, Box 2, Annual Report for George A. Gregg, 1907.

グレッグによる報告書がこのジレンマを端的に表現していると思われる。

> ソウル青年会には今日最も貴重な財産が二つある。ひとつは韓国国民の好意であり、これには今後の成功のすべてがかかっている。そして、もうひとつは韓国を事実上統治している日本の統監府から得ている信用である。現時点では我々の年間予算のほとんどが後者からきている。問題は両方をもらい続けられるかどうかである。どんな危険があっても、そして、たとえそれが政府からの年度資金を断らなければならないということを意味したとしても、韓国国民の信用は保たなければならない[16]。

以上のように、ソウルYMCAの外国人幹部はいかに統監府の支持を得ながら、YMCA運動にとって自発的なエネルギーの源泉になっていた朝鮮青年の信用を維持できるかについて頭を悩ましていたのである。ソウルYMCAの実業教育プログラムはこのようなジレンマを乗り切るために導入されたと思われる。

しかし、このような方向転換にソウルYMCAの韓国人会員は反対したようである。外国人幹部が意図していた実業教育プログラムへの切り替えを阻止して、逆に普通の中学校を作っていったことを、フランクM.ブロックマンの報告書が教えてくれるのである。

> 我々がいま直面しているもうひとつの課題は、韓国人委員会に事業の責任を与える一方で、YMCA活動を我々が望まないような方向に転換させないということである。たとえば、教育事業では実業教育を優

16 Kautz Family YMCA Archives, Y.USA.9-2-21, YMCA International Work in Korea, Box 2, Annual Report for George A. Gregg, 1907.

先するということが外国人幹事のコンセンサスであるが、韓国人委員会はこれに反して英語・日本語教育を含める普通の中学校を組織した[17]。

このように、独立協会と密接な関係があったと思われるソウルYMCA運動は、非政治的な方向に容易には導かれようとしなかったのである。韓国人会員の意志によって作られたソウルYMCAの中学校はその後のソウルYMCA運動にとって大きな意味をもつようになり、在日本朝鮮YMCAと関わりをもった在日朝鮮留学生の多くがYMCA中学校の卒業生であった。

しかし、併合後の朝鮮においては総督府がキリスト教教育などの私立学校に対する支配を著しく強めたばかりではなく、それに加えて朝鮮民族のアイデンティティを打ち消そうとする同化主義的な教育政策を強要するようになった。このような状況下で1916年にソウルYMCA運動はそれまでの中学校を廃止して、完全に実業教育へ切り替える以外に選択肢はないと感じるようになった。政治的に中立な実業教育を採択することはもはや日本帝国と親密な関係を築くためではなくて、日本帝国の同化主義的な教育政策からソウルYMCAを保護するための手法であった。そして、この方針転換を実現できたのはYMCA外国人幹部ではなくて、かつて独立協会のリーダーであり、1916年にソウルYMCA総務に就任しそのポストを長期間務めたはじめての朝鮮人、尹致昊である。

我々の教育政策は10年間近く続いているが、情緒や偏見や利害がすべて一括りになっている。しかし、私たちは情緒を別にしてこの政策

17 Kautz Family YMCA Archives, Y.USA.9-2-21, YMCA International Work in Korea, Box 2, Annual Report for Frank M. Brockman, 1907.

を捨てなければならないというところにきている。そして、反対を起こさないためにこれはとても静かにおこなうべきである。国際委員会が、我々が実業教育政策を採択することを来年度の補助金を続行するための絶対的な条件にすればこれは可能である[18]。

写真2
尹致昊

尹致昊がYMCA総務として実業教育への切り替えを断行できたのは自身も朝鮮人だったからでもあったと考えられる。つまり、ソウルYMCAの非政治化プロセスは外国人幹部から朝鮮人指導層への権限移譲の過程でもあった。青年時代に南北戦争後のアメリカ合衆国南部に長年留学していた尹は、朝鮮が政治的独立を実現するための前提条件として、まず日本から経済的に自立しないといけないと信じた。この立場は彼が3・1運動や2・8独立宣言書を支持しなかったことにも表れているだろう。朝鮮併合前から実業教育に関心があった彼は、それを「着実かつ必然的に移民がこの国に流れ込んできている。この状況下で実業もしくは農業教育を最重要としない教育制度は、恩恵よりもむしろ害を与えかねないだろう」と述べている。こうした尹の考えは、アメリカ南部の黒人教育家でアラバマ州タスキーギに黒人のための職業訓練校を創立したブッカーT.ワシントンの思考に似ていた。1910年に職業教育のメリットを唱えた際に、尹自身も次のように論じた。「ブッカーT.ワシントンがいうように、私は空腹の人は良いキリス

18 Kautz Family YMCA Archives, Y.USA.9-2-21, YMCA International Work in Korea, Box 3, Letter of Yun Chi Ho to Fletcher S. Brockman, June 28, 1916.

ト教徒になれないと信じている」。ワシントンと同様に、尹は高等教育を与える前にまず人々に自主的に生活できる能力を与えなければと信じていた。しかし、ワシントンがアメリカの黒人に対する人種差別的な隔離主義を容認する形でそれを展開したのに対して、尹のばあいそれは日本帝国の同化主義に対する暗黙の否定になっていたと思われる。

ソウルYMCA運動における実業教育への方針転換なしでは2・8独立宣言書は正確に理解することはできないと思われる。1916年の11月26日の日付で尹致昊の日記には、「人事を勝手に決めるばかりではなく、学館も廃止する、これは正に権利の乱用で愛情の強奪でないか」という内容の手紙を受け取ったことが記録されている[19]。これは1910年代において在日本朝鮮YMCAと関わりをもった朝鮮人留学生たちが、ソウルYMCAの実業教育への転換に反対しつつ、いかに在日本朝鮮YMCAを独立運動のエリートを育成するための空間とみなしていたかを表している。彼らは自分たちこそが独立運動の指導者を育成する日露戦争後のソウルYMCA中学校の継承者であることを自負していたのである。

在日本朝鮮YMCAにおける政治指導者の育成

1910年代に在日本朝鮮YMCAを拠点にした朝鮮留学生にとって、東京はもはや「アジアの盟主」としての帝国日本を体験するための場所ではなく、当時世界各地でおきていた民主主義運動とかかわりをもつ空間になっていた。彼らにとっては東京で留学することはまったく違う生活様式を体験することだった。たとえば、若い詩人であった李一《イ・イル》は『基督青年』でこういった。「生活は変わったが、これは朝鮮生活から日本生活に変わったという意味ではなく、2、3世紀前の時代の生活から突然2、3世紀の生活を一歩で走ってきたのだ」。東京に留学することによって彼らは朝鮮にい

19　『尹致昊日記』、1916年11月27日。

る年長の世代との隔たりをよりいっそう認識するようになった。李は続けていう。

> ひとことでいえば、父兄の時代と現代とのあいだに大きな差異がある、ということは何の躊躇もなくいえる事実で、父兄もこれを認めるだろう。さらにいえば、父兄の脳髄の西洋信仰を輸入する時代と現代とは雲泥の差があるということだ。父兄の脳髄に移植された信仰は10年が1日と同じで、少しも進化がなく、10年20年前に聞いた西洋宣教師の講義を今日聞いてもそれをありがたく思うが、青年には鼻の大きい〔つまり外国の〕宣教師の「天国が来るのだ」という絶叫が耳によく入ってこない。父兄と宣教師の目にはこれが堕落にみえるだろうが、青年として自己弁護が許されるのであれば、(我々は)解放されたのだ。天国が来ないというのではない。必ず来るが、青年の感受性は老人たちのそれと少し違うということだ[20]。

このような新しい感受性には、朝鮮におけるキリスト教会の在り方に民主主義という政治的価値観を当てはめるという視点があった。たとえば、李東植《イ・ドンシク》は以下のようにいう。

> いまより60年前の教会は社会的、産業的及び政治的諸問題とは全然関係を絶して形式的宗教教育を独占していたにすぎなかった。さらにいえば、当時教会は社会道徳の模範になれなかったと同時に個人道徳の消極的拘束もひどかった。したがって、教会内へ専制的空気が自然に溢れてくると政治上の民主的精神の刺激を受ければ宗教的民主主義

20　李一〔筆名：雪汚堂下人〕「朝鮮青年等の信仰上移動は解放？堕落？（一)」『基督青年』第5号、1918年3月、8項〔原文朝鮮語〕。

が勃発してくる[21]。

このような「宗教的民主主義」には文化・精神的な指導者が必要だった。このころの在東京の朝鮮留学生はYMCAをこういう視点からみていたのである。『基督青年』によると、「青年会の目的」は「完全な人格を養成」することにあり、さらに「青年会は伝道機関や修養機関であると同時に社交機関である。一歩進んで社会改良を理想とすることが青年会の存在要件である」とした[22]。「社会改良」を重視する彼らのスタンスは朝鮮におけるキリスト教会の在り方を疑問視していたのは無論だが、さらに政治的独立の問題を提示しないで、朝鮮人の「富力」ばかり先に増そうとする思想の限界性も見抜いていた。たとえば、2・8独立宣言書が在日本朝鮮YMCAで発表される2ヵ月前の1918年12月の『基督青年』に以下のような一句がある。

古人の言葉、富而教後之に一理があるが、それと同時に社会の無識、即ち民族の知識程度はその民族の富力に正比例する。このような害毒が一民族の文明を根本的に制圧するか、もしくは民族として永久的に滅亡させるのだ。しかし、もう一度観察してごらん。現下朝鮮人青年の中に所謂天才というべき青年は何人いるだろうか[23]。

ここには尹がソウルYMCA総務として推進した実業教育による富国路線と相いれない、民族発展の先駆者を育成することを急務とする立場が垣

21 李東植「キリスト教会の現代的使命」『基督青年』第5号、1917年4月〔原文朝鮮語〕。

22 李東植「キリスト教会の現代的使命」『基督青年』第5号、1917年4月〔原文朝鮮語〕。

23 三田散人（李光洙?）「貧寒慢話」『基督青年』第12号、1918年12月〔原文朝鮮語〕。

間見える。李光洙《イ・グァンス》であろうと思われるこの記事の筆者は、人民を教える前にまず豊かにしろというスタンスには決定的な欠点があり、民族を救うためには、「天才」のような高等教育を受けたエリート指導層が必要なのだと説いている。さらに、このような政治的リーダーシップの育成に朝鮮民族の生存がかかっているという。このような思想は李光洙が書いたとされる独立宣言書にも通じていると思われる。たとえば、2・8独立宣言書は日本による植民統治を以下のように痛烈に批判している。

> 公的にも私的にもわが民族と日本人との間に優劣の差別を設け、日本人に比べて劣等の教育を施し、わが民族を永遠に日本人の使役者にさせようとしている。歴史を書き改め、わが民族の神聖な歴史的、民族的伝統と威厳を破壊し、侮蔑している。少数の官吏を除くほか、政府の諸機関と交通、通信、兵備などの諸機関の全部あるいは大部分に日本人のみを用い、わが民族には永遠に国家生活の智能と経験を得る機会を与えないようにしている。わが民族は、このような武断専制、不正不平等な政治のもとでは、決してその生存と発展を享受することができない[24]。

この鋭い批判が日本植民地統治だけではなく、特に朝鮮民族のアイデンティティを打ち消そうとする日本の同化主義に向けられているのは明らかだろう。つまりこれは、当時ソウルYMCAの教育プログラムを経済的な豊かさを得るための実業教育に切り替えることによって、YMCAを日本の同化主義的な教育政策から守ろうとした尹と対照的な立場になっている。尹の実業教育思想にはブッカーT.ワシントンに通じる部分が大きいとすでに指摘したが、実は李が民族の政治面におけるリーダーシップが

24　2・8独立宣言書。

不可欠であると論じる立場も、全米黒人地位向上協会を創立した公民権運動活動家で、1903年に『黒人のたましい』において、ワシントンの教育思想はアメリカの人種差別による隔離主義を永続させると鋭く批判したW.E.B.デュボイスと著しい類似性がある。たとえば、先に引用した2・8独立宣言書の一句を、デュボイスが以下に論じている立場と比較してみよう。

もし900万人が政治的権利をうばわれ隷属状態に置かれ優秀な人間をそだてる機会をほとんどあたえられなかったとしたら、彼らが経済面で効果的に向上をかちとることが理論的にも可能であろうか？　この疑問にもし歴史と理性が明確な解答をあたえるとしたら、それは断じて「ノー」である[25]。

ここでデュボイスが、「優秀な人間をそだてる機会」を得るための「政治的権利」を奪われている全米の黒人は、そのような「隷属状態に」置かれている以上「経済面で効果的に向上をかちとることが理論的にも」不可能であると論じているのは、李が2・8独立宣言書で表明している日本の同化主義的な植民地統治への批判に直接的に通じる部分が大きいといえるだろう。

つまり、在日本朝鮮YMCAを舞台にして発表された2・8独立宣言はYMCA運動における政治の肯定でもあったのである。このようにソウルYMCA運動と在日本朝鮮YMCAは対立をはらんだ土着的なネットワークに編入されていた。しかし、アフリカ系アメリカ人の歴史のなかで、ワシントンとデュボイスの対立が長く続いたのに対して、1920年代の韓国

25　W.E.B.デュボイス著、木島始・鮫島重俊・黄寅秀訳『黒人のたましい』岩波書店、1992年、76頁。

YMCA運動のこの二つの思想傾向はすでに植民地朝鮮の農村社会の更生運動において土着的に結びつけられていたのである。この結果をYMCAのネットワークを媒介とした民族意識の成果とみるか、あるいは韓国YMCA運動における十分な問題意識の欠如としてみるのかは、今後検討に値する研究テーマである。

（マイケルI. シャピロ／同志社大学コリア研究センター嘱託研究員）

第3部

2・8独立宣言から100年
――日韓市民社会の共同課題

1

日本からみた「2・8」がいま、私たちに問いかけること

金性済

2019年、1919年の3・1独立運動も2・8独立宣言も100周年を迎え、韓国と日本において盛大に記念式典が開催されました。盛大な式典をそれぞれ終えたいま、日本にいる私たちはこの二つの歴史から何が問いかけられているのかをあらためて考えたいのです。

第一次大戦が終結し、国際連盟の設立へと向かう時期、米国ウッドロウ・ウィルソン大統領によって提唱された「民族自決」テーゼが、その内実にアジアにおける帝国主義／植民地支配についての大きな矛盾があったにせよ、大日本帝国の侵略と植民地支配に置かれていた朝鮮と中国の民衆、とりわけ独立運動に取り組む人々に大きなインパクトを与えたことはよく知られています。しかしあらためて注目しておきたいことは、朝鮮と中国からの留学生たちがそれぞれの母国を離れ、むしろ大日本帝国の帝都東京という、いわば留学生たちにとっては“ディアスポラ（離散）の地”において、しかも「大正デモクラシー」と呼ばれる社会・政治においてデモクラシーの機運の広がる時期に互いに交流し触発しあうなかで、あの2・8独立宣言発表集会が1919年に起こったということです。私たちは、そこに見逃してはならない歴史的意義を覚えます。

しかし、同時にあの「大正デモクラシー」も東洋経済新報社の石橋湛山《たんざん》らを除き、また吉野作造のように朝鮮人留学生との出会い（1914年）や朝鮮

見聞(1916年)によって帝国の植民地支配の在り方に対する認識を徐々に変えられていった事例は別として、植民地支配に抵抗し、植民地主義という根本問題を問う独立運動の理念や要求を理解できなかった、すなわち大日本帝国の植民地支配そのものを否定しなかったという問題を、決して見落とすわけにはいきません。

1919年2月に起こったもうひとつのエピソードは、皮肉にもその点を象徴的に反映しています。国際連盟設立のための連盟規約を準備するパリ講和会議に日本からの全権大使として牧野伸顕《のぶあき》らが派遣された際、彼は連盟規約への人種差別撤廃条項の挿入を主張しました。その背景には、当時、米国における日系人排斥運動に対する日本人同胞保護への配慮が働いていたといわれます。その考え自体は、今日にも通用するまっとうな人道主義的主張といえますが、そのような主張をする日本が、植民地支配下で苦しむ朝鮮民衆の人権については日本人と同じ水準で考えてはおらず、むしろ独立運動に対して7000人を超える惨殺という弾圧をおこなったのです。一方において米国の日系人に対する人道主義的配慮を意図する政府方針と、他方において朝鮮人独立運動を徹底弾圧し、しかも“暴動”として取り扱う当時の支配当局や、それと一体化したメディアや日本国民との、計り知れない意識の落差とは何か。これが大日本帝国下で培われた“植民地主義”的思考による民族差別ではないでしょうか。“植民地主義”的思考とは何でしょうか。帝国支配下におさめた他民族を、名目的にはみな天皇に仕える「大日本帝国臣民」と呼びながら、実は「日本民族」ではない下位に位置づけられた存在とし、人間の価値の重さにまで差別が作られていても、それを当然のこととして問わない意識のことです。この植民地主義としての差別意識は、戦後、平和憲法のもとにおいても、歴史教育により根本から問い直す営みがなされず温存されたまま、日本の戸籍制度に基づく「日本国民」と「外国人」という二項対立図式のなかに温存されたまま隠蔽されてしまい、今日に至っているのです。

私は、2・8、3・1の100周年となる現在、第一に、この点が日本の人々にあらためて問いかけられていると考えます。大日本帝国から朝鮮に対する植民地支配の結果として、戦後もこの日本で生き続けてきた在日コリアンの歴史自体がそのことを問うており、そしてその自覚をもって歴史と文化を学び継承しながら共生の平和について学ぼうとすることが朝鮮学校の存在理由と意義です。そして、日本政府・文部科学省が、この歴史の証言そのものである朝鮮学校を高校無償化除外によって執拗に抑圧し続ける現実を顧みるとき、100年後のいまも、2・8と3・1の闘いは終わっていないといえるのです。日本の平和運動は、この問題意識をどう共有し、自らのなかに深くしみ込んだ植民地主義的差別意識を乗り越えて連帯しようとしているのか、問われています。

そして第二に日本の人々に問いかけられていることとは、敗戦後、1952年4月に独立したはずの日本は、1990年以降も引き延ばされた「冷戦体制」、つまり日米安保体制における日米地位協定（日米合同委員会）のもとで「本当に独立国家なんですか」ということです。韓国も同じです。南北統一へ向けた文在寅《ムン・ジェイン》政権の南北対話と交流への努力は、この矛盾についての自覚を内に秘めながら真実の朝鮮半島全体の非核化をめざす平和的「独立〈冷戦体制脱却〉」構想の理念に立脚しているのです。3・1独立運動の非暴力平和主義が結晶化した憲法9条をかかげる日本は、どのような平和思想に立脚した独立への道を進もうとしているのか問われている。そのことに、この国の人々は目覚めることが求められているのです。

（キム・ソンジェ／日本キリスト教協議会総幹事）

2

2・8独立宣言と歴史教育の課題

II ……… 佐藤飛文

植民地統治の歴史を知らない子どもたち

先日、中1の地理の試験でこんな問題を出しました。「韓国を1910年から1945年まで植民地支配していた国はどこか、答えなさい」。サービス問題のつもりで出したのですが、正答率は8割にも満たなかったことに驚き、残念な思いがしました。そのことを教員間で話題にすると、「実はうちもそうなんだよ」と高校や大学の教師たちも嘆いていました。日本が朝鮮半島を植民地統治していた歴史を知らない（詳しく教えられてこなかった）子どもたち。日本の歴史教育の問題点をあらためて実感させられました。

歴史教科書のなかの2・8独立宣言と3・1独立運動

歴史教育の現場で使われる教材が歴史教科書です。私の勤務校で現在使用している教育出版の『中学社会　歴史　未来をひらく』には、「朝鮮の三・一独立運動」という見出しで3・1独立運動の記述が11行あるほか、タプコル公園のレリーフの写真と、独立宣言書の一部、運動発生地の地図、歴史の窓というコラムでは「日本人がみた三・一独立運動」として柳宗悦《やなぎむねよし》の主張を紹介しています。

一方、育鵬社の『中学社会　新しい日本の歴史』では、「アジアの民族運動」という見出しのなかに3・1独立運動の記述は4行、しかも中国の5・4

運動のあとに朝鮮の3・1独立運動が登場します。これでは順序が逆です。

しかしこのような記述は残念ながらほかにもあります。たとえば高校日本史で最も多く採択されている山川出版社の『詳説日本史B』には、「民族自決の国際世論の高まりを背景に、東京在住の朝鮮人学生、日本支配下の朝鮮における学生、宗教団体を中心に、朝鮮独立を求める運動が盛り上がり」と、2・8独立宣言に関係することも若干ふれているのですが、やはり5・4運動のあとに3・1独立運動という記述になっています。これでは2・8独立宣言を導火線として朝鮮で3・1独立運動がはじまり、中国の5・4運動や台湾の議会設置運動、そしてインドのサティヤーグラハ運動へと、非暴力の民衆運動がアジアに広がっていった歴史の流れを理解することは難しいのではないでしょうか。

3・1独立運動について詳しくふれている歴史教科書は、実教出版の『高校日本史A』です。見開き2ページの特集ページに、柳寛順《ユ・グァンスン》や堤岩里《チェアムニ》事件、柳宗悦、浅川巧《あさかわたくみ》、布施辰治《ふせたつじ》などの記述や写真も掲載されています。そして「1919(大正8)年2月8日、東京で朝鮮人留学生が独立要求大会を開き独立宣言文を発表した」「3・1独立運動の直前に、朝鮮人留学生が東京で独立を要求する集会を開いた。その結果、留学生9名が裁判にかけられた。無報酬でその弁護にあたったのは布施辰治であった」と、2・8独立宣言についての記述もありました。「ありました」と過去形で書いたのは、この記述があったのが2012年検定の教科書までで、2016年検定の教科書からはこれらの2・8独立宣言の記述が削除されてしまったからです。

このような歴史教科書を使わなければならない、とくに公立の小・中・高では、2・8独立宣言について授業することは困難な状況にあるといえるでしょう。

写真1
1909年に明治学院で撮影された写真。前から2列目の左から3番目がランディス、前から3列目の右から3番目が李光洙(当時、明治学院普通学部5年生)、左から2番目が文一平(当時、明治学院普通学部5年生)である

2・8独立宣言と明治学院

私が勤めている明治学院中学校では、毎年社会科の校外授業で在日本韓国YMCAを訪問し、2・8独立宣言記念資料室を見学しています。2・8独立宣言書を起草した李光洙《イ・グァンス》や東京朝鮮YMCAの総務だった白南薫《ペク・ナムフン》が明治学院の卒業生であり、朝鮮語から英訳された独立宣言書を添削したランディスが明治学院の宣教師だったからです。李光洙はランディス宣教師に添削してもらった独立宣言書をもって上海へ亡命し、上海から世界各国に独立宣言文を打電しました。

3・1独立運動には明治学院出身者の多くが参加しました。2・8独立宣言大会に参席していた丁來東《チョン・レドン》は、明治学院を同盟退学して故郷へ戻りました。卒業生の文一平《ムン・イルピョン》は「朝鮮独立は民族が要求する正しい道として大勢必然の公理であり鉄則である」という新たな独立宣言書「哀願書」を書いて1919

表1■「2・8独立宣言、3・1独立運動と明治学院　資料集」の目次

資料1	李光洙が起草した「2・8独立宣言」
資料2	李光洙の自伝『私の告白』より（佐藤飛文 訳）
資料3	白南薫の自伝『私の一生』より（佐藤飛文 訳）
資料4	金東仁の自伝『文壇十五年裏面史』より（佐藤飛文 訳）
資料5	金東仁の自伝『文壇三十年の足跡』より（佐藤飛文 訳）
資料6	朱耀翰の自伝『20世紀生まれ』より
資料7	文一平が起草した「哀願書」
注釈	

＊資料集は明治学院東村山高校図書館のホームページよりダウンロード可能です。
http://www.meijigakuin-higashi.ed.jp/education/library.html

年3月12日、ソウルの普信閣《ボシンガク》で朗読して逮捕され、懲役8ヵ月の刑を受けました。また、卒業生の朱耀翰《チュ・ヨハン》は第一高等学校を中退して上海へ亡命し、大韓民国臨時政府に加わり、李光洙とともに臨時政府の機関紙『独立新聞』の編集記者として、朝鮮の独立を訴え続けました。

2022年4月から高校で実施される新学習指導要領により、高校に「歴史総合」という必履修科目が設立されることとなりました。「歴史総合」はさまざまな資料を用いながら近現代史を学ぶ、世界史と日本史を統合させた科目です。明治学院では先日『2・8独立宣言、3・1独立運動と明治学院　資料集』というものを作り、公開しました。この資料集が明治学院東村山高校だけでなく、全国の高校の「歴史総合」の授業でも用いられることを期待しています。

（さとう・たかふみ／明治学院中学校・明治学院東村山高等学校教諭）

3

歴史の連続と断絶
——2・8から日本の「歴史的」現在を考える

II　佐藤信行

2・8から100年、日本敗戦から74年

「わが民族は武断専制の不正、不平等の政治のもとでは、決してその生存と発展を享受することができない」。「故に、わが民族は生存の権利のために独立を主張する」。「わが民族は生存の権利のために自由な行動をとり、最後の一人に至るまで必ずや自由のために熱血をそそぐであろう」。

これは1919年2月8日、東京朝鮮YMCAに集まった朝鮮人留学生による独立宣言書の一節である。この宣言は3・1独立運動の始発点となり、また「宗主国の首都」において被植民地の民衆が独立を宣言したということで、世界史に類をみない画期的な闘いでもあった。

2019年2月8日、私たちはその100周年を迎えた。私が2年前、東京韓国YMCA理事会で2・8研究会の設置を提案したのは、韓国と韓国人および在日コリアンにとって「2・8」は現在につながる「連続する歴史」であるにもかかわらず、日本および日本人にとってそれは日本の敗戦（1945年）を機に「断絶された歴史」であること——その決定的な溝を、在日コリアンと日本人との共同作業で少しでも埋めていきたい、と願ったからである。

そして2018年11月まで、日本・在日・海外の研究者を招いて全8回の研究会と公開セミナー、研究会座長の李省展《イ・ソンジョン》氏による米国での宣教師関係資料の収集などをへて、2019年2月9日東京（在日本韓国YMCA）と2月15日

大阪（在日韓国基督教会館）で、国際シンポジウムを開催するまでに至った。シンポジウムの目的は、研究者のみならず、広く日・韓・在日のキリスト者と市民が、2・8独立宣言の歴史的意義を確認し、その現在的意味と今後の日・韓市民社会の共同課題を考えるためであった。

これまでのセミナーとシンポジウムでは、2・8独立宣言をめぐる朝鮮人留学生たちの思想的営為、また女子留学生たちの2・8前後とその後の軌跡、日本の大正デモクラシーの担い手たちの支持と具体的な支援、宣教師たちの独立運動への関与……など、さまざまな観点から照射され、1919年を前後する時代の、それぞれの豊かな可能性を知るものとなった。

しかし歴史の現実は、周知のように1919年2・8独立宣言／3・1独立運動の4年後、関東大震災時の朝鮮人虐殺というジェノサイドを現出する。そして日本は15年戦争、アジア太平洋戦争へと進み、日本の統治下にあった朝鮮では、苛烈な同化政策と徹底した経済的搾取ばかりか、労働者の強制連行・強制労働がおこなわれていく。

それにもかかわらず、戦後74年の現在においても、日本と朝鮮民主主義人民共和国（北朝鮮）との国交は開けず、また日本と大韓民国（韓国）は1965年に国交を回復したにもかかわらず「歴史問題」がいまだ解決されていない。それは戦後、日本の国家も日本人も、歴史に真摯に向き合うことなく来たからである。

74年前、朝鮮半島が米ソによって分割占領され、いまなお南北分断が人びとを引き裂いているのは、地政学的なもろもろの要因があるとはいえ、そもそも日本の植民地統治がなかったならば、民族分断はありえなかったのである。そのことを、私たち日本人は銘記したい。

戦後日本教会の「歴史」検証は——

日本のキリスト教界が、日本の歴史責任、とりわけ「戦争責任」に真摯に向き合うようになったのは、日本敗戦後から20年以上もへた1960年代後半からであった。1967年3月26日、復活節の日に、日本基督教団は議長名で戦責告白をした（「第二次世界大戦における日本基督教団の責任についての告白」）。

この戦責告白と前後して、「建国記念日」制定や「靖国神社国営化法案」に対して、日本の諸教会も在日韓国教会も、反対の声を上げていった。そして1970年代、軍事独裁下で言論の自由が封殺されるなかで「良心宣言」を発した韓国の教会とキリスト者の闘いに対して、日本教会も在日教会も支持し、支援と連帯の取り組みをはじめた。また同時に、在日コリアンによる民族差別撤廃の闘いがはじまり、そこには日本の市民も、教会も、キリスト者も参加していった。

このようななかで日本のキリスト者たちは、韓国のキリスト者、在日のキリスト者と具体的に出会い協働することによって、彼ら彼女らがいまなお背負っている苦難の背後にある「歴史」を少しずつ知るようになった。そして日本のキリスト者ひとりひとりが、自らの教派・団体が戦前、何をしたのか、あるいは何をしなかったのか、と自問した。このような自問、自らの信仰告白に関わる真摯な問いかけが各教派・団体においてなされていき、「戦責告白」へとまとめられていく。

- 1988年8月26日、日本バプテスト連盟「戦争責任に関する信仰宣言」
- 1990年10月19日、日本キリスト教会「韓国・朝鮮の基督教会に対して行った神社参拝強要についての罪の告白と謝罪」
- 1992年8月25日、「日本バプテスト同盟『戦争責任』に関する悔い改め」
- 1995年2月25日、日本カトリック司教団「平和への決意——戦後50年にあたって」

- 1995年5月12日、「日本の戦争責任と戦後責任に関する日本キリスト教協議会声明」
- 1995年7月21日、「日本敗戦／韓国解放50周年を迎え『共生』の時代を拓くための日韓YMCA声明」
- 1996年5月23日、「日本聖公会の戦争責任に関する宣言」
- 1996年5月23日、日本キリスト教婦人矯風会「創立110周年にあたって—戦争・戦後責任者告白と決意表明」
- 2007年2月1日、日本キリスト教協議会（NCC）教育部「設立百周年を迎えるにあたって、過去の罪責の悔い改めと、新しい時代への決意」
- 2009年11月21日、日本YWCA「アジア・太平洋戦争の謝罪と未来に向けての決意表明文」

これらの「戦責告白」はいずれも、日本の諸教派・団体において1980年代、1990年代、2000年代と、試行錯誤をへながらも、韓国教会や在日韓国教会とさまざまな交流プログラムや合同協議会をもち、そのなかでの建設的「対論」の積み重ねから生み出されたものだ、ともいえる。

その意味でもこれらの戦責告白は、日本のキリスト教界において画期的な意義をもつものであるが、私たちはさらにもう一歩、踏み込んでいかなければならない。

「植民地支配」責任

日本の「歴史責任」とは、1931年からはじまる15年戦争、あるいは1941年からのアジア太平洋戦争の「戦争犯罪」に限定されていない。すなわち、1895年から50年間におよんだ台湾植民地支配、1905年（日韓協約）から40年間にわたる朝鮮植民地支配に対しても、日本は「歴史責任」を負わなければならない。たとえば、戦時下の「強制連行・強制労働」問題、「日本軍慰安婦」問題にしても、それらは植民地支配という権力構造のなかで遂行されたのであり、これらは「戦争犯罪」であると同時に「植民地犯罪」というべきものであったからである。

このことは、日本だけに限られる問題ではない。すなわち、18世紀から20世紀にかけて他国を侵略し他国の人びとの生命と尊厳を蹂躙した、日本を含む旧「宗主国」すべてに問われている世界史的課題でもある[1]。

世界的に「植民地主義」「植民地責任」を問う声は、冷戦体制が崩壊した1990年代以後、一挙に噴出した。日本においても1990年、サハリン残留韓国人補償請求訴訟、韓国太平洋戦争遺族会国家賠償訴訟をはじめ、この10年間で79件の戦後補償裁判が、「在日」、韓国、台湾、中国、フィリピンなどの当事者・遺族から提起された。

2001年9月8日、南アフリカのダーバンで開かれていた国連主催の「人種主義、人種差別、排外主義、および関連する不寛容に反対する世界会議」は、奴隷貿易・奴隷制・植民地主義について、はじめての歴史的な宣言と行動計画を採択した[2]。

「植民地主義が人種主義、人種差別、外国人排斥、関連する不寛容をもたらし、アフリカ人とアフリカ系人民、アジア人とアジア系人民、および先住民族が植民地主義の被害者であったし、いまなおその帰結の被害者であり続けている。……この制度と慣行の影響と存続が、今日の世界各地における社会的・経済的不平等を継続させている」。

「奴隷制、奴隷貿易、大西洋横断奴隷貿易、アパルトヘイト、植民地主

1　永原陽子「『植民地責任』とはなにか」『「植民地責任」論——脱植民地化の比較史』青木書店、2009年。

2　『部落解放』2002年5月号増刊・502号「反人種主義・差別撤廃世界会議と日本」。

義、ジェノサイドがもたらした大規模な人間の苦痛と、無数の男性・女性・子どもたちの苦境を認めて、深く遺憾とする。関係各国に対して、過去の悲劇の犠牲者たちの記憶を尊び、それらがいつどこで生じようとも、非難され、再発を予防しなくてはならないことを確認するよう求める」。

このダーバン宣言は、21世紀を生きる私たちに対して、「植民地主義」を過去の遺物として封印し忘却するのではなく、想起すること、記憶すること、真実と向き合うことを迫っている。なぜなら、「歴史の真実を語ることが、国際的な和解、ならびに正義・平等・連帯に基づく社会の創造にとって必須の要素である」からである。

しかし、この宣言が発せられた3日後にアメリカで同時多発テロが起こり、ダーバン宣言の画期的な意義は、「対テロ戦争」というもうひとつの巨大な暴力によってかき消されてしまった。

そして日本においては、歴史に対する修正主義も、在日コリアンに対するヘイトスピーチ・ヘイトクライムも、いわば「構造的暴力」として常態化されようとしている。

そうであるがゆえに、私たちはこれを突き崩していかなければならない。

現代日本において、植民地支配とはまったく無縁であるはずの戦後生まれの日本人。その多くの日本人の在日コリアンに対するまなざし、あるいは韓国や北朝鮮の国家とその人々に対するまなざしは、かつての日本人植民者の「朝鮮観」「朝鮮人観」と通底し、またそれは「社会状況の変化によって絶えず新しい妥当性を与えられている」植民地的心性[3]であり、植民地主義の残存だといえる。

植民地支配は、強大な軍事力を基盤として政治的・経済的・社会的管理システムを張りめぐらして、人々の生活と心を屈服させ従属させるばかり

3　エリス・キャッシュモア編『世界の民族・人種関係事典』、今野敏彦監訳、明石書店、2000年。

か、植民者である日本人の精神をも内側から腐蝕し呪縛していくものとしてあった。それを、私たち日本人は戦後、果たして克服することができたのか。

1910年の強制併合に際して、「朝鮮問題が帝国の勢力を前代未聞の点に進むる機会になったごとく、朝鮮伝道が帝国における基督教発展の導火線となるかも知れぬ」(『福音新報』1910年9月22日)、「彼らの将来は日本人と同化するか、はたまた除外されるか、いずれかに帰着せねばならぬ」(『護教』1909年9月25日)と公言して憚らなかった日本の教会とキリスト者の「伝道論」から、いま私たちは、果たして自由になれたのか。

キリスト者としての「植民地責任告白」

2005年5月、ギリシアのアテネにおいて21世紀最初の世界宣教会議が開かれた。1910年のエディンバラ宣教会議から数えて12回目となるこの会議では、「来たれ、聖霊よ、我らを癒し、和解させたまえ！——キリストにより和解と癒しの共同体に召しだされて」という主題が掲げられた。そこには、2001年の9・11アメリカ同時攻撃／対テロ戦争という「暴力の連鎖」「敵意の極限」に対する教会とキリスト者の強い危機感があった。

この会議に、討議資料のひとつとして提出されたのが、『和解のミニストリーとしての宣教』である[4]。その中心的なテーマは、「真実、記憶、悔い改め、正義、赦し、そして愛は、包括的で完全な和解にとって重要で本質的なものである」というところにある。そして同文書では、「宣教の目標とプロセスが和解であるならば……」と問い、次のように述べている。

「教会は、世界における宣教の過去を検証し、自らを省み、吟味することは避けられない。……かつての自らの宣教が、神が望まれ、神ご自身が

4　世界教会協議会世界宣教・伝道委員会編『和解と癒し—— 21世紀における世界の伝道・宣教論』、神田健次監修・加藤誠訳、キリスト新聞社、2010年。

遂行しておられる宣教(missio dei)を映し出したものとなりえなかったことを、正直に告白することから始めなければならない。……過去でも現在でも、キリスト者の宣教が行われているところで、土着の文化を破壊し、共同体を衰退させ、キリスト者の間においても分裂を生み出すような暴力的で帝国主義的な行為を引き起こしているならば、悔い改めへと呼び出される。悔い改めは、福音の名を借りて行われた植民地主義的な暴力の罪を告白する。……教会は過去の傷を手当てし、癒されなければならない」。

この明確な「告白」は、2001年の国連ダーバン宣言につながるものとして位置づけることができる。私たちは、次のメッセージも共有したい。

「私たちは過去の悪事を、それがあたかも起こらなかったかのように忘れることはできない。犠牲者に忘れることを強いることは、彼らの尊厳を再び貶めることになる。私たちは、決して忘れることはできないが、違った仕方で記憶することはできる。つまり、私たちが過去と加害者(悪事の行為者)に対し、それまでと違った関係を築くことを可能とする記憶の仕方があるのである。それが、私たちがキリスト者として招かれていることなのである」。

真実を直視する勇気

1904年の日露戦争に対して「非戦」を唱え、1910年「韓国併合」、そして組合教会による朝鮮伝道、1923年の関東大震災時の朝鮮人虐殺に対して、一貫して批判し続けた安中教会(群馬県の組合教会)の牧師である柏木義円《ぎえん》は、1925年、日本の植民地統治下にあった朝鮮をはじめて訪れた。そして、こう記した。

「私は朝鮮を観たいと思って来た。朝鮮の山水を見た。都会を見た。しかし、私はいまだ朝鮮を見たとは言えない。否、朝鮮の真相を見る眼を持たない。畢竟、朝鮮を見ることはできなかった」[5]。

柏木義円は、自ら主宰する『上毛教界月報』にこう書き、ふたたび朝鮮の地を踏むことはなかった。そして彼はこの年の暮れから、その『上毛教界月報』の巻頭に「われわれは無戦世界の実現を望み、軍国主義の廃滅を期す」とかかげ、1938年に召天するまでその主張を貫いた。

日本による同化政策を批判し続けた柏木義円は、朝鮮においてその実相と真実を自分の目でしっかりと確かめたかったに違いない。しかし彼は、「朝鮮の真相を見る眼を持たない」と書くしかなかった。このことは、彼の限界を示すものではなく、圧倒的少数者であることに躊躇することなく「キリストに在る真実」を求める者の確信であり、抵抗への強烈な意思の表明だということができる。

それから90年後の現在、かつての植民地支配を合理化し正当化する言説が繰り返されるなかにあっても、私たちが真実を直視しようとする強固な意志と、しなやかな想像力の一片でももつならば、柏木義円がかつてそうしたように、私たちには真実がみえるはずである。

（さとう・のぶゆき／東京韓国YMCA理事）

5 『上毛教界月報』1925年8月号。

4

在日本韓国YMCA 2・8独立宣言記念資料室について

田附和久

よく知られている通り、2・8独立宣言は在日本東京朝鮮基督教青年会（東京朝鮮YMCA）の講堂で発表された。1906年に創立された東京朝鮮YMCAは、キリスト教に基づく全人教育、聖書研究などの活動を展開しただけでなく、会員に限らず朝鮮人留学生全体のために生活支援をおこない、また留学生間の交際の機会や集会の会場を広く提供した。1914年、当時の神田区西小川町（現在の千代田区西神田）に建築された東京朝鮮YMCA会館は、実質的に当時朝鮮人が東京で所有した唯一の建築物であり、その講堂は朝鮮人留学生たちにとって大切な集会会場となった。

当時の留学生のひとりであり、のちにジャーナリストとして活動した金《キム・》乙漢《ウルハン》（1905～1992年）は次のように回想している。

> 日帝強占期の東京留学生は嬉しいときも悲しいときもYMCAに集って泣き笑いし、何か困った問題が起きれば、まずYMCAの総務に相談した。（中略）私が最初に東京に到着して驚いたのは、当時の朝鮮人留学生はいずれの地方の出身であれ、いずれの学校の学生であれ、またいかなる主義者であれ、そして男子学生であれ、女子学生であれ、あらゆる生活の中心をYMCAに置いていたという事実である[1]。

1　金乙漢『日帝強占期東京留学生』探求堂、1986年（改訂版2019年）〔原文韓国

そこで発表された2・8独立宣言は、YMCAが主導したものではないが、誰もが集えるYMCAという場所があったからこそ発表できたものであり、また当時YMCA幹事であった白南薫《ペク・ナムフン》が運動に参加した学生たちを影日向で支えていたことは、本書の他の論考が明らかにしている通りである。

2・8独立宣言発表の場となった会館は1923年の関東大震災時に焼失したが、その後、朝鮮内での募金や海外YMCAからの支援を受け、1929年に神田裏猿楽町に新たな3階建て会館を建て活動は継続された。朝鮮解放後の1948年には、名称を在日本韓国基督教青年会（在日本韓国YMCA）とあらため、1960年代以降は活動の対象を留学生だけでなく在日コリアン全体に広げ、東京、大阪の2ヵ所に拠点を置き、韓国語講座や民族文化教室などを実施し、在日コリアン青年のアイデンティティ確立を支援する働きを担うようになった。1981年に新会館「アジア青少年センター」が竣工されると、対象を日本の市民社会さらにはアジアから来日する青年たちにも広げ、現在では、韓国語講座、韓国伝統楽器・舞踊教室のほか、韓日の青年交流プログラムや日本語学校等の事業を展開している。また会館内の宿泊研修施設は多くのキリスト教団体や市民運動団体に利用されており、2・8独立宣言以来の伝統を継承し、さまざまな歴史的集会の会場としても用いられてきた[2]。

2・8独立宣言を生み出したYMCAが1世紀を超えてなお存続し続け、かつての独立運動の現場が現在では韓国、日本、アジアの青年たちがともに集い平和を築く働きを進める場所となっていることは誠に感慨深い。

語〕。

2　YMCAを会場として数百名の聴衆が集まった有名な集会としては「済州島4・3事件40周年追悼記念講演会」(1988年4月3日)、「元従軍慰安婦・金学順さんの話を聞く集い」(1991年12月9日)などがあげられる。

在日本韓国YMCA　2・8独立宣言記念資料室
〒101-0064 東京都千代田区神田猿楽町2-5-5
(JR水道橋駅 徒歩5分、地下鉄神保町駅 徒歩8分)　電話　03-3233-0611
開館時間　月曜～土曜　午前10時～午後5時
休館日　日曜、祝日、年末年始(12月29日～1月3日)
※10名以上の団体でのご見学および図書室ご利用の際は、あらかじめご予約ください。
こちらは2019年12月現在の情報であり、変更される可能性もございます。ご了承願います。

在日本韓国YMCAでは、ここで発表された2・8独立宣言の歴史的意義を広く伝えるために、在日青年団体と合同で会館入口に記念碑を設置し(1982年)、毎年2月8日には韓国政府の協力を受け記念式典を継続して開催してきた。また、2008年には会館内に2・8独立宣言記念資料室を開設し、独立宣言関連資料の常設展示をおこなうようになったが、2019年には2・8独立宣言100周年記念事業の一環として、韓国政府国家報勲処ならびに独立記念館の支援を受け、同資料室を会館入口近くの2階に移設し、全面改修リニューアル工事を実施した。

リニューアル後の展示室ではパネル展示と映像資料、写真資料によって2・8独立宣言発表までの経緯とその後の展開について学べるようになっており、また図書室では関連書籍を直接閲覧できる。展示室は、小規模集会の開催も可能であり、歴史セミナーの定期的な開催が予定されている。

韓国と日本、さらには東アジアの国々の青年たちが今後もさらに交流を深め、未来の友好関係を一層強固にするためには、互いに近い過去の歴史を正しく学び、記憶し続けることが必要であろう。東京の中心にあるこの記念資料室がそのために長く大いに活用されることを心から願っている。

（たづけ・かずひさ／在日本韓国YMCA）

おわりに

在日本韓国YMCAでは毎年2月8日、2・8独立宣言記念式典を開催してきた。

私たちは2019年2・8独立宣言100周年に向けて、2017年6月に「2・8研究会」を立ち上げた（座長：李省展）。それは、2・8宣言の歴史的・現代的意義を共有し、10年後、20年後、30年後の在日本韓国YMCAの役割と「東アジアのなかの日本社会」の課題を提起していきたい、と考えたからである。

私たちは研究会をもって、これまでの研究成果を共有するとともに、研究者を迎えて連続セミナーを次のように開催していった。

・第1回：2017年9月6日、小野容照さん「2・8独立宣言の再照明と朝鮮人留学生研究の現状」
・第2回：11月1日、徐正敏さん「日韓キリスト教史から見た2・8、3・1独立運動」
・第3回：2018年1月10日、波田野節子さん「李光洙の2・8独立宣言」
・第4回：3月14日、宋連玉さん「2・8独立宣言に関わった女子留学生」
・第5回：5月9日、マイケル・シャピロさん「韓国YMCA史の中の2・8独立宣言」
・第6回：7月14日、裵姈美さん「在日朝鮮人の3・1運動継承」
・第7回：9月19日、太田哲男さん「朝鮮独立運動と日本の知識人」
・第8回：11月28日、李省展さん「2・8／3・1独立運動と宣教師・ミッションスクール」

毎回、30人を超える参加者を得たばかりか、講師との質疑応答を通して新たな知見を得ることができた。何よりも、さまざまな観点から「2・8独立宣言」を照射する講師の話から、私たちは2・8独立宣言から100年を記念するシンポジウムで何を論点とすべきか、少しずつ焦点が定まってきた。

そして2019年2月9日、100周年記念式典の翌日に「2・8独立宣言100周年記念国際シンポジウムin東京」を在日本韓国YMCAで、2月15日に「国際シンポジウムin大阪」を在日韓国基督教会館で開催した。以下はその概要である。

◇東京シンポジウム

・映像：金聖雄監督『2・8独立宣言』上映

・講演：小野容照さん／尹慶老さん／徐正敏さん

・全体討論「日・韓・在日社会の今後の課題」：宋連玉さん／佐藤飛文さん／高彰希さん

コーディネーター：李省展、総合司会：佐藤信行

◇大阪シンポジウム

・講演：金興洙さん／松田利彦さん

・全体討論「日・韓・在日社会の今後の課題」：裵妗美さん／李信三さん

司会：田附和久

＊

本書は、これらのセミナーとシンポジウムの講演録を中心にまとめたものであるが、執筆者の方々は講演原稿にさらに加筆・修正して論考を仕上げてくれた。その労苦に、感謝するばかりである。

また、東京と大阪でシンポジウムを開催するにあたっては、日本全国の

YMCA、キリスト教機関、市民運動団体、個人による総数で100件を超える賛同を受け、支えられた。いわば日本の市民社会の「草の根」団体・個人の、共通の思いと切実な願いによって、本書が生まれたとも言える。

私たちは当初、本書を研究者だけではなく、一般の市民や大学生・高校生たちに広く読んでもらえる本にしたいと願ったが、その編集方針を実現するよう心を砕いてくれたのは、新教出版社編集部の堀真悟さんである。堀さんは連続セミナーに欠かさず出席され、入稿後は本文内容ばかりではなく、レイアウト、図版、写真、人名のルビ、脚注に至るまで細心の注意を払ってくれた。そのことに深く感謝したい。

＊

本書の編集途上に、とりわけ今年（2019年）7月以降、日韓の政府間対立は苛烈なものになった。また日本社会のなかには、嫌韓感情というべきものが増幅されている。しかし、この問題の核心、そもそもの要因は、日本という国としての未済の歴史責任であり、日本社会および日本人の多くが歴史に対して真摯に向き合ってこなかったことにあるのではないか……。私たちは本書の編集の合間に、それぞれの現場でこのことを主張し対話することに忙殺されざるをえなかった。

本書が、一人でも多くの人びとにとって、そのことを考える契機になることを願うばかりである。

2019年12月8日

在日本韓国YMCA2・8研究会

李 省 展

佐藤信行

田附和久

参考資料

2・8独立宣言書（日本語訳文）

全朝鮮青年独立団はわが二千万の朝鮮民族を代表し、正義と自由の勝利を得た世界万国の前にわが独立を期成せんことを宣言する。

四千三百年の長久の歴史を有するわが民族は、実に世界最古の文明民族の一つである。たとえ時には中国の正朔を奉じたことはあったとしても、これは朝鮮皇室と中国皇室との形式的な外交的関係に過ぎなかった。朝鮮は常にわが民族の朝鮮であり、かつて一度として統一国家であることが失われたり異民族の実質的支配を受けたりしたことはなかった。日本は、朝鮮が日本と唇歯の関係にあることを自覚していると言って、1895年日清戦争の結果、韓国の独立を率先して承認した。そしてイギリス、アメリカ、フランス、ドイツ、ロシアなどの諸国も、独立を承認しただけではなく、これを保全することを約束した。韓国はその恩義を感じ、諸般の改革と国力の充実を鋭意図ったのである。当時ロシアの勢力が南下し、東洋の平和と韓国の安寧を脅かすと、日本は韓国と攻守同盟を締結して日露戦争を始めたが、東洋の平和と韓国の独立保全が実にこの同盟の主旨であった。韓国は一層その好誼を感じ、陸海軍の作戦上の援助はできなかったものの、主権の威厳までを犠牲にし、可能なあらゆる義務をつくして、東洋平和と韓国独立の二大目的を追求したのであった。ついに戦争が終結し、当時のアメリカ大統領ルーズベルト氏の仲裁により日露間で講和会議が開かれると、日本は同盟国である韓国の参加を許さず、日露両国代表者間の任意によって日本の韓国に対する宗主権を議定した。日本は優越した兵力をもって、韓国の独立を保全するという旧約に違反し、暗弱であった当時の韓国皇帝とその政府を脅迫し欺いて、「国力が充実し独立が得られるときまで」という条件で韓国の外交権を奪い、これを日本の保護国とし、韓国が世界列国と直接交渉する道を断った。また「相当の時期まで」という条件で司法、警察権を奪い、さらには「徴兵令実施まで」という条件で軍隊を解散し、民間の武器を押収して、日本の軍隊と憲兵警察とを各地に配置した。甚だしくは、皇宮の警備までも日本の警察を用いるようになった。このようにして、ついに韓国を全く抵抗できない者にした後に、多少は明哲であると言われていた韓国皇帝を放逐して皇太子を擁立、日本の走狗によっていわゆる合併内閣を組織し、ついに秘密と武力のうちに合併条約を締結した。ここにわが民族は建国以来半万年にして、自らを指導し援助すると言った友好国の軍国的野心の犠牲となったのである。

実に日本の韓国に対する行為は、詐欺と暴力から出たものであり、実にこのような偉大な詐欺の成功は、世界興亡史上に特筆すべき人類の大恥辱であると言える。

保護条約を締結する際に、皇帝と、賊臣を除いた数人の大臣はあらゆる反抗の手段を尽くし、その発表後も全国民は素手で可能な限りの反抗を行った。司法、警察権が奪われ、軍隊が解散した時も同様であった。合併に際しては、手中に寸鉄の武器を持たなかったにもかかわらず、可能な限りの反抗運動を尽くしたが、精鋭な日本の武器により犠牲となった者は数知れない。以後十年間、独立を回復しようという運動で犠牲となった者は数十万に達し、惨酷な憲兵政治下において、手足と口舌の自由を奪われながらも、未だかつて独立運動は絶えることがなかった。このことから見ても、日韓合併は朝鮮民族の意思によるものではないことがわかるであろう。このように、わが民族は日本軍国主義の野心の詐欺と暴力のもとに、わが民族の意思に反する運命におかれた。それゆえ、正義によって世界を改造するこの時に、その匡正を世界に求めることは当然の権利であり、また世界改造の主人公であるアメリカとイギリスは、保護と合併を率先して承認したという理由によって、今こそ過去の旧悪を贖う義務があると言える。

また合併以来の日本の朝鮮統治政策を見ると、合併時の宣言に反して、わが民族の幸福と利益を無視し、征服者が被征服者に対する古代の非人道的な政策を応用して、わが民族に参政権、集会結社の自由、言論出版の自由を許さず、甚だしくは信教の自由、企業の自由に至るまでも少なからず拘束している。行政、司法、警察等の諸機関が朝鮮民族の人権を侵害し、公的にも私的にもわが民族と日本人との間に優劣の差別を設け、日本人に比べて劣等の教育を施し、わが民族を永遠に日本人の使役者にさせようとしている。歴史を書き改め、わが民族の神聖な歴史的、民族的伝統と威厳を破壊し、侮蔑している。少数の官吏を除くほか、政府の諸機関と交通、通信、兵備などの諸機関の全部あるいは大部分に日本人のみを用い、わが民族には永遠に国家生活の智能と経験を得る機会を与えないようにしている。わが民族は、このような武断専制、不正不平等な政治のもとでは、決してその生存と発展を享受することができない。それだけではない。人口過剰の朝鮮に無制限の移民を奨励して補助を与え、土着のわが民族が海外に流離するのをやむなくさせた。国家の諸機関はもちろん、私設の諸機関にまで日本人を用い、一方で朝鮮人の職業を失わせ、また一方では朝鮮人の富を日本に流出させた。商工業においても日本人には特殊な便益を与え、朝鮮人には産業的発展の機会を失わせた。このように、いかなる方面においても、わが民族と日本人との間の利害は互いに相反し、相反すればその害を受けるのはわが民族である。故に、わが民族は生存の権利のために独立を主張する。

最後に東洋平和の見地から見ても、かつて脅威であったロシアはすでにその軍国主義的野心を放棄し、正義と自由と博愛を基礎とした新国家を建設しようとしており、中華民国もまた同様である。加えて、このたび国際連盟が実現すれば、再び軍国主義的侵略を敢行する強国は無くなるであろう。そうであれば、韓国を合併した最大の理由はすでに消滅している。そればかりでなく、もし朝鮮民族が無数の革命の乱を起こすとすれば、日本に合併された韓国はむしろ東洋平和を乱す禍根となるであろう。わが民族は正当な方法によってわが民族の自由を追求するが、もしこれが成功しなければ、わが民族は生存の権利のためにあらゆる自由な行動を取り、最後の一人に至るまで自由のために熱血をそそぐであろう。これがどうして東洋平和の禍根とならないであろうか。わが民族は一兵も持たない。わが民族は兵力で日本に抵抗する実力はない。しかし、もし日本がわが民族の正当な要求に応じなければ、わが民族は日本に対し永遠の血戦を宣言するであろう。

わが民族は高度の文化を持ってからすでに久しく、半万年の間、国家生活の経験を持つ者である。たとえ多年の専制政治の害毒と境遇の不幸がわが民族の今日を招いたのだとしても、正義と自由を基礎とした民主主義の上に、先進国の範に従って新国家を建設した後には、建国以来文化と正義と平和を愛護してきたわが民族は、必ずや世界の平和と人類の文化に対し貢献することであろう。

ここにわが民族は日本および世界各国が、わが民族に民族自決の機会を与えることを要求する。もし、そうならなければ、わが民族はその生存のために自由行動を取り、わが民族の独立を期成することを宣言する。

朝鮮青年独立団

右代表者

崔八鏞　金度演　李光洙　金喆寿　白寛洙　尹昌錫　李琮根　宋継白

崔謹愚　金尚徳　徐椿

決議文

一．本団は、日韓合併がわが民族の自由意思によるものでなく、わが民族の生存と発展を脅かし、また東洋の平和を乱す原因となっているという理由により、独立を主張する。

二．本団は、日本の議会及び政府に対し、朝鮮民族大会を召集し、その会の決議によってわが民族の運命を決定する機会を与えることを要求する。

三．本団は、万国講和会議において、民族自決主義をわが民族にも適用させることを請求する。右の目的を達成するために、日本に駐在する各国大使公使に対し、本団の主義を各国政府に伝達することを要求し、同時に委員二名を万国講和会議に派遣する。右の委員は既に派遣したわが民族の委員と一致した行動を取る。

四．前項の要求が失敗したときには、わが民族は日本に対し永遠の血戦を宣言する。これによって生ずる惨禍については、わが民族はその責任を負わない。

2・8独立宣言書（朝鮮語原文）

宣言書（선언서）

全朝鮮青年獨立團（전조선청년독립단）은 我二千萬民族（아이천만민족）을 代表（대표）하야 正義（정의）와 自由（자유）의 勝利（승리）를 得（득）한 世界萬國（세계만국）의 前（전）에 獨立（독립）을 期成（기성）하기를 宣言（선언）하노라.

四千三百年（사천삼백년）의 長久（장구）한 歴史（역사）를 有（유）하는 吾族（오족）은 實（실）로 世界最古文明民族（세계최고문명민족）의 一（일）이라. 비록 有時乎（유시호）支那（지나）의 正朔（정삭）을 奉（봉）한 事（사）는 有（유）하엿으나 此（차）는 朝鮮皇室（조선황실）과 支那皇室（지나황실）과의 形式的外交關係（형식적 외교관계）에 不過（불과）하엿고 朝鮮（조선）은 恒常（항상）吾族（오족）의 朝鮮（조선）이오 一次（일차）도 統一（통일）한 國家（국가）를 失（실）하고 異族（이족）의 實質的支配（실질적지배）를 受（수）한 事（사）無（무）하도다. 日本（일본）은 朝鮮（조선）이 日本（일본）과 唇歯（순치）의 關係（관계）가 有（유）함을 自覺（자각）함이라 하야 一千八百九十五年（일천팔백구십오년）日清戰爭（일청전쟁）의 結果（결과）로 日本（일본）이 韓國（한국）의 獨立（독립）을 率先承認（솔선승인）하엿고 英（영）, 米（미）, 法（법）, 德（덕）, 俄（아）等（등）諸國（제국）도 獨立（독립）을 承認（승인）할뿐더러 此（차）를 保全（보전）하기를 約束（약속）하엿도다. 韓國（한국）은 그 恩義（은의）를 感（감）하야 鋭意（예의）로 諸般改革（제반개혁）과 國力（국력）의 充實（충실）을 圖（도）하엿도다. 當時（당시）俄國（아국）의 勢力（세력）이 南下（남하）하야 東洋（동양）의 平和（평화）와 韓國（한국）의 安寧（안녕）을 威脅（위협）할새 日本（일본）은 韓國（한국）과 攻守同盟（공수동맹）을 締結（체결）하야 日俄戰爭（일아전쟁）을 開（개）하니 東洋（동양）의 平和

(평화)와 韓國(한국)의 獨立保全(독립보전)은 實(실)로 此(차) 同盟(동맹)의 主旨(주지)와 韓國(한국)은 더욱 그 好誼(호의)에 感(감)하야 陸海軍(육해군)의 作戰上(작전상) 援助(원조)는 不能(불능)하엿으나 主權(주권)의 威嚴(위엄)까지 犧牲(희생)하야 可能(가능)한 온갖 義務(의무)를 다 하야써 東洋平和(동양평화)와 韓國獨立(한국독립)의 兩大目的(양대목적)을 追求(추구)하얏도다. 及其(급기) 戰爭(전쟁)이 終結(종결)되고 當時(당시) 米國大統領(미국대통령) 루쓰벨트氏(씨)의 仲裁(중재)로 日俄間(일아간)에 講和會議(강화회의) 開設(개설)될새 日本(일본)은 同盟國(동맹국)인 韓國(한국)의 參加(참가)를 不許(불허)하고 日俄(일아) 兩國代表者間(양국대표자간)에 任意(임의)로 日本(일본)의 韓國(한국)에 對(대)한 宗主權(종주권)을 議定(의정)하엿으며 日本(일본)은 優越(우월)한 兵力(병력)을 持(지)하고 韓國(한국)의 獨立(독립)을 保全(보전)한다는 舊約(구약)을 違反(위반)하야 暗弱(암약)한 當時(당시) 韓國皇帝(한국황제)와 그 政府(정부)를 威脅(위협)하고 欺罔(기망)하야「國力(국력)의 充實(충실)함이 足(족)히 獨立(독립)을 得(득)할 만한 時期(시기)까지라」는 條件(조건)으로 韓國(한국)의 外交權(외교권)을 奪(탈)하야 此(차)를 日本(일본)의 保護國(보호국)을 作(작)하야 韓國(한국)으로 하야곰 直接(직접)으로 世界列國(세계열국)과 交涉(교섭)할 道(도)를 斷(단)하고 因(인)하야「相當(상당)한 時期(시기)까지라」는 條件(조건)으로 司法(사법), 警察權(경찰권)을 奪(탈)하고 更(경)히「徵兵令實施(징병령실시)까지라」는 條件(조건)으로 軍隊(군대)를 解散(해산)하며 民間(민간)의 武器(무기)를 押收(압수)하고 日本軍隊(일본군대)와 憲兵警察(헌병경찰)을 各地(각지)에 遍置(편치)하여 甚至(심지)에 皇宮(황궁)의 警備(경비)까지 日本警察(일본경찰)을 使用(사용)하고 如此(여차)히 하야 韓國(한국)으로 하여곰 全(전)혀 無抵抗者(무저항자)를 作(작)한 後(후)에 多少(다소) 明哲(명철)의 稱(칭)이 有(유)한 韓國皇帝(한국황제)를 放逐(방축)하고

皇太子(황태자)를 擁立(옹립)하고 日本(일본)의 走拘(주구)로 所謂(소위) 合倂內閣(합병내각)을 組織(조직)하야 秘密(비밀)과 武力(무력)에 裏(리)에서 合倂條約(합병조약)을 締結(체결)하니玆(자)에 吾族(오족)은 建國以來(건국이래) 半萬年(반만년)에 自己(자기)를 指導(지도)하고 援助(원조)하노라 하는 友邦(우방)의 軍閥的野心(군벌적야심)의 犧牲(희생)되엿도다.

實(실)로 日本(일본)은 韓國(한국)에 對(대)한 行爲(행위)는 詐欺(사기)와 暴力(폭력)에서 出(출)한 것이니 實(실)로 如此(여차)히 偉大(위대)한 詐欺(사기)의 成功(성공)은 世界興亡史上(세계흥망사상)에 特筆(특필)할 人類(인류)의 大辱恥辱(대욕치욕)이라 하노라.

保護條約(보호조약)을 締結(체결)할 時(시)에 皇室(황실)와 賊臣(적신)안인 幾個大臣(기개대신)들은 모든 反抗手段(반항수단)을 다하얏고 發表後(발표후)에도 全國民(전국민)은 赤手(적수)로 可能(가능)한 온갓 反抗(반항)을 다하얏으며 司法(사법), 警察權(경찰권)의 被奪(피탈)과 軍隊解散時(군대해산시)에도 然(연)하얏고 合倂時(합병시)를 當(당)하야는 手中(수중)에 寸鐵(촌철)이 無(무)함을 不拘(불구)하고 可能(가능)한 온갓 反抗運動(반항운동)을 다하다가 精鋭(정예)한 日本武器(일본무기)에 犧牲(희생)이 된 者(자)이 不知其數(부지기수)며 以來(이래) 十年間(십년간) 獨立(독립)을 恢復(회복)하랴는 運動(운동)으로 犧牲(희생)된 者(자)이 數十萬(수십만)이며 慘酷(참혹)한하 憲兵政治下(헌병정치하)에 手足(수족)과 口舌(구설)의 搭制(탑제)를 受(수)하면서도 曾(증)히 獨立運動(독립운동)이 絶(절)한 적이 업나니 此(차)로 觀(관)하여도 日韓合倂(일한합병)이 朝鮮民族(조선민족)의 意志(의지)가 아님을 可知(가지)할지라. 如此(여차)히 吾族(오족)은 日本軍國主義的野心(일본군국주의적야심)의 詐欺暴力下(사기폭력하)에 吾族(오족)의 意思(의사)에 反(반)하는 運命(운명)을 當(당)하얏으니 正義(정의)로 世界(세계)를 改造(개조)하는 此時(차시)에 當然(당연)히 匡正(광정)을 世界(세계)에 求(구)할 權利(권리)가 有(유)하며 또 世界改造(세계개조)의 主人(주인)되는 米(미)와 英(영)은 保護(보호)와 合併(합병)을 率先承認(솔선승인)한 理由(이유)로 此時(차시)에 過去(과거)의 舊惡(구악)을 贖(속)할 義務(의무)가 有(유)하다 하노라.

또 合併以來(합병이래) 日本(일본)의 朝鮮統治政策(조선통치정책)을 보건대 合併時(합병시)의 宣言(선언)에 反(반)하야 吾族(오족)의 幸福(행복)과 利益(이익)을 無視(무시)하고 征服者(정복자)가 被征服者(피정복자)의게 對(대)하는 古代(고대)의 非人道的政策(비인도적정책)을 應用(응용)하야 吾族(오족)의게는 參政權(참정권), 集會結社(집회결사)의 自由(자유), 言論出版(언론출판)의 自由(자유)를 不許(불허)하며 甚至(심지)에 信教(신교)의 自由(자유), 企業(기업)의 自由(자유)까지도 不少(불소)히 拘束(구속)하며 行政(행정) 司法(사법) 警察等(경찰등) 諸機關(제기관)이 朝鮮民族(조선민족)의 人權(인권)을 侵害(침해)하며 公私(공사)에 吾族(오족)과 日本人間(일본인간)에 優劣(우열)의 差別(차별)을 設(설)하며 日本人(일본인)에 比(비)하야 劣等(열등)한 教育(교육)을 施(시)하야써 吾族(오족)으로 하야곰 永遠(영원)히 日本人(일본인)의 被使役者(피사역자)를 成(성)하게 하며 歷史(역사)를 改造(개조)하야 吾族(오족)의 神聖(신성)한 歷史的(역사적), 民族的傳統(민족적전통)과 威嚴(위엄)을 破壞(파괴)하고 凌侮(능모)하며 小數(소수)의 官吏(관리)를 除(제)한 外(외)에 政府(정부)의 諸機關(제기관)과 交通(교통), 通信(통신), 兵備諸機關(병비제기관)에 全部(전부) 或(혹)은 大部分(대부분) 日本人(일본인)만 使用(사용)하야 吾族(오족)으로 하야곰 永遠(영원)히 國家生活(국가생활)의 智能(지능)과 經驗(경험)을 得(득)할 機會(기회)를 不得(부득)케 하니 吾族(오족)은 決(결)코 如此(여차)한 武斷專制(무단전제) 不正不平等(부정불평등)한 政治下(정치하)에서 生存(생존)과 發展(발전)을 享受(향수)키 不能(불능)한지라. 그 뿐더러 元來(원래) 人口過剩(인구과잉)한 朝鮮(조선)에 無制限(무제한)으로 移民(이민)을 獎勵(장려)하고 補助(보조)

하야 土着(토착)한 吾族(오족)은 海外(해외)에 流離(유리)함을 不免(불면)하여 (國家국가)의 諸機關(제기관)은 勿論(물론)이오 私設(사설)의 諸機關(제기관)에까지 日本人(일본인)을 使用(사용)하야 一邊(일변) 朝鮮人(조선인)으로 職業(직업)을 失(실)케 하며 一邊(일변) 朝鮮人(조선인)의 富(부)를 日本(일본)으로 流出(유출)케 하고 商工業(상공업)에 日本人(일본인)의게는 特殊(특수)한 便益(편익)을 與(여)하야 朝鮮人(조선인)으로 하야곰 産業的發興(산업적발흥)의 機會(기회)를 失(실)케 하도다. 如此(여차)히 何方面(하방면)으로 觀(관)하야도 吾族(오족)과 日本人(일본인)과의 利害(이해)를 相互(상호) 背馳(배치)하며 背馳(배치)면 그 害(해)를 受(수)하는 者(자)는 吾族(오족)이니 吾族(오족)은 生存(생존)의 權利(권리)를 爲(위)하야 獨立(독립)을 主張(주장)하노라.

最後(최후)에 東洋平和(동양평화)의 見地(견지)로 보건대 그 威脅者(위협자)이던 俄國(아국)은 이미 軍國主義的野心(군국주의적야심)을 抛棄(포기)하고 正義(정의)와 自由(자유)와 博愛(박애)를 基礎(기초)로 한 新國家(신국가)를 建設(건설)하랴고 하는 中(중)이며 中華民國(중화민국)도 亦然(역연)하며 兼(겸)하야 此次(차차) 國際聯盟(국제연맹)이 實現(실현)되면 다시 軍國主義的侵略(군국주의적침략)을 敢行(감행)할 强國(강국)이 無(무)할 것이다. 그러할진대 韓國(한국)을 合併(합병)한 最大理由(최대이유)가 이믜 消滅(소멸)되얏을 뿐더러 從此(종차)로 朝鮮民族(조선민족)이 無數(무수)한 革命亂(혁명란)을 起(기)한다 하면 日本(일본)의 合併(합병)된 韓國(한국)은 反(반)하야 東洋平和(동양평화)를 攪亂(교란)할 禍源(화원)이 될지라. 吾族(오족)은 正當(정당)한 方法(방법)으로 吾族(오족)의自 由(자유)를 追求(추구)할지나 萬一(만일) 此(차)로써 成功(성공)치 못하면 吾族(오족)은 生存(생존)의 權利(권리)를 爲(위)하여 온갓 自由行動(자유행동)을 取(취)하야 最後(최후)의 一人(일인)까지 自由(자유)를 爲(위)하는 熱血(열혈)을 濺(천)할지니 엇지 東洋平和(동양평화)

의 禍源(화원)이 아니리오. 吾族(오족)은 兵(병)이 無(무)하라. 吾族(오족)은 兵力(병력)으로써 日本(일본)을 抵抗(저항)할 實力(실력)이 無(무)호라. 然(연)하나 日本(일본)이 萬一(만일) 吾族(오족)의 正當(정당)한 要求(요구)에 不應(불응)할진대 吾族(오족)은 日本(일본)에 對(대)하야 永遠(영원)의 血戰(혈전)을 宣(선)하리라.

吾族(오족)은 久遠(구원)히 高等(고등)한 文化(문화)를 有(유)하얏고 半萬年間(반만년간) 國家生活(국가생활)의 經驗(경험)을 有(유)한 者(자)이라. 비록 多年(다년) 專制政治(전제정치)의 害毒(해독)과 境遇(경우)의 不幸(불행)이 吾族(오족)의 今日(금일)을 致(치)하얏다 하더라도 正義(정의)와 自由(자유)를 基礎(기초)로 한 民主主義(민주주의)의 上(상)에 先進國(선진국)의 範(범)을 (隨수)하야 新國家(신국가)를 建設(건설)한 後(후)에는 建國以來(건국이래) 文化(문화)와 正義(정의)와 平和(평화)를 愛護(애호)하는 吾族(오족)은 반다시 世界(세계)의 平和(평화)와 人類(인류)의 文化(문화)에 貢獻(공헌)함이 有(유)할지라. 玆(자)에 吾族(오족)은 日本(일본)이나 或(혹)은 世界各國(세계각국)이 吾族(오족)의게 民族自決(민족자결)의 機會(기회)를 與(여)하기를 要求(요구)하며 萬一(만일) 不然(불연)하면 吾族(오족)은 生存(생존)을 爲(위)하야 自由行動(자유행동)을 取(취)하야써 吾族(오족)의 獨立(독립)을 期成(기성)하기를 宣言(선언)하노라.

一九一九年二月八日

朝鮮青年獨立團(조선청년독립단)

右代表者(우대표자)　崔八鏞(최팔용)　李琮根(이종근)
金度演(김도영)　宋繼白(송계백)
李光洙(이광수)　崔謹愚(최근우)
金喆寿(김철수)　金尚徳(김상덕)

白寬洙(백관수)　徐 椿(서 춘)

尹昌錫(윤창석)

決議文(결의문)

一. 本團(본단)은 韓日合併(한일합병)이 吾族(오족)의 自由意思(자유의사)에 出(출)하지 아니하고 吾族(오족)의 生存(생존)과 發展(발전)을 威脅(위협)하고 또 東洋(동양)의 平和(평화)를 攪亂(교란)하는 原因(원인)이 된다는 理由(이유)로 獨立(독립)을 主張(주장)함.

二. 本團(본단)은 日本議會(일본의회) 及(및) 政府(정부)에 朝鮮民族大會(조선민족대회)를 招集(초집)하야 該會(해회)의 決議(결의)로 吾族(오족)의 運命(운명)을 決(결)할 機會(기회)를 與(여)하기를 要求(요구)함.

三. 本團(본단)은 萬國講和會議(만국강화회의)에 民族自決主義(민족자결주의)를 吾族(오족)의게도 適用(적용)하게 하기를 請求(청구)함. 右目的(우목적)을 達(달)하기 爲(위)하야 日本駐在(일본주재)한 各國大公使(각국대공사)의게 本團(본단)의 主義(주의)를 各其政府(각기정부)에 傳達(전달)하기를 依賴(의뢰)하고 同時(동시)에 委員二人(위원이인)을 萬國講和會議(만국강화회의)에 派遣(파견)함. 右委員(우위원)은 卽(즉)히 派遣(파견)한 吾族(오족)의 委員(위원)과 一致行動(일치행동)을 取(취)함.

四. 前項(전항)의 要求(요구)가 失敗(실패)될 時(시)는 吾族(오족)은 日本(일본)에 對(대)하야 永遠(영원)의 血戰(혈전)을 宣(선)함. 此(차)로써 生(생)하는 慘禍(참화)는 吾族(오족)이 그 責(책)에 任(임)치 아니함.

3・1独立宣言書（日本語訳文）

我らはここに我が朝鮮が独立国であることと、朝鮮人が自主の民であることを宣言する。これをもって世界万邦に告げ、人類平等の大義を克明にし、これをもって子孫万代に教え、民族自存の正当な権利を永久に持たせるのである。半万年の歴史の権威によってこれを宣言し、二千万民衆の忠誠を合わせてこれを広く明らかにし、恒久な民族の自由発展のためにこれを主張し、人類の良心の発露に基因する世界改造の大機運に順応併進するためにこれを提起するのであるが、これは天の明らかな命令、時代の大勢、全人類共同生存権の正当な発動であり、天下の何者といえどもこれを阻止抑制することはできないであろう。

旧時代の遺物である侵略主義、強権主義の犠牲となり有史以来数千年で初めて異民族の束縛の苦痛を嘗めてからここに十年が過ぎた。我が生存権はどれほど奪われ失われたか。心霊上の発展にどれほど障害となったか。民族の尊厳と栄光がどれほど毀損されたか。新鋭と独創によって世界文化の大潮流に寄与し助けあう機会をどれほど遺失したであろうか。

ああ、旧来の抑鬱を広く明らかにしようとするならば、時下の苦痛を取り去ろうとするならば、将来の脅威を除き去ろうとするならば、民族的良心と国家的廉義が圧縮され妨げられているのを奮い興し伸張しようとするならば、各個人格の正当な発達を遂げようとするならば、憐れむべき子弟に苦恥の財産を遺さないようにするならば、子々孫々の永久完全なる慶福を迎え入れようとするならば、最大急務は民族的独立を確実にさせることである。二千万の各個人が方寸の刃を懐にし、人類に共通する性質と時代の良心が正義の軍と人道の干戈によって援護する今日、我らが進んで取るならばいかなる強い力でも挫くことができないはずはない。退いて事を行うのであれば、いかなる志でも発展できないことはない。

丙子修好條規(日朝修好條規)以来、折々に種々の金石のような盟約を破ったとして、日本の信の無さを罪に定めようとするのではない。学者は講壇で、政治家は実際において、我が先祖代々からの生業を植民地的なものと見て、我が文化民族を未開人扱いし、ただ征服者の快楽を貪るだけで、我々の久遠の社会基礎と卓越する民族心理を無視するからといって、日本の義の少なさを責めようとするのではない。自己を鞭撻することを急ぐ我らには、他を怨み咎める暇はない。現在に慣れ親しむことを急ぐ我らには、昔を懲らしめる暇はない。今日我らが担うべきことはただ自己の建設だけであり、決して他を破壊することではない。厳粛な良心の命令によって自家の新運命を開拓しようとするのであり、決して旧怨と一時的感情によって他を嫉み排斥するのではない。旧思想、旧勢力になびく日本の為政者の功名心の犠牲となった不自然で不合理な錯誤状態を改善、匡正し、自然で合理的な正しい根本状態に帰させるのである。当初から民族的要求として出されたのではない両国併合の結果が、畢竟、姑息な威圧と差別的不平と統計数字上の虚飾の下で利害相反する両民族間に永遠に調和することのできない怨みの溝を益々深くしている今来の実積を見よ。勇明果敢に旧誤を正し、真正なる理解と同情を基本とした友好の新局面を打開することが、彼と我の間に禍を遠ざけ福を招く近道であることをはっきりと知るべきではないか。また二千万の憤りを含み、怨みを蓄えた民を威力で拘束することは、ただ東洋の永久の平和を保障する理由にならないだけでなく、これによって東洋安危の主軸である四億の中国人の日本に対する危懼と猜疑を日増しに濃厚にさせ、その結果、東洋全局が共に倒れ同時に亡ぶという悲運を招くことが明らかであるから、今日我ら朝鮮の独立は朝鮮人をして正当な生活の繁栄を遂げさせると同時に、日本をして邪道を出させ東洋支持者の重責を全うさせ、中国をして夢の中でも免れられずにいる不安恐怖から脱出させ、また東洋平和を重要な一部とする世界平和、人類の幸福に必要な段階とさせるのである。これがどうして区々たる感情上の問題であろうか。

ああ、新天地が眼前に展開されている。威力の時代が去り、道義の時代が来たのだ。過去全世紀に錬磨され長く養われてきた人道的精神が今まさに新文明の曙光を人類の歴史に投射し始めた。新しい春が世界に来て、万物の回蘇を催促している。凍氷寒雪に呼吸を閉蟄しているのが一時の勢いであるとすれば、和風暖陽に気脈を振るわせるのも一時の勢いであるから、天地の復運に際し世界の変潮に乗じた我らは、なんら躊躇することなく、なんら忌憚することもない。我が固有の自由権を護り、旺盛に生きる楽しみを享受し、我が自足の独創力を発揮し春満ちた大界に民族的精華を誇るべきである。

我らはここに奮起するのだ。良心は我らとともにあり、真理は我らとともに進む。老若男女の別なく陰鬱な古巣から活発に起ちあがり、万民群衆と共に欣快に復活を成し遂げるのだ。千百世の祖先の霊は我らを陰から助け、全世界の気運が我らを外から護る。着手がすなわち成功である。ただ前方の光明に驀進するのみである。

公　約　三　章

一、今日我らのこの挙は、正義、人道、生存、尊栄のための民族的要求であり、ひとえに自由の精神を発揮するものである。決して排他的感情に逸走してはならない。

一、最後の一人まで、最後の一時まで、民族の正当な意思を快く発表せよ。

一、一切の行動は最も秩序を尊重し、我らの主張と態度をして、どこまでも公明正大にせよ。

朝鮮建国四千二百五十二年三月一日

朝鮮民族代表

孫秉熙	吉善宙	李弼柱	白龍城	金完圭
金秉祚	金昌俊	權東鎭	權秉悳	羅龍煥
羅仁協	梁甸伯	梁滿默	劉如大	李甲成
李明龍	李昇薰	李鍾勳	李鍾一	林禮煥
朴準承	朴熙道	朴東完	申洪植	申錫九
呉世昌	呉華英	鄭春洙	崔聖模	崔　麟
韓龍雲	洪秉箕	洪基兆		

3・1独立宣言書（朝鮮語原文）

宣言書(선언서)

吾等(오등)은 玆(자)에 我朝鮮(아조선)의 獨立國(독립국)임과 朝鮮人(조선인)의 自主民(자주민)임을 宣言(선언)하노라 此(차)로써 世界萬邦(세계만방)에 告(고)하야 人類平等(인류평등)의 大義(대의)를 克明(극명)하며 此(차)로써 子孫萬代(자손만대)에 告(고)하야 民族自存(민족자존)의 正權(정권)을 永有(영유)케 하노라

半萬年歷史(반만년역사)의 權威(권위)를 仗(장)하야 此(차)를 宣言(선언)함이며 二千萬民衆(이천만민중)의 誠忠(성충)을 合(합)하야 此(차)를 佈明(포명)함이며 民族(민족)의 恒久如一(항구여일)한 自由發展(자유발전)을 爲(위)하야 此(차)를 主張(주장)함이며 人類的良心(인류적양심)의 發露(발로)에 基因(기인)한 世界改造(세계개조)의 大機運(대기운)에 順應並進(순응병진)하기 爲(위)하야 此(차)를 提起(제기)함이니 是(시)ㅣ 天(천)의 明命(명명)이며 時代(시대)의 大勢(대세)ㅣ며 全人類共存同生權(전인류공존동생권)의 正當(정당)한 發動(발동)이라 天下何物(천하하물)이던지 此(차)를 沮止抑制(저지억제)치 못 할지니라

舊時代(구시대)의 遺物(유물)인 侵略主義(침략주의) 強權主義(강권주의)의 犧牲(희생)을 作(작)하야 有史以來(유시이래) 累千年(누천년)에 처음으로 異民族箝制(이민족겸제)의 痛苦(통고)를 嘗(상)한지 今(금)에 十年(십년)을 過(과)한지라 我生存權(아생존권)의 剝奪(박탈)됨이 무릇 幾何(기하)ㅣ며 心靈上發展(심령상발전)의 障礙(장애)됨이 무릇 幾何(기하)ㅣ며 民族的尊榮(민족적존영)의 毁損(훼손)됨이 무릇 幾何(기하)ㅣ며 新銳(신예)와 獨創(독창)으로써 世界文化(세계문화)의 大潮流(대조류)에 寄與補裨(기여보비)할 奇緣(기연)을 遺失(유실)함이 무릇 幾何(기하)ㅣ뇨

噫(희)라 舊來(구래)의 抑鬱(억울)을 宣暢(선창)하려 하면 時下(시하)의 苦痛(고통)을 擺脫(파탈)하려 하면 將來(장래)의 脅威(협위)를 芟除(삼제)하려 하면 民族的良心(민족적양심)과 國家的廉義(국가적염의)의 壓縮銷殘(압축소잔)을 興奮伸張(흥분신장)하려 하면 各個人格(각개인격)의 正當(정당)한 發達(발달)을 遂(수)하려 하면 可憐(가련)한 子弟(자제)에게 苦恥的財産(고치적재산)을 遺與(유여)치 안이하려 하면 子子孫孫(자자손손)의 永久完全(영구완전)한 慶福(경복)을 導迎(도영)하려 하면 最大急務(최대급무)가 民族的獨立(민족적독립)을 確實(확실)케 함이니 二千萬各個(이천만각개)가 人(인)마다 方寸(방촌)의 刃(인)을 懷(회)하고 人類通性(인류통승)과 時代良心(시대양심)이 正義(정의)의 軍(군)과 人道(인도)의 干戈(간과)로써 護援(호원)하는 今日吾人(금일오인)은 進(진)하야 取(취)하매 何强(하강)을 挫(좌)치 못하랴 退(퇴)하야 作(작)하매 何志(하지)를 展(전)치 못하랴

丙子修好條規以來(병자수호조규이래) 時時種種(시시종종)의 金石盟約(금석맹약)을 食(식)하얏다 하야 日本(일본)의 無信(무신)을 罪(죄)하려 안이하노라 學者(학자)는 講壇(강단)에서 政治家(정치가)는 實際(실제)에서 我祖宗世業(아조종세업)을 植民地視(식민지시)하고 我文化民族(아문화민족)을 土昧人遇(토매인우)하야 한갓 征服者(정복자)의 快(쾌)를 貪(탐)할 뿐이오 我(아)의 久遠(구원)한 社會基礎(사회기초)와 卓犖(탁락)한 民族心理(민족심리)를 無視(무시)한다 하야 日本(일본)의 少義(소의)함을 責(책)하려 안이하노라 自己(자기)를 策勵(책려)하기에 急(급)한 吾人(오인)은 他(타)의 怨尤(원우)를 暇(가)치 못 하노라 現在(현재)를 綢繆(주무)하기에 急(급)한 吾人(오인)은 宿昔(숙석)의 懲辯(징변)을 暇(가)치 못하노라 今日吾人(금일오인)의 所任(소임)은 다만 自己(자기)의 建設(건설)이 有(유)할 뿐이오 決(결)코 他(타)의 破壞(파괴)에 在(재)치 안이하도다 嚴肅(엄숙)한 良心(양심)의 命令(명령)으로써 自家(자가)의 新運命(신

운명)을 開拓(개척)함이오 決(결)코 舊怨(구원)과 一時的感情(일시적감정)으로써 他(타)를 嫉逐排斥(질축배척)함이 안이로다 舊思想舊勢力(구사상구세력)에 羈縻(기미)된 日本爲政家(일본위정가)의 功名的犧牲(공명적희생)이 된 不自然又不合理(부자연우불합리)한 錯誤狀態(착오상태)를 改善匡正(개선광정)하야 自然又合理(자연우합리)한 政經大原(정경대원)으로 歸還(귀환)케 함이로다 當初(당초)에 民族的要求(민족적요구)로서 出(출)치 안이한 兩國併合(양국병합)의 結果(결과)가 畢竟姑息的威壓(필경고식적위압)과 差別的不平(차별적불평)과 統計數字上虛飾(통계수자상허식)의 下(하)에서 利害相反(이해상반)한 兩民族間(양민족간)에 永遠(영원)히 和同(화동)할 수업는 怨溝(원구)를 去益深造(거익심조)하는 今來實績(금래실적)을 觀(관)하라 勇明果敢(용명과감)으로써 舊誤(구오)를 廓正(확정)하고 眞正(진정)한 理解(이해)와 同情(동정)에 基本(기본)한 友好的新局面(우호적신국면)을 打開(타개)함이 彼此間遠禍召福(피차간원화소복)하는 捷徑(첩경)임을 明知(명지)할 것 안인가 또 二千萬含憤蓄怨(이천만함분축원)의 民(민)을 威力(위력)으로써 拘束(구속)함은 다만 東洋(동양)의 永久(영구)한 平和(평화)를 保障(보장)하는 所以(소이)가 안일 뿐 안이라 此(차)로 因(인)하야 東洋安危(동양안위)의 主軸(주축)인 四億萬支那人(사억만지나인)의 日本(일본)에 對(대)한 危懼(위구)와 猜疑(시의)를 갈수록 濃厚(농후)케 하야 그 結果(결과)로 東洋全局(동양전국)이 共倒同亾(공도동망)의 悲運(비운)을 招致(초치)할 것이 明(명)하니 今日吾人(금일오인)의 朝鮮獨立(조선독립)은 朝鮮人(조선인)으로 하야금 正當(정당)한 生榮(생영)을 遂(수)케 하는 同時(동시)에 日本(일본)으로 하야금 邪路(사로)로서 出(출)하야 東洋支持者(동양지지자)인 重責(중책)을 全(전)케 하는 것이며 支那(지나)로 하야금 夢寐(몽매)에도 免(면)하지 못 하는 不安恐怖(불안공포)로서 脫出(탈출)케 하는 것이며 또 東洋平和(동양평화)로 重要(중요)한 一部(일부)를 삼는 世界平和(세계평화) 人類幸福(인류행복)에 必要(필

요)한 階段(게단)이 되게 하는 것이라 이 엇지 區區(구구)한 感情上問題(감정상문제)ㅣ리오

아아 新天地(신천지)가 眼前(안전)에 展開(전개)되도다 威力(위력)의 時代(시대)가 去(거)하고 道義(도의)의 時代(시대)가 來(래)하도다 過去全世紀(과거전세기)에 鍊磨長養(연마장양)된 人道的精神(인도적정신)이 바야흐로 新文明(신문명)의 曙光(서광)을 人類(인류)의 歷史(역사)에 投射(투사)하기 始(시)하도다 新春(신춘)이 世界(세계)에 來(내)하야 萬物(만물)의 回蘇(회소)를 催促(최촉)하는도다 凍氷寒雪(동빙한설)에 呼吸(호흡)을 閉蟄(폐칩)한 것이 彼一時(피일시)의 勢(세)ㅣ라하면 和風暖陽(화풍난양)에 氣脈(기맥)을 振舒(진서)함은 此一時(차일시)의 勢(세)ㅣ니 天地(천지)의 復運(복운)에 際(제)하고 世界(세계)의 變潮(변조)를 乘(승)한 吾人(오인)은 아모 躕躇(주저)할 것 업스며 아모 忌憚(기탄)할 것 업도다 我(아)의 固有(고유)한 自由權(자유권)을 護全(호전)하야 生旺(생왕)의 樂(낙)을 飽享(포향)할 것이며 我(아)의 自足(자족)한 獨創力(독창력)을 發揮(발휘)하야 春滿(춘만)한 大界(대계)에 民族的精華(민족적정화)를 結紐(결뉴)할지로다

吾等(오등)이 玆(자)에 奮起(분기)하도다 良心(양심)이 我(아)와 同存(동존)하며 眞理(진리)가 我(아)와 幷進(병진)하는도다 男女老少(남녀로소)업시 陰鬱(음울)한 古巢(고소)로서 活潑(활발)히 起來(기래)하야 萬彙羣象(만휘군상)으로 더부러 欣快(흔쾌)한 復活(부활)을 成遂(성수)하게 되도다 千百世祖靈(천백세조령)이 吾等(오등)을 陰佑(음우)하며 全世界氣運(전세계기운)이 吾等(오등)을 外護(외호)하나니 着手(착수)가 곳 成功(성공)이라다만 前頭(전두)의 光明(광명)으로 驀進(맥진)할 따름인뎌

公約三章(공약삼장)

一(일)、今日吾人(금일오인)의 此擧(차거)는 正義人道生存尊榮(정의

인도 생존 존영)을 爲(위)하는 民族的要求(민족적요구)ㅣ니 오즉 自由的精神(자유적정신)을 發揮(발휘)할 것이오 決(결)코 排他的感情(배타적감정)으로 逸走(일주)하지 말라

一(일)、最後(최후)의 一人(일인)까지 最後(최후)의 一刻(일각) 까지 民族(민족)의 正當(정당)한 意思(의사)를 快(쾌)히 發表(발표)하라

一(일)、一切(일체)의 行動(행동)은 가장 秩序(질서)를 尊重(존중)하야 吾人(오인)의 主張(주장)과 態度(태도)로 하야금 어대까지던지 光明正大(광명정대)하게 하라

朝鮮建國(조선건국) 四千二百五十二年(사천이백오십이년) 三月一日(삼월일일)

朝鮮民族代表(조선민족대표)

孫秉熙(손병희)	吉善宙(길선주)	李弼柱(이필주)	白龍城(백용성)
金完圭(김완규)	金秉祚(김병조)	金昌俊(김창준)	權東鎭(권동진)
權秉悳(권병덕)	羅龍煥(나용환)	羅仁協(나인협)	梁甸伯(양순백)
梁漢默(양한묵)	劉如大(유여대)	李甲成(이갑성)	李明龍(이명룡)
李昇薰(이승훈)	李鍾勳(이종훈)	李鍾一(이종일)	林禮煥(임예환)
朴準承(박준승)	朴熙道(박희도)	朴東完(박동완)	申洪植(신홍식)
申錫九(신석구)	吳世昌(오세창)	吳華英(오화영)	鄭春洙(정춘수)
崔聖模(최성모)	崔　麟(최　린)	韓龍雲(한용운)	洪秉箕(홍병기)
洪其兆(홍기조)			

2・8独立宣言関連 主要参考文献

日本語文献

姜徳相編『現代史資料(26)朝鮮(二)』、みすず書房、1967年

朴慶植『朝鮮三・一独立運動』、平凡社、1976年

姜徳相「二・八宣言と東京留学生」、『季刊三千里』17、1979年2月

長久保宏人「二・八独立宣言への道——1910年代後半の在日朝鮮人留学生運動」、『福大史学』29、1980年3月

長久保宏人「二・八独立宣言から三・一独立運動へ——ソウルを舞台とした朝鮮人日本留学生の動きを中心に」、『福大史学』31、1981年2月

姜徳相『朝鮮独立運動の群像』、青木書店、1984年

松尾尊兊『民本主義と帝国主義』、みすず書房、1998年

長田彰文『日本の朝鮮統治と国際関係——朝鮮独立運動とアメリカ 1910-1922』平凡社、2005年

小野容照『朝鮮独立運動と東アジア 1920-1925』、思文閣出版、2013年

裵姈美編『在日朝鮮人留学生資料』(在日朝鮮人資料叢書6)、緑陰書房、2013年

波田野節子『李光洙(イ・グァンス)——韓国近代文学の祖と「親日」の烙印』(中公新書)、2015年

朝鮮語文献

『학지광』(『学之光』)

『기독청년』(『基督青年』)

『현대』(『現代』)

전영택「동경유학생의 독립운동」、『신천지』、1946년3월
(田栄沢「東京留学生の独立運動」、『新天地』、1946年3月)
이광수「나의 고백」(李光洙「私の告白」)
백관수「조선청년독립단 <2・8> 선언 약사」、『동아일보』、1958년2월8일 〜9일
(白寛洙「朝鮮青年独立団<2・8>宣言略史」、『東亜日報』、1958年2月8日〜9日)
김도연『나의 인생백서』、상산회고록출판동지회、1967년
(金度演『私の人生白書』、常山回顧録出版同志会、1967年)
정세현「2・8학생운동에 대하여」、『숙대사론』4、1969년
(鄭世鉉「2・8学生運動について」、『淑大史論』4、1969年)
최승만『극웅필경』、보진재、1970년
(崔承萬『極熊筆耕』、寶晋齋、1970年)
김성식「일제하 한국학생운동」、고려대학교 아세아문제연구소편『일제하의 민중운동사』(일제하 한국연구총서Ⅳ)、1971년
(金成植「日帝下韓国学生運動」、高麗大学校亜細亜問題研究所編『日帝下の民族運動史』(日帝下韓国研究叢書Ⅳ)、1971年)
정세현『항일학생민족운동사연구』、일지사、1977년
(鄭世鉉『抗日学生民族運動史』、一志社、1977年)
유동식『재일본한국기독교청년회사』、재일본한국YMCA、1990년
(柳東植『在日本韓国基督教青年会史』、在日本韓国YMCA、1990年)
박경식「일본에서의 3・1독립운동」、『서암조항래교수 화갑기념 한국사논총』、1992년
(朴慶植「日本での3・1独立運動」、『西巖趙恒来教授華甲記念韓国史論叢』、1992年)
윤재근『근천 백관수』、동아일보사、1996년
(尹在根『芹村白寛洙』、東亜日報社、1996年)
김인덕「일본지역 유학생의 2・8운동과 3・1운동」、『한국독립운동사연구』

13、1999년12월
(金仁徳「日本地域留学生の2・8運動と3・1運動」、『韓国独立運動史研究』13、1999年12月)

박창남「2.8독립선언운동」、『천리마』、2006년8월、평양、천리마사
(パク・チャンナム「2.8独立宣言運動」、『千里馬』、2006年8月、平壌、千里馬社)

송지예「"민족자결"의 수용과 2・8독립운동」、『한국동양정치사상사』제11권1호、2012년
(ソン・ジエ「"民族自決"の受容と2・8独立運動」、『韓国東洋政治思想史』、第11巻1号、2012年)

윤소영「일제의 '요시찰' 감시망 속의 재일한인유학생의2・8독립운동」、『한국민족운동사연구』97、2018년12월
(尹素英「日帝の'要視察'監視網の中の在日韓人留学生の2・8独立運動」、『韓国民族運動史研究』97、2018年12月)

서울YMCA 엮음『일본의 심장부에서 "독립을 외친 청년들을 만난다." 3・1만세운동의 도화선이 된 2・8독립선언 인물연전』、2019년
(ソウルYMCA編『日本の心臓部で"独立を叫んだ青年たちに出会う" 3・1万歳運動の導火線となった2・8独立宣言　人物列伝』、2019年)

執筆者プロフィール

第1部
2・8独立宣言の再照明

小野容照……………（おの・やすてる）
1982年生まれ。現在、九州大学大学院人文科学研究院准教授。専門は朝鮮近代史。著書に『朝鮮独立運動と東アジア　1910-1925』（思文閣出版）、『帝国日本と朝鮮野球――憧憬とナショナリズムの隘路』（中央公論新社）。共著書に『「甲子園」の眺め方――歴史としての高校野球』（小さ子社）などがある。

尹慶老……………（ユン・キョンノ）
1947年生まれ。高麗大学校史学科卒業。文学博士（高麗大学校）。専門は韓国近代史。漢城大学校歴史文化学部教授、ワシントン大学客員教授、漢城大学校総長などを歴任。大統領直属3・1運動及び大韓民国臨時政府100周年記念事業推進委員会〈記憶記念文科〉委員長。著書「交流と対話を通じた韓日民間関係事例研究」（宮嶋博史・金容徳編『近代交流史と相互認識Ⅲ』慶應義塾大学出版会）ほか多数。

波田野節子……（はたの・せつこ）
1950年生まれ。新潟県立大学名誉教授。専門は朝鮮近代文学。著書に『李光洙――韓国近代文学の祖と「親日」の烙印』（中央公論新社）、『韓国近代作家たちの日本留学』（白帝社）、訳書に『無情』、『金東仁作品集』（平凡社）などがある。

宋連玉……………（ソン・ヨノク）
1947年生まれ。現在、文化センター・アリラン館長。専門は朝鮮近現代ジェンダー史。著書に『脱帝国のフェミニズムを求めて』（有志舎）、共編著に『軍隊と性暴力』（現代史料出版）、共著に『人々がつなぐ世界史』（ミネルヴァ書房）などがある。

裵姈美……………（ベ・ヨンミ）
1976年生まれ。現在、大谷大学助教。専門は朝鮮近現代史・日韓関係史。共著に『関東大震災 記憶の継承』（日本経済評論社）、『留学生の早稲田』（早稲田大学出版部）、韓国語翻訳に小森陽一『思考のフロンティア　レイシズム』（岩波書店）、日本軍「慰安婦」問題webサイト製作委員会編『Q&A朝鮮人「慰安婦」と植民地支配責任』（共訳、御茶の水書房）などがある。

太田哲男…………（おおた・てつお）

1949年生まれ。桜美林大学名誉教授。博士（学術）。専門は日本思想史。著書に『ハンナ=アーレント』（清水書院）、『若き高杉一郎』（未來社）、『清水安三と中国』（花伝社）、『吉野作造』（清水書院）など。編著に、高杉一郎『あたたかい人』（みすず書房）などがある。

松田利彦…………（まつだ・としひこ）

1964年生まれ。京都大学博士（文学）。現在、国際日本文化研究センター教授、総合研究大学院大学文化科学研究科教授。著書に『日本の朝鮮植民地支配と警察――1905～1945年』（校倉書房）、『東亜聯盟運動と朝鮮・朝鮮人』（有志舎）などがある。

第2部

2・8独立宣言とキリスト教

徐正敏……………（ソ・ジョンミン）

1956年生まれ。同志社大学博士。韓国延世大学教授歴任。現在、明治学院大学教授、同キリスト教研究所長。主要著書に『日韓キリスト教関係史研究』（日本キリスト教団出版局）、『日韓キリスト教関係史論選』（かんよう出版）などがある。

金興洙……………（キム・フンス）

1951年生まれ。牧園大学神学科卒業。ボストン大学神学大学院、ソウル大学大学院修了（宗教学博士）。韓国基督教歴史研究所所長、アジアキリスト教史学会初代会長等を歴任。現在、牧園大学韓国教会史名誉教授、韓国YMCA全国連盟理事長。

李省展……………（イ・ソンジョン）

恵泉女学園大学名誉教授、博士（文学）。2・8研究会座長、東京韓国YMCA副代表理事。著書に『アメリカ人宣教師と朝鮮の近代』（社会評論社）、共著に『帝国と学校』（昭和堂）、『植民地朝鮮――その現実と解放への道』（東京堂出版）ほか。

マイケルI. シャピロ

1977年生まれ。現在、同志社大学嘱託研究員。専門は日韓関係史。主な著作に「「新人の誕生」――同時代のキリスト教におけるグローバルな伝道文化との関連で」、「大日本帝国と福音派プロテスタント教における「公共」と朝鮮キリスト教（1910-19）」ミラ・ゾンターク編『〈グローバル・ヒストリー〉の中のキリスト教――近代アジアの出版メディアとネットワークの形成』（新教出版社）がある。

第3部

2・8独立宣言から100年——日韓市民社会の共同課題

金性済 ……………（キム・ソンジェ）
1952年生まれ。在日大韓基督教会・岡山教会で牧会後、米国留学（旧約聖書研究　学位論文「ゲールと古代イスラエルのアイデンティティ」1996年3月）。その後、川崎教会、名古屋教会で牧会、2018年4月より日本キリスト教協議会総幹事に就任し現在に至る。

佐藤飛文…………（さとう・たかふみ）
1974年生まれ。現在、明治学院中学校・明治学院東村山高等学校社会科教諭，明治学院大学キリスト教研究所協力研究員。共著に『東日本大震災と子ども・教育』（桐書房）、『明治学院歴史資料館資料集第8集——朝鮮半島出身留学生から見た日本と明治学院』『明治学院百五十年史』などがある。

佐藤信行…………（さとう・のぶゆき）
1948年生まれ。大学退学後、1974年から在日コリアンの文学者・研究者が主宰する『季刊三千里』編集部を経て、1988年から在日大韓基督教会附属研究所の在日韓国人問題研究所（RAIK）。現在、東京韓国YMCA理事、RAIK顧問、全国キリスト教学校人権教育研究協議会運営委員、移住者と連帯する全国ネットワーク理事、東日本大震災後に結成した福島移住女性支援ネットワーク代表。（主要論文）「外国人登録法と指紋拒否運動」（小倉利丸ほか『世界のプライバシー権運動と監視社会』明石書店）、「韓国で『外国人地方参政権』実現」（田中宏・金敬得編『日・韓「共生社会」の展望』新幹社）、「移民コミュニティの中の教会ネットワーク」（吉原和男ほか編『人の移動事典』丸善出版）ほか。

田附和久…………（たづけ・かずひさ）
1967年生まれ。現在、在日本韓国YMCA幹事。同2・8独立宣言記念資料室室長。

翻訳

高彰希 ……………（こう・ちゃんひ）
1994年生まれ。一橋大学大学院社会学研究科修了。日韓関係史、東アジアの移民問題などを専攻。現在は在日本韓国YMCA職員。

未完の独立宣言

2・8朝鮮独立宣言から100年

2019年12月31日　第1版第1刷発行

編者
在日本韓国YMCA

口絵写真提供・協力
韓国・独立記念館

発行者
小林 望

発行所
株式会社新教出版社
〒162-0814 東京都新宿区新小川町9-1
電話（代表） 03(3260)6148
振替 00180-1-9991

ブックデザイン
宗利淳一（協力・齋藤久美子）

印刷・製本
モリモト印刷株式会社

ISBN 978-4-400-22712-0 C1016